光の形而上学

知ることの根源を辿って

山内志朗 編

慶應義塾大学言語文化研究所

はじめに

　「光あれ」と「初めに言<ruby>言<rt>ことば</rt></ruby>があった」という二つの辞を並べてみると、光と言葉が深く結びつく姿が浮かび上がってくる。それぞれ、創世記冒頭とヨハネ福音書冒頭である。いずれも、世界の始原の姿を記述したものだ。

　世界の初めに、光を置くのか、言葉を置くのか、その違いは世界観の対立を表すものなのだろうか。俄に決着が付くような問題ではない。

　多くの創世神話においては、世界の始原に、混沌が置かれ、その後に光と闇が分離して、最初の分節が成立するとされてきた。ここには、世界の秩序の起源という問題が語られている。旧約聖書において、闇に先立って「光あれ」と語られたのは、光の始原性を表していると考えてよいだろう。

　言葉の始原性を考える場合、ヘブライズムの特質を考える必要がある。ヘブライ語では、「言葉」と「事柄、出来事」の両方を「ダーバール」という一語が表す。このことは、光の始原性と重なってくる。言葉は、起きた出来事を記述するもの、したがって存在と生成を後から追いかけるものと捉えられがちである。しかし、ヘブライ語における「ダーバール」が、「言葉」と「出来事」の双方を表すことは、言葉とは出来事に遅れて到着するものとは限らないことを示している。約束にしても契約にしても、言葉こそが事柄を立ち上げるのである。

　ギリシア哲学、とりわけアリストテレスの形而上学の流れにおいては、哲学の対象は「存在」とされていた。そして、「存在」は第一原理でありながら、適用範囲が最も広く、一般的で、空虚な概念として捉えられてきた。だが、イスラーム思想の流れを見ると、存在は、空虚なもので

はなく、すべてに先行する始原性を有し、しかも万物の現れてくる起源として、海のごとき豊穣性を有するものとして捉えられてきた。

存在を豊穣なるものと捉える系譜は、新プラトン主義の系譜として、すなわち西洋思想の主流思想としてではなく、その対抗思想として流れてきた。主流となった合理的思考の系譜は、「存在」を単なる措定として捉えてきた。

新プラトン主義の流れにおいては、「光」という契機が強調される。その意味では、「光」と「存在」は対抗しあう関係にあると整理できる。つまり、プラトン主義の「光」とアリストテレス主義の「存在」という対立図式である。

古代ギリシアにおけるこの対立図式を硬直的に捉えてはならないだろう。光は存在論の枠組みにおいてメタファーとして用いられることも少なくなかったが、存在と光は、内実において親縁性も有していたのであり、光の使用は修辞にとどまるものではなかった。

中世以降、自然学の発達によって、光そのものが主題化され、認識を可能にする媒体という側面ばかりでなく、物理的現象としての光、視覚という感覚能力と関連して生じる光学現象などが考究されるようになった。その結果、光をめぐる知的枠組みは変容し、知の基本的枠組みをも改変するほどのものになったのである。

アリストテレス実体論は、自然言語の分類学的な構成と対応しやすいものであったが、光をめぐる現象はギリシア的哲学の枠組みで記述しきれるものではなく、図像化されることで認識可能になるものも多い。つまり、光の主題的考察は、アリストテレス的実体論的自然観からの離脱を準備したということもできるのである。

このように、「存在」と「光」という二つの問題圏は、領域を異にしながらも、結びつくと同時に、知の歴史の中で、位置づけを交代したり、連動したりと複雑な関係を織りなしてきたのである。

本書では、古代ギリシアから中近世の世界における、この光と存在の問題を概観したい。

　本書は、慶應義塾大学言語文化研究所の募集した公募プロジェクト研究の一環として、2014 年度、2015 年度の二か年に渉って進められた「西欧文化における光の形而上学と言語哲学の交錯をめぐる総合的研究」の成果である。「存在」の問題と「光」の問題を合わせ論じる研究が、慶應義塾大学言語文化研究所の後援、多くの研究者の協力のもとで実現したことをご報告するとともに、皆様に篤く御礼を申し上げたい。

代表者　山内志朗

はじめに　　　　　　　　　　　　　　　　山内志朗　　i

第Ⅰ部　古代の光

プラトン「太陽」の比喩　　　　　　　　　　納富信留　　5

光の超越性と遍在性
初期ギリシア教父における光とロゴスをめぐって　　土橋茂樹　　27

プロティノスにおける光と言語の形而上学　　樋笠勝士　　51

第Ⅱ部　中世における展開と発展

中世存在論における唯名論
実体論批判としての唯名論　　　　　　　　　山内志朗　　81

トマス・アクィナスにおける「光の形而上学」の可能性
　　　　　　　　　　　　　　　　　　　　　上枝美典　　101

太陽の光はなぜ熱いのか
ロバート・グロステストの『太陽の熱について』　　神崎忠昭　　127

15世紀シエナ美術における光と影
サッセッタ作〈聖痕を受ける聖フランチェスコ〉の場合　　遠山公一　　149

第Ⅲ部　伝統の継承と刷新

東方キリスト教圏の光に関する体験的言説とその特質　　谷　寿美　183

弾む御言、差し込める光
中世ドイツの宗教と世俗文学に現れた光をめぐる言説　　香田芳樹　211

神の光、そして預言者とイマームたちの光
イスマーイール派によるクルアーン「光の節」の解釈
(スィジスターニー『神的王領の鍵の書』第52章の翻訳と解題)　野元　晋　233

同一性と指示詞に基づく論理体系　　藁谷敏晴　259

あとがき　　山内志朗　269

光の形而上学

知ることの根源を辿って

第Ⅰ部

古代の光

プラトン「太陽」の比喩

納富信留

▌1 「比喩」の可能性——坂部恵と井筒俊彦から

　プラトン対話篇は比喩に満ちている。とりわけ主著『ポリテイア』は、正義を主題にポリスと魂のあり方を探求しながら、数多くの印象的な比喩を用いる。その言論は哲学者が学ぶべき「善のイデア」をめぐる三つの比喩で頂点を迎えるが、筆頭を飾る「太陽の比喩 Simile of the Sun」は、言うまでもなく、西洋哲学において光の形而上学の源となった。

　まず、「比喩 metaphor, simile」と「像 image」をめぐる問題を考察しよう。西洋哲学は想 像 力（イマジネーション）を不当に貶めてきたとされ、その原点にプラトン哲学があったと告発される。西洋の伝統において固定化されたこのプラトン批判を相対化するには、東洋や日本といった別の視点が有効かもしれない。ここでは、20 世紀後半に日本や東洋の哲学を論じた坂部恵（1936 年 –2009 年）と井筒俊彦（1914 年 –93 年）の二人を取り上げてみたい。

　プラトンは西洋形而上学の出発点にあって、私たちが生きる世界を真実の世界の「像」と捉えることで、「実物」との類比において超越を目指した。そのことは、プラトンが「像」や「想像力」を不当に低い地位

におき、真実の影にすぎない、実在性の少ない存在者と見なした西洋形而上学の責任者であるとの批判を引き起こしてきた。その典拠には、例えば「像認識 eikasia」を第4の最下位に置く「線分の比喩」が挙げられる。だが、そのような厳しい告発を現代思想の「プラトン哲学の転倒」から投げかけた坂部恵は、自身、プラトンの「洞窟の比喩」からまったく別の経験を受けている（『仮面の解釈学』1976年、東京大学出版会所収、「〈かげ〉についての素描」、原論文1971年）。

> 学生時代に英訳ではじめてこの箇所を読んだときの一種不気味というに近い大げさにいえばブレヒトの〈異化効果〉にもあたるような鮮烈な印象は、現在のソフィスティケートされ動脈硬化しかけたわたしの精神にはうまくよみがえらすすべがないが、それでもこの物語のもつ詩的ヴァルールの純粋さは、どうみてもたんなる比喩として打ち捨ててしまうには惜しいもののようにおもわれる。(27頁)

　坂部が若き日に受けたこのイメージの力は、彼が後年に考察する「かげ」という問題系にそのままに結びつく。ここで「ヴァルール valeur」とあえてフランス語を使っているのは、美術用語の「色価」を連想させるためかもしれない。「洞窟の比喩」では、光と影という明暗の対立と並んで、洞窟の中の色のない世界と、その外に広がる色彩や陰影にあふれた世界との対比が鮮やかである。同じ「影」でも内外で色調はまったく異なっていたことであろう。色合いは実在性の度合いを多層的に示す。
　プラトンは「想像力を不当におとしめる〈イコン破壊的〉な西欧形而上学の創始者」、あるいは、「〈真理〉を現前存在者つまり〈イデア〉として規定する西洋的な〈ヒューマニズム〉の形而上学あるいは神学の創始者」として糾弾される（28頁）。その歴史的皮肉、両義性に疑問を発した坂部は、しかし、プラトンをたんに転倒すべき標的とは見ていなかったように思われる。

はじめて光まばゆい地上に出て、水中の反映をのぞきこんだナルシスのおどろき、深々と静かにたたえられた水面にうつる世界の反映の魅惑、洞窟の中の火かげにゆらめく影とおなじくわたしたちを深い夢想の世界にさそい実在感覚を根底からゆり動かすようなイマージュの魅力にたいして、プラトンの想像力がまるきり感応することがなかったとはおもえない。しかし、たとえプラトンの想像力が水中に映じたかげのもつ魅惑に深く感じ、彼の存在感覚と形而上学の基礎を根底からゆり動かされるおもいを心の奥深くにおぼえた瞬間があったとしても、プラトンにはじまる西欧形而上学の歴史がそのような瞬間を闇に葬り忘却のうちに没し去らしめたであろうことはたしかである。(同33-34頁)

　洞窟の比喩が私たちに投げかける外の世界の「光」、そこできらめく水面にうつる像の実在性は、一体何だろう。それは、「比喩」という言葉で通常受け取られるような、たんなる説明のための直示、印象的な教示の手段という理解を一蹴する。「像」を存在の下位階層に位置づけながら、それを用いることで私たちの思い込みを打ちこわし、上位へと超越させるプラトンの「比喩」の可能性を、今いちど考え直す必要がある。

　坂部は「かげ」や「うつし」に注目し、自己の存在が構造的に相互変換し、一義的で絶対的な区別が成り立たないさまを論じる。日本語で「かげ」は「影」とともに「光」を意味する。その「移りゆき」の論理が「メタフォル metaphor」である。私たちの存在と生存の場は「うつし」によって根底からゆり動かされて、自分と世界の現実感覚が縛《いまし》めから解き放たれる(同38頁)。彼はそこでプラトンに最終的な問いを向ける。差異性の体系の総体は「その究極において、イデア論をはじめとする西欧の形而上学が説くように、もはや映すことのない映されるものである究極の生の原型をもつだろうか」(同39頁)。むしろその方向に

「空虚なはればれとした死の沈黙の空間がひろがっている」のを予感する。近代西洋と対立する日本、東洋思想の原風景がここに広がる。

井筒俊彦は「精神的東洋を索めて」と副題を付した『意識と本質』（1983年、岩波書店）で、イスラームの神秘哲学者スフラワルディーの「想像的イマージュ」を論じ、坂部と共通する問題に迫る。「似像（アシュバーハ）」は、質料的な経験世界の存在次元から離脱した異次元での「宙に浮く比喩」である。私たちの日常に確固と根を張った経験的で物質的な存在秩序は、比喩によって転倒される。経験的事物の方こそが「比喩」と呼ばれるものの比喩にすぎない。

> 経験的事物を主にして、その立場からものを見る常識的人間にとっては、質料性を欠く「比喩」は物質的事物の「似姿」であり、影のように儚く頼りないものである。が、立場を変えて見れば、この影のような存在者が、実は、経験的世界に実在する事物よりも、もっと遥かに存在性の濃いものとして現われてくる。スフラワルディー——そして、より一般的に、シャマニズム、グノーシス、密教などの精神伝統を代表する人々——にとっては、我々のいわゆる現実世界の事物こそ、文字通り影のごとき存在者、影のまた影、にすぎない。存在性の真の重みは「比喩」の方にあるのだ。もしそうでないとしたら、「比喩」だけで構成されている、例えば、密教のマンダラ空間の、あの圧倒的な実在感をどう説明できるだろう。（「意識と本質VIII」岩波文庫版、203-204頁）

スフラワルディーが「形象的相似の世界」と呼ぶ想像的イマージュの空間は、たんなる心理的な映像や心象ではなく、より実在性の高い存在、例えば「光の天使たち」やイデアに満ち溢れた世界なのである
スフラワルディー、そしてイブン・アラビーやモッラー・サドラーは、

プラトン哲学を独自の仕方で受け継ぎ発展させたと主張するイスラーム哲学者たちである。井筒はその伝統が論じるイマージュの空間を、アンリ・コルバンの表現を使って「想像的世界 mundus imaginalis」と呼ぶ（同201–202 頁）。

「光」を高次の存在、その根源に喩える言説は、西洋形而上学の伝統を形作ってきた。光を神に重ねることは民族や文化を越えた宗教イメージであり、古代ギリシア哲学で主題化されたことは不思議ではない。では、プラトンの「太陽の比喩」の特徴は何か。

2 「太陽」の導入

「哲人統治者」という理想を導入することで主題化した「イデア」の観想は、哲学者の教育をめぐる議論を呼び起こす。その最大の学科として提示されたのが「善のイデア」と呼ばれる「善それ自体」である（第6巻504C–506B）。ソクラテスは当初、極めて慎重な態度でその話題を切り出す。

> しかし、幸せな人たちよ、善が一体何であるかというまさにその問いは、今は放っておいて——今私にそう思われることに到達するのは、現在の目標に即した以上の仕事に見えるので——善の子供で、それにもっとも似ていると思われるものを語ろうと思う。もし君たちにお気に召すなら。そうでなければ、放っておこう。(506D–E)

この導入は、最初は謎めいて聞こえる。だが、ソクラテスが提示する「子供」とは「太陽」のことだとすぐに判明する。

ソクラテスはここで「善とは何かを知らない」と明言している。それは初期対話篇以来くり返し表明されてきた大切なことについての不知であり、『ポリテイア』でも第1巻のトラシュマコスとのやりとりの結び

で「正義」について語られていた (354B–C)。だが、知らないという対象を、どのように比喩で語ることができるのか。私たちが通常比喩を用いるのは、説明対象を熟知しているが、なんらかの理由によって、それを別のものに置き換えて示す必要がある場合であろう。例えば、分かりにくいものを分かりやすいもので、相手が見知らぬものを既知のものによって示すような、教育の場面が標準的である。また、特定のイメージを活用することで生き生きと強調点を伝えるレトリックの効果も期待される。例えば、トラシュマコスをライオンに擬えて彼の髭を剃るイメージを語るソクラテスは (341C)、そのような劇的な印象を狙う。だが、善それ自体を語るように迫られたこの場面では、その「何であるか」を知らないとしつつ、「どのようであるか」に当たる比喩を語る。それは可能であるのか。また、そこにどのような哲学的意義があるのか。

「太陽、光」はここで新たに出てきたトピックではなく、どちらも以前に別の文脈で登場していた。第4巻では、ポリスにおける正義と魂における正義とを比べ、「火起こしの木片を擦り合わせる」ことで、正義が火花を発して輝き出すと語られている (435A)。そこで用いられる「輝き出す eklampein」(435A) という動詞は、「太陽の比喩」で用いられる「照らし出す、照り輝く katalampein」(508C–D) を連想させる。また、第6巻では、多くの人にとって哲学が、老年になると一度消えたら再び点火されない内なる「火」に喩えられる (498A)。そこでは、ヘラクレイトスの有名な箴言「太陽は日々新しい」(DK 22 B6 = LM D91a) が参照される。プラトンは「太陽」を持ち出すにあたって、先行する哲学者や詩人たちの考察や言葉を念頭においていたに違いない。

ヘラクレイトスが語る「太陽」は、まずは主要な天体であったが、自然秩序の原理としてなんらか倫理的な意味を帯びる。太陽は季節や事物の変化を規定・判定し、循環を司る監督であり目的である (B100；他に、B99 = LM D94, B3 = LM D89b も参照)。それは、秩序や正義に結びつく。

太陽は、節度を超えはしないであろう。もしそうでなければ、正義の守り手たるエリニュス達が彼を見出すであろう。（B94 = LM D89c）

　私たちにとって「比喩」にも映るこういった言葉は、彼の言う「火」と同様に、無論たんなる比喩を超えている。

秩序はすべてのもの〔物／者〕にとって同一であり、神が創ったものでも人間が作ったものでもない。常にあったし、あり、また、あるであろう、常に生き続ける火として。相応しい分〔時間・分量〕だけ燃え、相応しい分だけ消える。（DK 22 B30 = LM D85, B76 = LM R54）

　この「火」は自然界の生成変化の始源であり（B31A = LM D86）、永遠の火としての「雷」は、知を有する万物の秩序の原因である（B65 = LM D88）。また、火は「金」と同様に全てのものの代理となる（B90 = LM D97）。また、「やってくる火は、万物を区別し、掴む」（B66 = LM D84）と語られる時、火がさまざまなものを焼き尽くすさまが想像される。他方で、燃える火は、消すのに困難な人間の傲慢さに比される（B43 = LM D112）。これは明瞭な比喩だと思われるかもしれないが、一連の「火」への言及においてその区別は消えている。

　ソクラテスは哲学者を論じるにあたり、ヘラクレイトスの絶えず新たな生成を生きる「火・太陽」に言及し、対照的に、永遠にあり続ける内なる火を想像させる。その根拠は、永遠不変の存在としての「太陽」であった。

　「太陽の比喩」の先駆イメージとしては、ヘラクレイトスと並んでパルメニデスも念頭に置かれているかもしれない。パルメニデスは叙事詩の序歌で、猛烈な勢いで馬車に運ばれる若者の神秘的な体験を、こう描写する。

太陽神の娘たちが送ろうと急ぐ時

　　夜の居館を打ち捨て、光 *phōs* へと進み

　　両手で頭からヴェールを押しのける。(DK 28 B1.8–10)

　パルメニデスの詩ではまた、女神が語る神々の世界は、夜の居館を超え門扉を隔てた「光」の国である。それはギリシア神話のイメージを借りた天上界、「真理」が語られる女神の境域であった。

　パルメニデスの詩ではまた、女神が語る第二部「思い込みの道」で、火と夜が二元的な原理とされる (B8.50-61)。そこでは、「清浄に輝く太陽の灯火の、眩しくて目に見えない働き」(B10) が語られ、私たちの知る宇宙論が秩序だった仕方で説明されていた (B11, 15)。光を根拠として語る形而上学は、プラトン以前の伝統に由来する。

　プラトン自身は『ティマイオス』の宇宙生成論で「太陽」をこう論じる。デーミウールゴス（制作神）は太陽を他の天体とともに創造したが、それは「時間」を規定し監督するためであった (38C)。彼は地球を中心にそこから第二の周回運行に「太陽」と呼ぶ光を点じた。それは「できるだけ全天空を明るくさせ、それに対してふさわしい限りの生き物が「数」に与るように」と配慮したものであり、「夜と昼がそのように生じ、それゆえに一つのもっとも思慮ある回転の周回軌道が生まれた」(39B) のである。

　太陽の制作を語るこの議論は、『ポリテイア』の「太陽の比喩」を理解するうえで、いくつかのヒントを与えてくれる。太陽は地上に光を注ぐことで生き物の生成変化を司るとともに、季節や日時を告げ知らせる時間の秩序の役割を果たす。また、デーミウールゴスが宇宙を最善のものとして制作したことは、その中で光り輝く太陽を子供として生み出したことも意味する。

　初期の自然学者の間では、エンペドクレスのように太陽が反射光で光

るといった説もあり、ピュタゴラス派では「中心の火」の周りを動いているとされた。人間の生活にもっとも密接に関わる太陽には、哲学者たちの間で、この世界での最重要の位置づけと、想像に満ちた考察が与えられてきた。だが、プラトンの語る「太陽」は、比喩を通じて私たちの思考を別の次元へと導く。

3 「太陽の比喩」のテクスト

ここで「太陽の比喩」が語られる『ポリテイア』のテクストの翻訳を示す。その途上で、それまで対話相手を務めて「善それ自体」を語るように促してきたアデイマントスから、再びグラウコンへと話者が交代することで、対話としてのクライマックスがもたらされる。

（『ポリテイア』第6巻506C–509C）

(**506C**)「ではどうか。」と私〔ソクラテス〕は言った。「人が知らないことについて知っている者として語るのは、正しいことだと君に思われるかね。」

「知っている者として語るのは、けっして正しいとは思いません。」と彼〔アデイマントス〕は言った。「ですが、思っていることを思っている者として語ろうとするのは、正しいことです。」

「なぜだい。」と私は言った。「知識なしの考えはすべて醜く恥ずかしいものだと、君は感じていないかね。そのなかで最善の考えでも盲目なのだ。それとも、知性なしに真なることを考えている者たちは、道を正しく歩いている盲人となにか違う点があると、君には思われるか。」

「なにも違いません。」と彼は言った。

「では、君は、他の人から明瞭で美しいことを聞けるのに、盲目で捻じ曲がった醜いものを見たいのかい。」

(**506D**)「ゼウスの神にかけて、ソクラテスさん。」とグラウコンが言っ

た。「目標に達しているかのように一歩お引きにならないで下さい。正義や節制や他のものについて詳細に語って下さったように、善についても語って下されば、私たちは満足なのです。」

「私も大いに満足するよ、友よ。」と私は言った。「だが、残念ながら私にはそれはできない。もし格好の悪いことをやろうとしたら、笑いの借金を背負うことになるだろう。しかし、幸せな人たちよ、善が一体何であるかというまさにその問いは、（506E）今は放っておいて——今私にそう思われることに到達するのは、現在の目標に即した以上の仕事に見えるので——善の子供で、それにもっとも似ていると思われるものを語ろうと思う。もし君たちにお気に召すなら。そうでなければ、放っておこう。」

「いえ、言って下さい。」と彼は言った。「父親の方の叙述は、また今度支払ってもらいますから。」

（507A）「私がそれを支払うことができ、君たちが受け取れたら良いのにと望んでいるよ。」と私は言った。「今のように息子〔利子〕だけではなくね。では、君たちは、善それ自体〔善のイデア〕のこの利子と子供を受け取ってくれ。しかしながら、私が心ならずも君たちを欺くことがないように気をつけてくれ。息子〔利子〕の偽金の言論を与えてしまってね。」

「できるだけ気をつけましょう。ですから、どうぞ言って下さい。」と彼は言った。

「完全に同意した上で、」と私は言った。「以前に語られて別の機会にすでに何度も言われたこと〔475E–476A〕を、君たちに思い出させよう。」

（507B）「どんなことをでしょう。」と彼が言った。

「私たちは、多くの美しいものや多くの善いものやそういった各々のものがあると語り、言論で区別する。」と私は言った。

「私たちはそう語っています。」

「そして、美それ自体や善それ自体、また先に多くのものとして私た

ちが立てたすべてのものについても同様に、再び、各々の一つのイデア〔相〕に即して一つのものであると立て、その各々を「まさにそれであ.るもの」と呼ぶのだ。」

「その通りです。」

「一方のものは目で見られるが知性では捉えられず、他方でイデア〔相〕は知性で捉えられるが見られないと私たちは主張する。」

「まったくその通りです。」

(507C)「では、私たち自身の何によって、見られるものを見るのだろうか。」

「視覚によってです。」と彼は言った。

「それでは、」と私は言った。「聞かれるものを聴覚によって聞き、またすべての感覚されるものは他の感覚によって感覚するのだね。」

「無論そうです。」

「では、諸感覚の制作者〔デーミウールゴス〕が」と私は言った。「見ることと見られることの能力を、どれほどの違いでもっとも高価なものとして制作したか、君は考えているかね。」

「いいえ、十分には分かりません。」と彼は言った。

「では、このように考察してくれ。聴覚と声は、一方〔聴覚〕が聞き他方〔声〕が聞かれるために、なにか別の種族を追加で必要としているかね。(507D)もし第三のものがそこに備わらないと、一方は聞くことがなく、他方は聞かれることがないものが。」

「なにもありません。」と彼は言った。

「思うに」と私は言った。「他の多くの感覚にも——どれ一つにもないとは言わないにしても——そういったものをなに一つ追加で必要としてはいない。それとも、君はなにかが必要だと言えるかね。」

「言えません。」と彼は言った。

「視覚と見られるものの能力は、追加でなにかを必要しているのを君は分かっていないのかね。」

「どのようにでしょう。」

「目の中に視覚があってそれを持つ者が用いようとし、それら〔見られる物・目〕の中に色が備わっても、（507E）もしまさにこのために独自に生まれついた第三の種族が備わらないと、視覚もなに一つ見ることがなく、色も見られないだろうということを、君は知っている。」

「それは、何が備われば、とおっしゃるのですか。」

「君が呼ぶところの、光だ。」と私は言った。

「真実をおっしゃっています。」と彼は言った。

「小さからぬ相の違いで、見る感覚と見られる能力は（508A）他の絆よりもより価値のあるくびきで繋がれている。光が無価値なものでない以上は。」

「いや、無価値なものどころではありません。」と彼は言った。

「では、君は、天空の神々のなかでどなたに、これを司る者として原因を帰すことができるだろうか。その方の光が私たちに、できるだけ美しく、視覚は見て、見られるものは見られるようにさせるのだ。」

「あなたと他の皆さんがまさに思うお方、」と彼は言った。「つまり、尋ねておられるのは明らかに、太陽です。」

「では、視覚はこの神との関係で次のように生まれついているのだ。」

「どのようにでしょう。」

「視覚はそれ自体でも、それがそこに生じるもの、つまり私たちが目と呼ぶものも、太陽ではない。」

（508B）「太陽ではありません。」

「だが思うに、目は感覚の器官のなかで、もっとも太陽的な種族のものだ。」

「まったくです。」

「それでは、目はそれが持つ能力を、そこから流れ出るもののように、太陽から供給されて所有しているのではないか。」

「まったくです。」

「では、太陽は視覚ではないが、視覚の原因であって、その視覚によって見られもするのではないか。」

「その通りです。」と彼は言った。

「では、私が善の子供だと言うのはこの太陽であり、」と私は言った。「善は自身に類比的なものとしてそれ〔太陽〕を生み出したのだ。(508C) つまり、知られる場所でそれが知性や知性で捉えられるものに対して持つ関係は、まさに、見られる場所でこれ〔太陽〕が視覚や見られるものに対して持つ関係に当たる。」

「どういうことでしょう。」と彼は言った。「さらに私に説明してください。」

「目については、君も知っているね。」と私は言った。「だれかがもはや昼の光がその色に広がる事物に目を向けず、夜の薄明かりが広がるものに目を向ける時、目はぼんやりと見て、盲目に近いように現れてしまい、ちょうど視覚が中にないようだと君は見てとるのだ。」

「いや、まったくそうです。」と彼は言った。

「思うに、太陽が照らし出すものに目を向ける時には、明瞭に見ており、(508D) この同じ目の中にそれ〔視覚〕があることは明らかだ。」

「そうです。」

「では、同様に、魂の目についても、次のように考えてくれ。一方で、真理と存在が照り輝く場所に据えられる時、魂は知性で捉え、それを認識し、知性を持つものとして現れる。他方で、暗闇に混ざっているもの、つまり生成し消滅するものに魂の目を向ける時は、考えを抱いてぼんやりと見て、考えを上へ下へと変転させ、今度は知性を持たないものに似ている。」

「そのようです。」

(508E) 「では、知られる対象に真理を提供し、知る者にその能力を付与するこのものが、善のイデアであると主張しなさい。それは知識と真理の原因であり、それ自体が知られるものであると考えなさい。他方で同

様に、認識と真理、両方とも美しいのだが、それ〔善〕はこれらとは別でずっと美しいと考えれば、正当な考えだろう。知識と真理は、(509A)ちょうどあの場合には、光と視覚を太陽的な種族と考えるのは正当だが、それが太陽だと考えるのは正しくないとしたように、この場合にも、これら両者を善の種族だと考えるのは正しいが、それらのどちらかを善だと考えることは正しくなく、善という状態はさらに大きな価値を持つものとして尊重されるべきである。」

「あなたは、途方もない美を語っておられます。」と彼は言った。「もし知識と真理を提供しながら、それ自体がそれらを美の点で超えているのなら。おそらくあなたは、それが快楽だと言ってはおられないでしょうから。」

「言葉を慎みなさい。」と私は言った。「いやむしろ、善の似像〔比喩〕を次のように、より一層考察しなさい。」

(509B)「どのようにでしょう。」

「太陽は見られる事物に対して、私が思うに、見られる能力を提供するだけでなく、その生成や成長や養育も提供するのだと、君は言うだろう。太陽は生成ではないにしても。」

「どのようにでしょう。」

「では、知られる事物に対しても、知ることが善によって備わるだけでなく、かのもの〔善〕によってそれらに「ある」こと、つまり存在が加わっていることになる。善は存在ではないとしても。いや、それは年長さと能力の分だけ、存在のはるか彼方に超越してあるのだ。」

(509C)すると、グラウコンはおおいに滑稽な仕方で言った。「アポロン神よ。神がかりの超越です。」

「それは君が原因なのだ。」と私は言った。「それについて、私にそう思われることを語るように強いたのは、君なのだから。」

「いや、けっして止めないでください。」と彼は言った。「太陽への類似性を、また説明してください。もしなにか語り残していることがある

のなら。」

「いや、実に多くのことを語り残している。」と私は言った。

4　像を通じた超越経験

「太陽の比喩」の意味を探るために、これを読む私たちの経験がどのようなものかを検討していく。それは、「善のイデア」という超越的な実在に向けて、5段階で辿っていく道のりであり、「比喩」という言論が導く方途である。

第0段階：像以前

比喩を読み（聞き）上昇の道を歩み始める前に、私たちはどのような状態にあるのかを確認しておこう。『ポリテイア』では数多くの「比喩 eikōn」が用いられ、その方法の哲学的意義が反省される。例えば、第6巻で哲学者が統治すべきと説得するにあたり、「比喩による語り」が必要とされ（487E–488A）、「船乗りの比喩」が持ち出されていた。

「太陽の比喩」の導入にあたって、「善それ自体」とは何かを説明するように請われたソクラテスは、自分がそれを「知らない」とまず宣言する（505A, 506C）。これは『ソクラテスの弁明』などで表明された典型的なソクラテスの「不知の自覚」であり、その前提から「善それ自体とは何か」の問いを一旦放っておくことが提案される。その代わりに「子供」という比喩を使って「善」の類似物を語ることを、対話相手に許してもらう。

「善それ自体」の言論を父親に見立てるこの比喩は、「子供＝利子」という意味の重層性から、借金取りである問い手に、元金はそのままに利子だけ返済していくという語り方をもたらす。ここには、ヘラクレイトスの「火＝金」の比喩が反映しているのかもしれない。

慎重だが計算されたこの導入部は、これから語られる「比喩」が、すでに知っているものを分かりやすい例で示す方便ではないことを示唆する。だが、「何であるかを知らない」と明言した対象について、どうして類似するものを語ることができるのか。ソクラテスが空とぼけ（エイローネイア）をして、本当は知っているのに知らないふりをしているのでなければ（私はそのような偽装はしていないと信じる）、これは不知の実物を、それが似像だと信じるものから辿る探求の道になる。魂は、善それ自体を「予感しつつ *apomanteuomenē*」（505E）探求するからである。

第1段階：視覚像の心の中に提示する

ソクラテスが探求の対象を示すために「子供」として提示するのは、私たちに馴染みの「太陽」のイメージである。目に見える世界におけるその機能を分析することで、視覚と目に見える事物という2項関係に加えて、第3項に見る・見えるの原因として「光」を析出する。

ソクラテスは「太陽」という答えをもったいぶって引き出す際に、「これを司る者として原因を帰すことができる」天空の神は誰か（508A）を尋ねる。ギリシアの宗教において太陽は重要な神、ないしは神が司る天体であり、この考えは『ティマイオス』の宇宙論にも受け継がれる。私たちが生きるこの世界で、目に見えるもっとも尊重される神が「太陽」なのである。ソクラテスはその馴染みの天体が帯びる豊穣なイメージに訴える。

ソクラテスと仲間たちは、この対話をペイライエウスにあるポレマルコスの家で交わしている。昼に祭りを観たソクラテスらはその後、長い議論を続けており、議論がクライマックスを迎えた今、おそらく真夜中になっている。当初はベンディス女神を祀る夜祭を見に行こうと誘われたが（328A）、その提案はすっかり忘れられている。「太陽」を語る彼らの目の前に太陽はない。彼らは「太陽 *hēlios*」という言葉によって、普段見慣れたその存在に心の中でイメージを思い浮かべている。それは実

際にこの世界にあるものであるが、今はない対象なのである。

第2段階：像が何の像かを探索する

　次に、ソクラテスは私たちに、「太陽」がなにか別のものの「比喩＝像」であることを示唆する。「私が善の子供だと言うのはこの太陽であり、善は自身に類比的なものとしてそれを生み出した」(508B)。「類比 analogon」という語は、数学的な比率の関係を意味する。それは続く「線分の比喩」で大いに活用され、数学的学科の教育につながる。この類比の基本は、太陽の視覚に対する関係が、問題の対象（善）の知性に対する関係に等しいという関係にある。

> ［A1］目、視覚、［A2］見える事物、［A3］光、太陽、［A4］生き物の生成
> ［B1］魂、知性、［B2］知られる事物、［B3］真理、善、［B4］実在を付与
> A：B ＝ 子供：親 ＝ 像：実物 ＝ 目に見える（感覚される）：知性で捉えられる

　この類比で両項の比率は「像（A）と実物（B）」にあり、それは実在性の度合いを示す。両項の関係はまた、善が太陽を「生み出す」という親子関係でもあり、原因と成果という因果関係をも含意する。それは、A項がたんなる比例関係で捉えられるだけでなく、B項の働きによって成立することも意味する。

　私たちは「善とは何か」を知らないが、太陽を持ち出すことで、それが何に似ているかを想像することができる。像から実物へと類比的な関係を遡ることで、私たちは今、善を想像している、つまり、像として描いている。それは、私たちが生きている世界にある太陽が、その対象を実物とする像だとされたからである。

第3段階：私たちの世界を像として見る

　一旦この類比関係を把握したら、太陽とこの世界は、もはや以前に私たちが信じていたような「実在」ではなくなる。私たちの世界の中心にあった太陽がなにかの「像」に過ぎないとしたら、それを含むこの世界が全体として「像」と見なされるからである。

　この世界は今や、「善」、および知性で捉えられる世界を志向する一つの別の次元に過ぎないとして、限定的に見られている。そのように、心の中に太陽の像を描いてそれを「像」として用いることは、私たちがこの世界について抱く通常の認識を覆し、変容する。私たちはこの段階で、世界は私たちの感覚が捉えるものだけではないことを認識し、それとは別に知性の対象となる領域を認め、それがより実在性を備えることを知るのである。このように、「太陽」を「善」の像として捉える比喩は、私たちに日常的な視野を超えさせ、それを超越したなにかを予期させる力と働きを持つのである。

第4段階：像としてのイデアを見る

　最終的に、ソクラテスはイデアの世界についてその像、イメージを私たちに与える。「善のイデア」は知性的な事物に「知られる」という能力を授け、さらにはその実在性さえ付与するという。このように、「それは年長さと能力の分だけ、存在のはるか彼方に超越してある」（509B）と描く言葉により、私たちはそのありさまをかろうじて想像する。光り輝く太陽は、その超越を表現する。

　対話相手のグラウコンはそこで、二度にわたって奇妙におどけた反応を見せる。最初に、善の「途方もない美」に出会った彼は、「それが快楽だと言ってはおられないでしょうから」と言ってソクラテスにたしなめられる（509A）。この発言は「太陽の比喩」に先立って交わされた短い議論、すなわち「善は、知恵と快楽のどちらなのか」という人々の通念の検討（505B–506B）を受けたものである。善が知識に類縁とされなが

ら、それとも異なると語られたことから、それが「快楽」でもないことを確認したのである。それはまた、超越的な善が有する溢れるばかりの美に、至福の快楽が感じられることへの驚きでもあった。第二に、善が存在を超越するという発言に対して、おおいに滑稽な調子で *geloiōs*、「アポロン神よ。神がかりの超越です」と叫ぶ。重要さと真剣さが極まったこの場面で、なぜグラウコンは笑い *gelas* を起こしたのか。それは日常で囚われていた状況では思いもかけない真実に出会ってしまったことで、人に惹き起こされる自動的な反応であろう。これまで信じてきた世界と見方がすっかり変容してしまった光景を目の当たりにして、人は笑うしかないのである。それは自身の不知への驚きであった。

　「太陽の比喩」が終わった後にも、「太陽」は二つの比喩、つまり「線分の比喩」(509c5-d5) と「洞窟の比喩」(515E-516C, E, 517B) で、再度別の形で登場する。そこでは光と暗さが主要な契機となり、太陽に向かう上昇の道が、魂の目である知性を目覚めさせる過程を表す (532A-D)。ここで興味深いのは、洞窟が比喩となる場面では「太陽」はもはや目に見える世界における存在として語られることなく、私たち人間が生まれてから住み続ける洞窟から出た、はるか外に実在する対象として語られる点である。つまり、「善のイデア」は太陽そのものとなる。私たちの魂が見る究極の対象であり、私たちがこの世界で「太陽」と呼ぶものは、もはやたんなる像に過ぎない。

　ソクラテスはこれらの比喩でイデアの世界を語り、真実在を心に描かせるが、それもなお一つの「像」である。洞窟の外の事物の描写 (516A-C) はその頂点であるが、私たちはまた、『パイドロス』のミュートスで、魂が神々に従って飛翔するイデアの世界のありさま、言葉の翼を広げた像を心に生き生きと想い描くことを想い起こす (特に246A-248E)。この想像された世界、アンリ・コルバンの言う「想像的世界」こそ、私たちが実在だと信じているすべてのものよりもさらに実在なのである。これが、想像を通じた超越から広がる高次の段階である。

だが、それも「善」それ自体には至らない。太陽が（目と視力が壊れない限り）見られるように、「善それ自体」も知られると語られた時、その「知る」が何を意味するか、私たちは依然として知らない。

第5段階：像を超えて

これまで分析してきた4段階の像経験は、「比喩」と「似像」を意味する「エイコーン」の哲学的使用によって可能になる（第6巻509A）。こうして像（エイコーン）は、言葉で喚起されるイメージによって私たちをより高次の実在へと引き上げ、想像力による新たな視野の開示に決定的な役割を果たす（515A, 517A参照）。私たちは、像が実体的な事物の劣った存在などではけっしてなく、それ自体が実在的でありうることを見てとるのである。この経験において、「太陽」は別の段階への上昇をもたらし、実在の間の移し（メタファー）となる。像と実在とのこの類比、逆転関係は、「像＝比喩」が宿すダイナミックな可能性なのである。

ソクラテスは哲学者の教育について具体的なカリキュラムを語り、数学的諸学を経て最終段階として「問答法（ディアレクティケー）」に達する。そこで彼は突如、それまでの段階とは異なる地平に達していることを示唆し、もはや「像＝比喩」を語り続けることができないと宣言する。

　　親愛なるグラウコンよ、君はもはやついて来ることはできないだろう。私の方に熱意がないのではないのだが。君はまた、私たちが語っているものの、もはや像〔＝比喩、エイコーン〕を見るのでもなく、真実そのものを見るのだ。少なくとも、私にそう思われるものだが。それが本当にその通りであるかどうかは、まだ強弁するには値しないが、なにかそのようなものを見ることは、強調されるべきである。（533A）

ソクラテスはここで、「エイコーン」という語を明らかに「比喩／像」の二義にかけて用いている。このことは、「線分の比喩」で示された上から第2段階の「思考認識 *dianoia*」、つまり感覚物を像として用いながら進める幾何学などの探求を指すのであり、それと対比されるのは、第1段階の認識、すなわち純粋に言論によってのみ遂行される「知性認識 *noēsis*」であった。それでは、これから言論によって語られるのは、像のない世界であろうか。もし言論自体が一種の像であるとしたら、それを超え出ることはどのようにして可能となるのか。

　しかしながら、ソクラテスはここでもなお、「真実そのもの」を知ってはおらず、そう思われること、「そのようなもの」を見るしかないと言う。哲学の探求において、像が不可欠であり、私たちはそこから始めるしかないとしたら、私たちはソクラテスが常に表明していた「不知」に留まらざるを得ないのかもしれない。プラトンにおいて「像」は、それゆえ、探求の可能性と限界という両義性を持つ。

　私たちにとって「知る」とは、魂の目に光が差してそこで視覚が成立することである。それは、日常の世界と認識が本当の光によって転倒し、逆転すること、そこで真実が輝き出すことを意味する。坂部はさらに、私たちの世界や存在への感覚が揺るぎ、確固とした地盤に立つ様が逆転する「かげ」の意義を強調する。どちらが「うつつ」か分からないという不安定性は、より東洋的な思念かもしれない。だが、プラトンが「像」を語ることで私たちに目を向けさせ、なおも「知らない」と主張しつづけた次元は、想像によって自己を超えることを促すエロースの飛翔世界であった。井筒が論じたように、比喩はより高次の実在として現われる。そこに見える光が何なのかは、比喩とそれを把握する私たちの想像力に委ねられている。「太陽の比喩」とは、私たちをその世界へと誘う、言葉の光であった。

光の超越性と遍在性
初期ギリシア教父における光とロゴスをめぐって

土橋茂樹

　アレイオスの異端説を告発すべく 325 年に開かれたニカイア公会議に
おいて作成された信条のうちに、「光から光が、真の神から真の神が」
（φῶς ἐκ φωτός, θεὸν ἀληθινὸν ἐκ θεοῦ ἀληθινοῦ）という一節が見出される。キリ
スト教教義史上よく知られたいわゆる「アレイオス（アリウス）論争」
がもつ複合的な意味合いについては、1960 年代以降、R. ウィリアムズ、
M. R. バーンズ、L. エイヤズらによる再検討が飛躍的に進んだが[1]、ここ
ではその問題を正面から扱うのではなく、その論争にかかわるすべての
陣営が第一位格（父なる神）からの第二位格（子イエス）の出生を記述
する際に用いた「光から光が」「知恵から知恵が」といった「X から X」
型の表現方式にまずもって着目してみたい。前述のニカイア信条におい
ても、その後のコンスタンティノポリス信条 (381 年) においても、「光
から光が」は確かに「真の神から真の神が」と同じ意味として理解され
ていた。しかし、4 世紀以前には、必ずしもそうではなかった。むしろ、
「光から光が」は、起源としての光に依拠し、その結果として生成した
あくまで所産としての限りでの光を記述するための、言い換えれば、真
の神からある種神的なものの生成を意味するための表現として使用され
る場合があり得た、いや、むしろそれが一般的でさえあった。その限り

で、「XからX」型表現方式の意味内容は、その二つのX（たとえば「光」や「神」など）がどのような意味で、またどのような文脈で理解されているかにかかっている。本稿では、最初に「光から光」表現の哲学的背景を概観した後に、その表現が意味する「光が光を生む」という事態の解明が、単なる光のメタファーを超えた「光の形而上学」に基づき、ロゴス論を介してキリスト論へと至る過程を、アレクサンドレイアのディアスポラ（離散）ユダヤ人フィロンと護教家ユスティノスを比較する形で辿り直してみたい。

1 「光から光」表現の哲学的背景

「XからX」型の表現方式を最初に効果的に用いたのは、やはりアリストテレスだろう。彼の用語法において代表格の「人間から人間が」（ἄνθρωπος ἐξ ἀνθρώπου）という表現は、「人間が人間を生む」という表現を簡略化した派生形であり、それは以下のように説明される。

> T1：それによって生成するところのもの〔つまり、それが生成の原因となるもの〕も、形相にしたがって語られる自然本性であり、〔生成するものと〕同一形相（ὁμοειδής）の自然本性であるが、それは〔生成するものとは異なる〕他のもののうちにある。なぜなら、「人間は人間を生む」（ἄνθρωπος ἄνθρωπον γεννᾷ）からである。(*Metaphysica* 1032a24-25)[2]

つまり、人間が生成するとき、その生成の原因は、生成した人間と「同一形相」の別の人間であるが、そのことは、〔親である〕人間が〔子である〕人間を生むのが自然のあり方である以上、当然のことと言える。さらに、

T2：可能的に（δυνάμει）存在するものから現実的に（ἐνεργείᾳ）存在するものが生成するのは、常に、現実的に存在するものによってだからである。たとえば「人間から人間が」、「教養的なものから教養的なものが」〔生成するように〕。そこには常に第一に動かすものが存するが、その動かすものは既に前もって現実的に存在している。

(*Metaphysica* 1049b24–27)

　人間 [1] が人間 [2] を生むとき、生むものである人間 [1] は常に予め現実的に先在するその生成の原因でなければならない。つまり「〔常に現実的に先在する原因としての〕人間 [1]（X^1）から〔それと同一形相の〕人間 [2]（X^2）が」生まれるというのが、アリストテレスの「X から X」型の表現が意味するところである。「教養的なもの」の場合で言えば、「〔現実的に先在する〕教養的なもの〔たとえば教師〕から〔それと同一形相の〕教養的なもの〔たとえば教え子〕が」生じるということになる。

　以上の限りでは、ニカイア信条における「光から光」表現の場合も、現実的に先在する原因としての光からそれと同一本質（ホモウーシオス）の光が生じるという点で、アリストテレスの「人間から人間」表現の系譜に連なるのは確かである。しかし、両者は、「人間から人間」の場合、① 原因となる先在する人間とそこから生まれた人間とは、互いに独立・離存した二つの実体（個体）であり、② そこで原因となる人間にも、さらにその原因となる先在する人間が存するという具合に限りなく因果連鎖を遡ることができるのに対して、「光から光」の場合、① 結果としての光が原因としての光から離存し得ず常に同一性を保ちつつ可視的世界に遍在し、② それにもかかわらずそこから光が発出する光の源泉自体は常に超越しているという点で、決定的に異なる。

　可視性の可能根拠として世界にいわばアプリオリに遍在する光の特質は、個々の存在者を実在せしめる存在根拠のメタファーとしてしばしば用いられる一方で、そうした光の遍在性は光の源泉自体のもつ超越的性

格と絶えず緊張関係にあると言える。その意味での光のメタファーから光の形而上学への転回を予示していると思われるのが、プラトン『国家』篇[3]における太陽の比喩である。そこではまず、光を「見るという感覚と見られるという働きを結びつける絆」(507e5–508a2) として規定した上で、以下のように述べられる。

> T3：「天上の神々のうち、どの神がこのことを原因づける権能をもち、どの神の光によってわれわれの視覚がもっともよく見ることができ、見られるものがもっともよく見られるようになるのだろうか？」「あなたも他の人びともまさにそれだと答えるものです。なぜなら、あなたは明らかに太陽のことを問うているのですから。」(508a4–8)

次いでプラトンは、その太陽を「善が自分と類比的なものとして生み出した」(508b13) として、「知るもの」と「知られるもの」に対する善の関係と、「見るもの」と「見られるもの」に対する太陽の関係を類比した上で、「認識されるものには真理をもたらし、認識する者にはその能力を与えるものこそが善のイデアなのである」(508d10–e2) と結論づける。ここで「善は実在（ウーシアー）ではなく、むしろ威厳においても力においても実在の彼方に超越している（ἐπέκεινα τῆς οὐσίας ὑπερέχοντος）」(509b7–9) と強調されている以上、善に類比されていた太陽（つまり光の源泉・原因）にも超越的性格が帰せられてしかるべきである。この点で、光を、それ自体としては見られることができず、むしろ自らとは異なる別の物体（発色物体）に属する色によって見られることができるようになる透明体 (De Anima 418b4–6) とみなしていたアリストテレスが、視覚対象と視覚能力とを媒介する光の遍在性に着目しそれをいわば光の自然学として展開していたのに対して、プラトンが光の超越性の観点から既に光の形而上学を論じ始めていた点を記憶に留めておく必要があるだろう。

2 ユダヤ教徒フィロンの「光」表現とロゴス論

1）光の創造と光の流出

　紀元1世紀のユダヤ教徒フィロンにおいて、光のメタファーが最大限に威力を発揮するのは、「創世記」註解における世界創造、とりわけ創造第1日目の光の生成と4日目の太陽と星々の創造の場面においてである。創造第1日目の「神は言った、「光あれ」と（εἶπεν ὁ Θεὸς, γενηθήτω φῶς）」（七十人訳「創世記」1：3）という記述から、フィロンは（またおそらく福音書記ヨハネも）、神から発せられた最初の言葉（ロゴス）である「光」に格別の注意を払ったものと思われる。

> T4：創造者は、……すべての後で七番目に光のイデアを造った。それはまた、全宇宙に存するであろう光り輝くすべての星々と太陽の非物体的で叡智的な範型（ἀσώματον καὶ νοητὸν παράδειγμα）であり、……叡智的なものは感覚的なものよりもずっと明るく輝いている。……かの不可視で叡智的な光（τὸ ἀόρατον καὶ νοητὸν φῶς）は、それの生成を告げた神のロゴスの像（θείου λόγου εἰκών）として生じた。その光は天上の星であり、感覚される星々の源泉（πηγή）である。それを人がまったき光源（παναύγεια）と呼んでも的外れとはなるまい。（*De opificio mundi* 29）[4]

　ここでは、非物体的で叡智的な範型である光はあくまで「神のロゴスの 像（エイコーン）」であり、一方では創造者である神と造られたものである光の間に創造と被造という明確な断絶がありながら、他方では神から発出した 言葉（ロゴス）によって媒介されることによって、いわば非連続の連続という形で神と光は一体化されている。しかし、光の生成そのものが主題化されてはいない場面に目を移すと、そうした精妙な区別は背後に退き、神と光

は容易に同一視される。

> T5：まず第一に神は光である。すなわち「詩編」で「なぜなら主は私の光、私の救い」と詠われているからである。また神は光であるばかりでなく、他のすべての光の原型（ἀρχέτυπον）でもある。それどころか、どんな原型よりもずっと古くずっと高い位にある。なぜなら、それは範型の範型だからである。（De somniis I, 13, 75）

　フィロンにおいて、光の遍在性と光の超越性は、創造神と光が同一視されることによって際どく両立し得ているように思われる。創造の場面に定位した T4 においては、「叡智的な光」は、その創造主である神とは明確に区別されていたが、光の生成をあくまで「光から光が」という光の遍在性の観点から自然学的に見るならば、以下の T6 から明らかなように、そうした叡智的な光もまた叡智的な光源（すなわち「叡智的な太陽」）から生じたと言わざるを得ないだろう。

> T6：ちょうど太陽が昇るとき、闇が消え失せ、すべてのものが光に満たされるように、神すなわち叡智的な太陽（ὁ νοητὸς ἥλιος）が昇り、魂を照らすとき、情念と悪徳の暗闇は一掃され、もっとも輝かしい徳がそのもっとも清らかでもっとも愛されるに値する姿を現すのだ。（De virtutibus 22, 164）

　〈神が光を造る〉という「創造」の記述に対して、〈叡智的な光源から叡智的な光が生じる〉という光の遍在性にかかわる記述は、T4 で用いられる「源泉」[5]（ペーゲー）という語からも明らかなように、もっぱら泉から湧出する川のメタファーを介して、光の生成をある種の「流出」として説き明かすフィロンの解釈傾向を示している[6]。たとえば、

T7：もし愛徳心に富む魂を庭園に喩えるならば、そこに天から授けられた草木の芽を潤し水分を補給するために、神のロゴスは知恵の泉から流れ出す川のようにして降り注ぐ。(*De somniis* II, 242)

　T4で見たように「神のロゴスの像」が光である以上、神からの光の流出が写像しているのは、神からのロゴスの流出に他ならない。とすれば、非連続の連続という形で光が神と一体化されるのと同様に、ロゴスもまた神からの離存を内包した非連続の連続という形で神と一体化するものと考えられる。

T8：ロゴスのうち、一方は泉のようであり、他方はそこからの流れ（ἀπορροή）のようである。すなわち、思考におけるロゴスは泉のようであり、他方、口や舌から発せられた言葉は、そこからの流れのようである。(*De migration Abrahami* 71)

　ここでもまた、「泉からの流れ」というメタファーを介して、「心の内にあるロゴス」（λόγος ἐνδιάθετος）と「発話されたロゴス」（λόγος προφορικός）というロゴスの二つの位相[7]、すなわち神に内在し、神の思考と一致した（あるいは思考そのものとも言い得る）ロゴスと神から離存したロゴスが、そうした位相差を内包しつつ「ロゴスからロゴス」の発出・流出という一つの連続した関係として捉えられている[8]。
　しかし、フィロンにおいて神から流出するのは、ロゴスだけではない。

T9：神が真に一なる存在であるのに対して、神の最高にして第一の位に立つ力（δύναμις）は二つある。それはすなわち善性（ἀγαθότης）と主権（ἐξουσία）である。神は善性によって万物を生み出し、その生み出されたものを主権によって支配する。さらにこの両者の間にあってそれらを統合する（συναγωγόν）第三のものがロゴスである。

なぜなら、神はロゴスによって支配者であり、かつ善なるものだからである。（*De Cherubim* 27–28）

　つまりフィロンにおいては、真の存在である神[9]から世界を創造する力である善性と、創造された世界を支配する主権という二つの力がロゴスによって統合され[10]神から流出するという構図を写像したものが、まさに「光からの光」というメタファーであり、そうした光の遍在性を媒介することによって、悪と死を原因づける質料からなる物質世界とそこから絶対的に離存・超越した善なる唯一神という対極的二項関係が光の流出という表象によって非連続の連続、不同一の同一という形で一体化され得るのである。

　では、そもそも「光」によって写像されるロゴス自身は、神と一体どのような関係にあるのだろうか。次節において彼のロゴス論を概観してみたい。

2）フィロンのロゴス論概観

　フィロンにおいて「神のロゴス」とは、もっとも重要な概念であり、彼の思想をもっともよく特徴づける神学的概念である。しかし同時に、その概念の働きと性質が多岐にわたり複雑に絡み合うため、その理解が極めて難しい概念でもある。以下、D. T. Runia の分類を参考にして[11]、ロゴスを三つの働きに即して概観してみる。

①叡智的宇宙（叡智界・イデア界）の場としてのロゴス

　可視的宇宙の範型としての「叡智的宇宙」（κόσμος νοητός コスモス・ノエートス）は、「神のロゴス」以外のいかなる場にも位置し得ない（T10 参照）。あるいは、叡智的宇宙それ自体が、現に創造活動にたずさわっている神のロゴスと一致しているとさえ言い得る（以下 T11 参照）。

T10：したがって、建築家の〔心の〕内に予め描かれた都市は、外界にその場をもたず、その（建築）職人の魂の内に刻印されていた。それと同じように、イデアから成る宇宙も、諸々のイデアを秩序付けた神のロゴスより他にその場をもたない。（*De opificio mundi* 20）

T11：もっとあからさまな言い方を欲する人がいるなら、叡智的な宇宙とは、既に宇宙創造という活動に取りかかっている神のロゴスに他ならないと言えるだろう。（*De opificio mundi* 24）

　さらに *De opificio mundi* 25 には、校訂者の間で意見の分かれる（したがって括弧付きの）記述がある。それによれば、ロゴスは「刻印された原型（ἀρχέτυπος σφραγίς）、範型、諸々のイデアの原型的イデア（ἀρχέτυπος ἰδέα τῶν ἰδεῶν）」であるとされる。確かに「神のロゴス」は、明らかにプラトン『ティマイオス』における「範型」[12] と同一視されてはいる。その意味するところは、宇宙創出の計画を作るために統一され構造化され、同時にイデア全体を表している神の思考と考えられるだろう。しかし、このプラトン的「範型」というロゴス理解については、それをフィロン的「ロゴス」の叡智的側面を強調したものと見ておくほうがより精確であろう。なぜなら、ロゴスには、創造過程においてまさに善性として働く神の「力」（T9 参照）を統合する力動的側面をも含意していると考えられるからである。

　同時にロゴスは神の像（エイコーン）[13] ともみなされねばならない。したがって、宇宙（マクロコスモス）と人間（ミクロコスモス）は、共に神の「像の像」ということになる。

②創造の道具としてのロゴス

　都市の建設者は、都市を設計するだけでなく、実際に自身の計画を石材と木材から造り上げねばならない。宇宙の創出者についても事情は

同様であるだろう。

> T12：棟梁は、これから仕上げられることになる都市の諸部分のほとんどすべてを自らの〔頭の〕内にまず素描的に思い描く。……次に彼は、ちょうど蜜蠟に押印するように、自らの魂にこれら（諸部分）の型を受け取り、叡智的な都市のイメージを心に抱く。その際、彼は生得の記憶力によって像を立ち現れさせ、その特徴をより判明に刻印する。彼は、善きデーミウルゴスのように、範型を眺めながら、非物体的なイデアのそれぞれに物体的な存在をすっかり似せるようにして、石材や木材からその都市を造り始める。(*De opificio mundi* 17–18)

では、宇宙の創出者である神は、そのような宇宙の創造活動をどのようにして行なうのであろうか。

> T13：神は、すべてを切り分ける刃物（τομεύς）としての自らのロゴスを研いで、宇宙全体のいまだ形も性質もない存在をそれでもって分割し、そこから宇宙の四元素を区分し、それらによって構成された動物と植物をさらに区別した。(*Quis rerum divinarum heres* 140)

これがいわゆる「刃物としてのロゴス」（λόγος τομεύς）と呼ばれるもので、創造者たる神は直接、素材（質料）に触れることなく、代わりに道具(オルガノン)として「刃物としてのロゴス」を用いるという考えである。この点が『ティマイオス』のデーミウルゴス（創出者）とは明確に異なる点である。なぜなら、プラトン的デーミウルゴスは素材に直接触れ、それを意のままに扱うことに何の躊躇(ためら)いもなかったからである（ただし、この変容はフィロンに固有のことではなく、『ティマイオス』解釈の伝統においては一般的に見られる進展過程であったようだ[14]）。

以上のような創造の道具としてのロゴスという考えは、『ティマイオス』における「若い神々」とも繋がるものであるように思われる[15]。ここに神の創造の助力者・補助者としてのロゴスという観念の萌芽を見ることができるだろう。

　③宇宙魂の代替としてのロゴス

　フィロンにおいて、『ティマイオス』篇に見出される「宇宙魂」の概念は、それが同対話篇において中心的役割を付与されているにもかかわらず、意図的に避けられている。しかし、ならば何故、ロゴスがその代替として登場したのか。その原因としては、ストア派がプラトンの「宇宙魂」を彼ら自身のロゴス概念へと改変し、その変容した概念が中期プラトン主義に流れ込んだという事情が挙げられるだろう。

　フィロンにしてみれば、神のロゴスという観念による方が、プラトンの宇宙魂という観念によるよりも、より一層容易に納得いく形で聖書の思想が解明され得たのであろう。実際、モーセの世界創造に「宇宙魂」という発想は見出されないのだから。

　しかし、ロゴス説がフィロン思想の中にストア化した（つまり反プラトン的な）要素を蔵していると結論づけることは早計であり不当である。なぜなら、フィロンにおいてロゴスは、ストア派におけるように世界内在的に活動する形成原理ではなく、より高みからの（つまり神からの）指令を受けるものだからである。このことは、明らかにプラトン『パイドロス』篇（246e）における「天界を駆ける翼ある馬車」のイメージから着想を得て、馬車の行き先を告げる「神」に対する「御者」（ἡνίοχος）としてロゴスが表象されていることからも明らかである[16]。

　さて、以上のように多様なロゴスの働きを介して、フィロンは、第一原理（である父＝神）と創出者的原理（デーミウルゴス）との分離という、当時高まりつつあった動向を主導する模範的位置に立つことによって、その後の「ヒュポスタシス」概念の形成に少なからず寄与したと言えるだろう。した

がって、《神による世界創造の補助者としてのロゴス》という前提によって、ユダヤ教徒フィロンはオリゲネスの体系を、そのキリスト教的含意（つまりロゴスを子イエスと等値すること）なしに予示し得ていたのである。しかし、オリゲネスに至る以前に、まずはユダヤ教徒（一神論者）や多神論者に対してキリスト教の核心となるロゴス・キリスト論を弁証する段階が不可避であった。その場面でのロゴス論の変遷と「光」表現の変容を護教家ユスティノスの思想において見てみよう。

3　護教家ユスティノスのロゴス・キリスト論と「光」表現

　ユスティノス（165年頃没）は、ローマのクレメンスら使徒教父の時代を経て、日々強まる迫害に耐えキリスト教信仰の擁護・弁証に努めた護教家を代表する教父である。晩年の地ローマに自ら開設したキリスト教学校で哲学を講じるも、マルクス・アウレリウス帝治世下、殉教を余儀なくされたことで知られる。彼の著作のうち、二つの『弁明』は主にギリシア多神論者からの様々な論難に対する弁証であるのに対して、『ユダヤ人トリュフォンとの対話』（以下『対話』と略記）では、ヘレニズム化したユダヤ教徒であり『七十人訳』旧約聖書にも通じたトリュフォンを相手にロゴス・キリスト論をめぐる対話体の議論が展開される。ここでユスティノスのロゴス・キリスト論とは、フィロンのロゴス論はもちろん、さらに「ヨハネ福音書」（1 : 14「ロゴスは肉となり、われわれのうちに住まった」）の「受肉のロゴス」をも何らか継承し発展させたものとみなされるが、超越的な唯一の創造神を認める点で明らかにユダヤ教を継承しながらも、その一方でロゴスを「〔第二の〕別の神」と主張することによって、多神論の嫌疑を招き、ユダヤ教徒からの徹底した論難を引き起こさずにはおかなかった。したがって、『対話』においてそうした論難と真正面から向き合うことは、彼にとってキリスト教のアイデンティティ確立のためには避けて通れぬ試練だったと言えよう。

以下では、本稿の主題である「光」表現の変容を考察するための手掛かりとして、まずアブラハムへの神の顕現を叙述する「創世記」第18章に対する、ユダヤ教徒フィロンとキリスト教弁証家ユスティノスの解釈の相違を見た上で、前者から後者への「光」解釈の変容がいかなるものかを明らかにしていきたい。

1）（第二の）別の神としてのロゴス

　まず、フィロンは「創世記」の当該箇所（18：1–2「アブラハムが真昼に彼の天幕の入り口のところで座っていると、神がマンブレ（マムレ）の木の前で彼に現れた。彼が目を上げて見ると、見よ、三人の男たちが彼の前に立っていた」）を以下のように注釈している。

> T14：……〔三人のうち〕真ん中に位置するのが万有の父（πατὴρ τῶν ὅλων）であり、聖書において「〔私は〕存在するもの（ὁ ὤν）」と〔神自らが名乗った〕権威ある名によって呼ばれている。その両側のもっとも近いところには、その存在〔すなわち神〕の最長老の力（δύναμις）がそれぞれ控えている。一方は創造的（ποιητική）力であり、他方は王的〔支配的〕（βασιλική）力である。創造的な力は「神」（θεός）と呼ばれる。なぜなら、この力によって〔かの父は〕万有を造り出し、秩序づけたからである。他方、王的な力は「主」（κύριος）と呼ばれる。なぜなら、生成した被造物を支配し統御することがその力には相応しいからである。（De Abrahamo 121）

　先に見たテクスト（T9）で述べられていたことがここでも提示されているが、注意しなければならないのは、「創造的な力」（T9では「善性」と呼ばれていた力）が、ここでは「神」と呼ばれていることである。確かにフィロンが、神のロゴスを「第二の神」（ὁ δεύτερος θεός）と呼ぶことがないわけではないが（Questiones et solutions in Genesin II, 62）、ここでは「神」（θεός）

という語は、それが「造り出す」（τίθημι）という語から派生したと想定される限りでのあくまで語源に基づいた呼称に過ぎない[17]。実際、フィロンにおいて冠詞付きの「ホ・テオス」（ὁ θεός）は「真の神」であるが、冠詞が付かない場合は、本来の意味では「神」とは呼ばれ得ないものを表示しているとみなされる（cf. *De somniis* I, 229–230）。つまり、ここでは無冠詞で「テオス」と呼ばれている以上、唯一の超越的創造神から流出した「創造的な力」は「真の神」とはみなされ得ないということである。

　対して、「創世記」の同じ箇所をユスティノスは以下のように解釈する。

　　T15：私は、聖書を知っているあなたたちが以下の私の主張を納得
　　できるよう努めよう。その主張とは、世界を創造した神とは別の神、
　　別の主（θεὸς καὶ κύριος ἕτερος）が存在し、語られるということである。
　　その別の神はまた、他のいかなる神も決してそれを超えることのな
　　い世界の創造神が人間たちに告げ知らせたいことを告げ知らせるが
　　ゆえに、御使い（ἄγγελος）とも呼ばれる。（*Dial.* 56, 4）[18]

　　T16：アブラハム、ヤコブ、モーセに顕現したと語られ、またそう
　　書かれてもいるのは、世界を創造したのとは別の神である。私が言
　　っているのは、あくまで数において異なるということであって、思
　　考においてそうだということではない（ἀριθμῷ λέγω, ἀλλὰ οὐ γνώμῃ）。
　　なぜなら、私が言っているのは、この別の神は、他のいかなる神も
　　それを超えることのない世界の創造神が別の神に行わせ、かかわら
　　せようと欲したことの他は、何一つ行っていないということだから
　　である。（*Dial.* 56,11）

　両者の解釈を比較して明らかなように、マンブレの木の前でアブラハムに現れた三人のうち、真ん中に位置する者を「万有の父」つまり真の

〔第一の〕神と解釈したフィロンに対して、ユスティノスは、その者を神の「御使い」にして「〔第二の〕別の神」と解している。彼は『弁明』においても、「ユダヤ人たちは、世界創造の神が常にモーセに話しかけていたと考えたが、彼に話しかけていたのは御使いとも使徒（ἀπόστολος）とも呼ばれていた「神の子」（υἱὸς θεοῦ）であった」（*Ap.* 63,14）のであり、ユダヤ人たちが結局のところ父も子も知らないのだと断ずることの正当性を説いている。しかし、彼の言うように「イエス・キリストが神の子であり」（*Ap.* 63,10）、「神のロゴス、神の初子であり、また神でもある（Λόγος καὶ πρωτότοκος ὢν τοῦ θεοῦ, καὶ θεὸς ὑπάρχει）」（*Ap.* 63, 15）とするならば、しかもまた、世界創造主たる第一の神と、それとは「別の〔第二の〕神」が、いずれも真の意味で「神」と呼ばれるべきものであるとするならば、そこにはふたりの神が存することになり、もはや一なる神とは呼ばれ得ないのではないか。その限りで、ユスティノスにその点に関する挙証の責任が問われることは言うまでもない。

2)「光から光」表現から「火から火」表現へ

　最初の手掛かりとなるのは、T16 で述べられていたように、いわゆる第一の神と第二の神が「数において異なる」という点である。まず両者は、「生むもの」と「生まれたもの」として数において異なる（ἀριθμῷ ἕτερον）と言われる（*Dial.* 129, 4）。ユスティノスによれば、「神は、すべての被造物に先立つ始源（アルケー）として自身から理性的な力を生んだ」（*Dial.* 61, 1）のであり、そのように「神から生まれた子」（γέννημα ὑπο τοῦ θεοῦ）がソロモンによって「知恵」と呼ばれたのだとされる（*Dial.* 62, 4）。さらに、そうした神の子はと言えば、T16 で語られたように、アブラハム、ヤコブ、さらにモーセに顕現して語りかける第二の別の神として、他方また、人間創造の場面で「〔われわれは〕人を造ろう」（「創世記」1：26）と「〔神が〕数において異なる理性をもった者に向かって話しかける」（*Dial.* 62, 2-3）際にまさに神から話しかけられる相手として、それはフィロンの

「ロゴス」のように抽象的・象徴的な存在ではなく明らかに人格化された実体的存在なのである。ユスティノスのロゴス論がフィロンのそれからもっとも異なるのは、まさにこうしたロゴスの人格化の点にあると言えよう[19]。その極めつけとも言えるのが、ユスティノスにおける三一神論の萌芽とも言える次のテクストである。

> T17：われわれのためにこうしたことの教師となり、この目的のために生まれたイエス・キリストは、ティベリオス帝の治世下、ユダヤ総督となったポンティオス・ピラトスの時代に十字架にかけられた。われわれは彼こそが真の神の子と知って、彼を第二の位に置き、預言的な霊を第三の位に置いた上で、彼らをロゴスに従って尊崇しているのである。(*Ap.* I, 13, 3)

このようにユスティノスにとってロゴスとは、あくまで受肉したロゴスとして歴史上に定位し人格化されたイエス・キリストであり、人びとから尊崇される第二位の神のことだったのである。

しかし、そうであればなおのこと、フィロンにおけるように光の遍在性や泉からの流出のメタファーを利用して数において異なるふたりの神の同一性を主張することは、ロゴスが神の子として人格化された以上、もはや適切な方法とは言えないのではないか。確かに創造主としての神の超越性は揺るぎないとしても、その神から生まれた子イエスの第二の神としての存在性もまた、神から「生まれた」という一点を除けば、第一の神に劣らぬものである。その限りで、神の子を太陽から発出した光線とみなすよりは、むしろ第二の太陽とみなすほうがはるかに筋が通っているようにさえ思われる。もちろん、ユスティノスに光の流出メタファーがないわけではない。けれども、キリストが人格化・実体化されることによってそのメタファーは極めてミスリーディングなものになりかねない。たとえば、

T18：彼〔キリスト〕の真理と知恵の言葉は、太陽の光（ἡλίου δύναμις）よりももっと火のようで、よりいっそう光り輝いており、心と知性の深みにまで達する。(*Dial.* 121, 2)

　一見すると、ここでは太陽からの光の流出とキリストからの言葉の発出が類比され、あたかもキリストが太陽とみなされているかのように見える。しかし、それは誤った解釈である。なぜなら、ここでの「キリストの言葉とは、神の力に他ならない」(*Ap.* I, 14, 5) から、つまり、キリストの言葉はあくまで神からの力の発出としての限りで太陽からの光と類比されているからである。その限りでは、神のロゴスを流出のメタファーを利用して語り得たフィロンのように、神とキリストとの同一性を流出のメタファーによって語ることは、ユスティノスにとって極めて難しくなったと言わざるを得ないのである。

　では、ユスティノスはその点に関して一体どのような弁証を行っているのだろうか。

T19：〔神が始源として生んだ理性的な力は、聖書において「主の栄光」「知恵」「御使い」「神」「主」「御言葉」など様々な名で呼ばれているが、〕そうした名で呼ばれるのは、それが父の意図（πατρικὸν βούλημα）と父の意志（ἀπὸ τοῦ πατρὸς θέλησις）に仕えることから生じたからである。しかし、それと同じようなことが自分たちにも生じていることをわれわれは見ていないだろうか。というのは、われわれもまた言葉を発するとき言葉を生むことになるが、それは、言葉が外へと発せられることによってわれわれのうちにある言葉が減少し、その一部がなくなるということを言っているわけではないからである。新たな火が別の火から生じるのをわれわれは見るが、その場合も同様である。新たな灯火（ἄναψις）が別の灯火から燃え移って生じても、元の灯

火が減少する〔火が小さくなる〕わけではなく、火種となった灯火はあくまで同じ状態に留まっている。元の灯火から火を燃え移されたものも明らかにもう一つの灯火であるが、〔新たな灯火の生成によって〕火種となった灯火を減少させたりはしないのである。(*Dial.* 61, 1–2)

ここでユスティノスが、神とキリストとの同一性を弁証し、ユダヤ教徒からの二神論（ditheism）との非難を論駁するために取った論法は、もはや「光から光」という流出メタファーではなく、「火から火」という、一つの灯火から別の灯火へと火を燃え移すという比喩を使用するものである。すなわち、光の遍在性および泉からの流出というメタファーを介して、「生むもの」と「生まれたもの」とを泉からの流れとして一体化し、両者の同一性を弁証する論法から、灯火から灯火へと火が燃え移るという比喩によって、それぞれの灯火がたとえ実体として離存していても、火という「力」においてはまったく同一であることを弁証する論法へとユスティノスは大きく舵を切ったものと思われる。その際、燃え移る火とは何を指すかと言えば、T19 における「父の意図」「父の意志」を意味していると思われる。なぜなら、T16 によれば、キリストは父なる神の意図し意志したこと以外は何一つ行っておらず、その限りで神の力は、神の意志に完全に仕えるキリストの力として発現し得ているからである。しかしその反面、二神論批判を論駁しようとするユスティノスのロゴス・キリスト論は、きわめて従属説的なものとならざるを得なかった。

4　結びに代えて——光の永遠性

アレクサンドレイアでは、クレメンスを経て、3 世紀前半にアンモニオス・サッカスの開いた私塾で学んだと伝えられるオリゲネス（c.185–c.251）が膨大な聖書注釈と後代に多大な影響を及ぼす神学を紡ぎ上げた

が、彼の死後300年を経て異端宣告を受け著書が破棄されるという数奇な運命に見舞われることとなる。20代前半には、自らも私塾を開き、ギリシア文学や修辞学（自由学芸の一部）を教えつつキリスト教の入門教育も行なうようになっていたオリゲネスの聖書解釈にどれほどプラトン主義が影響を及ぼしたかは、研究者間で意見の分かれるところであるが、旧約聖書からの影響はもちろんのこと、フィロンからも大きな影響を受けたものと思われる。とりわけ、旧約第二正典の一つである「知恵の書」からの影響は大きく、そこでの全能者の栄光の純粋な発出としての、また永遠の光の輝きとしての「知恵」の記述は、「コロサイの信徒への手紙」(1：15)[20] における「像」、「ヘブライの信徒への手紙」(1：3)[21] における「神の栄光の輝き」としての子イエスの記述を解釈する際の要(かなめ)と言えよう。以下に見るのは、オリゲネスが「知恵の書」（七十人訳 7：25-26）の記述を註解したものの一つである。

> T20：さて次に、知恵についてこう言われている。「〔知恵は〕神の力の息吹であり、全能者の栄光の純粋な発出（ἀπόρροια）であり、永遠の光の輝き（ἀπαύγασμα φωτὸς ἀιδίου）であり、神の働きの汚れない鏡であり、神の善性の像である」（「知恵の書」7：25-26）。……
> 〔ソロモンは〕まったく適切に知恵が「神の力の息吹」であると言っている。したがって、神の力は力強く活かすものであり、見えるものと見えないもののすべてを造り、保持し、支配し、摂理にかなう一切を満たし、そのすべてと一致し、すべてに現前するものであることが理解されねばならない。
> それゆえ、かくも大きく測り難いこの力全体の息吹が、また私がそう述べてきたように活力が、それ自身に固有の実在（substantia ＝ ὑπόστασις）をもつようになる。
> 意志（voluntas）が知性（mens）から出てくるように〔そうした息吹は〕神の力から出て来るのだが、それにもかかわらず、この神の意

志自身は神の力となっている。したがって、自らの固有性の内に実在するもう一つの別の力が、聖書の言葉のように、第一の生まれざる神の力の息吹になるのである。この息吹は、自らの存在をそこ〔生まれざる神の力〕から引き出す。しかし、それが存在しなかった時はないのである。(*Princ.* I. 2. 9)[22]

　ここでは、「知恵の書」で用いられた「神の力の息吹」という発出（流出）のメタファーを手掛かりに、オリゲネスは4世紀を通じて論争を巻き起こすことになる鍵概念の一つ「ヒュポスタシス」を説き起こしている。彼はこの語を(1)単に思惟においてだけの実在に対するものとして、しかも(2)「個的で限定された実在」として、「真の実在」を意味表示するために用いたと考えられる。この概念を誤って理解した人びとは、「子は父と数において異ならず、その両者はウーシアーにおいてだけでなく基体（ヒュポケイメノン）においても「一」であり、ヒュポスタシスに即して父と子と言われるのではなく、なんらかのエピノイア（思惟）によって区別される」(『ヨハネ註解』10.37 (21), 212) と考えたが、それに対してオリゲネス自身は、「真の父と真の子は、ヒュポスタシス〔現実存在〕においては二つのものであるが、同意と調和、さらに意志の同一性によって「一」である」(『ケルソス論駁』VIII, 12) と主張した。これによって、ユスティノスがロゴスの人格化によって示そうとしたことを明確に表示する存在論的な概念「ヒュポスタシス」がキリスト論に導入されることとなった。しかし、それは同時に、ユスティノスが直面した困難、すなわち数において異なる離存した二つのヒュポスタシスが一なる神であることの厳密な証明がオリゲネス以降の教父たちに課されるようになる幕開けでもあったのである。

　その詳細に立ち入る紙幅はもはや本稿には残されていないが、本稿の主題であった「光」表現に関するオリゲネスの解釈を瞥見することによって本稿を閉じたいと思う[23]。

T21：……知恵は永遠の光の輝きであると言われている。この表現の力については先に述べた箇所で既に説明した。そこでは、太陽の比喩と太陽光線の輝きを紹介し、我々の力相応にそれがどのように理解されるべきかを示した。ここではさらに一つだけ付け加えておこう。「永久に」とか「永遠に」とかいう語は、厳密にはこう言われる。すなわちそれは、存在したということの始まりをもつこともなければ、存在するものが存在することをやめることもできない、ということである。ヨハネによって「神は光である」と言われる時、このことが指し示されている。しかるに、神の光の輝きが神の知恵であるのは、単に光である限りではなく、永遠に光である限りでそうである。したがって、神の知恵は永遠であり、かつ〔神の〕永遠性の輝きである。このことが完全に理解されるならば、子の実在（ὑπόστασις）が父自身から由来し、時間的に由来するのでも、既述のように神自身以外の他の始まりから由来するのでもないことは明白である。（*Princ.* I. 2. 11）

フィロンにおいて神と神のロゴスは、光の原理的超越性をその遍在性によって媒介する「光から光が」という光のメタファーによって一体化され得たが、ロゴスをキリストと同一視しロゴスの人格化をもたらしたユスティノスにあっては、「光から光」よりはむしろ「灯火から灯火への火の燃え移り」という比喩によって、父の意志に完全に仕える子という形で「父＝生むもの」と「子＝生まれたもの」との同一性を担保せざるを得なかった。しかし、その場合、「生まれたもの」である子は自らが生まれる以前には存在しなかったはずである。だとすれば、「生まれざるもの」である父が永遠に存在するのに対して、子は非存在から存在へと、つまり無から造られたことになるのではないか。こうした嫌疑に対し、オリゲネスは、光源が永遠に存するなら、そこから発出する光も

また永遠である、という形で再び光の遍在性のメタファーを取り入れ、新たに光の永遠性のテーゼ「永遠の光からの永遠の光」を打ち出すことになる。その詳細な展開は次稿に期さざるを得ないが、少なくとも本稿が駆け足で辿った「光から光が」という「光」表現の複雑に錯綜した解釈上の変遷が、まるでなかったかのようにストレートに「光から光が、真の神から真の神が」と高らかに詠い上げられたニカイア信条が、いかに奇異な響きをもつものであったか、その点にわれわれは注目すべきではないかと思う。おそらくそれは、子イエスに神性を認めないアレイオス主義者に対して、力ずくの押さえ込みをはかったホモウーシオス（同一本質）派、とりわけアンキュラのマルケロスのようなサベリオス主義的傾向の極めて強いグループの政治的圧力による影響が少なからずあったからだと推測される。そうした背景を考慮することに拠って「光から光が、真の神から真の神が」というスローガンの作為性の背後にある、フィロンからユスティノスを経てオリゲネスに至る初期教父たちの飽くなき思想的苦闘の跡を、本稿を通して少しでも垣間見ることができたとすれば、この上もない幸いである。

注

1　Cf. R.Williams, *Arius: Heresy and Tradition*, London, 1987; M. R. Barnes, *The Power of God: Δύναμις in Gregory of Nyssa's Trinitarian Theology*, Washington, D.C., 2001; L. Ayres, *Nicaea and its Legacy: An Approach to Fourth-Century Trinitarian Theology*, Oxford, 2004.

2　アリストテレス『形而上学』の底本としては以下を使用。W. Jaeger (ed.), *Aristotelis Metaphysica*, Oxford, OCT, 1957. なお、本稿での引用文はすべて拙訳を用いたが、言うまでもなく既刊の邦訳には多くを負っている。訳者諸氏には衷心より感謝を申し上げる。また、本稿で扱う引用文中の〔　〕内の補記および傍点はすべて筆者のものである。

3　テクストは J. Burnet (ed.), *Platonis Opera*, Oxford, OCT を使用。ステファヌス版の頁・段落・行数のみを記す。

4　フィロンの著作の底本としては以下を使用。F. H. Colson, G. H. Whitaker et al. (eds.),

Philo, 10 vols, London & New York, 1929–1962.

5　その他に、たとえば「神は永遠にあふれる生命の泉」（*De fuga et invention*, 198）や「神はもっとも浄らかな光の泉」（*De mutatone nominum*, 6）など、「泉・源泉」という語はフィロンにおいて神の徴標として多用される。

6　神からの光の発出を説く箇所として、たとえば、以下を参照せよ。「神は自身が原型となる光であるので、決して感覚されることなくひたすら直知されるだけの無数の光を発出している（ἐκβάλλει）」（*De Cherubim*, 97）。

7　*De vita Mosis* II, 127.

8　こうしたロゴスの発出的連続性を人間の側から見るならば、発話されたロゴス（具体的にはモーセ五書に見られるような律法の言葉）を「不可視のものを見えるようにする象徴（σύμβολα φανερὰ ἀφανῶν）」（*De specialibus legibus*, III, 178）として捉えることによって、神の内なる不可視の思考内容をアレゴリア的に解釈する契機となっているといえよう。

9　Cf. *De vita Mosis*, II, 100：「非存在を存在へと至らしめるがゆえに、真に存在するもののみが疑いなく創造主でもあるのだ。また、創造主よりも正しく被造物を支配する者は誰もいないがゆえに、彼は本性的に王なのである。」cf. ibid., I, 75.

10　Cf. *Legum allegoriae*, II, 86：「もっとも包括的なのは神であり、次いで二番目が神のロゴスである。その他は皆、ロゴスにおいてのみ存するが、その働きの点では存在しないものと等しい。」

11　D.T.Runia, *Philo of Alexandria and the Timaeus of Plato*, Leiden, 1986, pp. 446–9.

12　Cf. Plato, *Timaeus*, 28a6-b1：「ところで、いかなるものであれ創作者（δημιουργός）が同一を保つもの（τὸ κατὰ ταὐτὰ ἔχον）を常に眺め、それを範型（παράδειγμα）として用いながら〔創作物の〕形と働きを造り上げる（ἀπεργάζηται）ならば、そのようにして造り上げられたもののすべては必然的に美しい〔立派な〕ものとして完成される。」

13　フィロンに限らず、およそ神の「像」を論じたすべてのキリスト教著作家に決定的な意味をもったのが「創世記」（1：26-27）のテクスト（「神は言った。われわれは自分たちの像と〔それとの〕類似に従って人間を作ろう、と。……神は人間を作った。神の像に従って人間を作った」）である。

14　Runia, *op.cit.*, p. 448.

15　Cf. Plato, *Timaeus*, 42d5-e4：「〔それぞれの魂を〕蒔き終えた後、〔神は〕若い神々に死すべき身体を形作らせた。また、人間の魂についても、さらに付加すべき残りのものとそれらに付随するすべてのものを作り上げ、支配させ、できるだけ美しくかつ最善に死すべき生き物を操り、彼ら自身に悪の原因が生じないようにさ

せた」。

16 *De fuga et invention*, 101. cf. Runia, *op.cit.*, p. 449.

17 Cf. *De confusion linguarum*, 137:「万物を造り出し、秩序づけるその〔神の〕力は、その語源にしたがって（ἐτύμως）神と呼ばれる。」

18 ユスティノスの著作の底本としては以下を使用。M. Marcovich（ed.）, *Iustini Martyris: Apologiae pro Christianis*, Berlin/New York, 1994（*Ap.* と略記）; *Iustini Martyris: Dialogus cum Tryphone*, Berlin/New York, 1997（*Dial.* と略記）.

19 Cf. E. R. Goodenough, *The Theology of Justin Martyr*, Jena, 1923, p. 146.

20 「子は見えざる神の像であり、すべての被造物に先立つ初子である。」

21 「〔子は〕神の栄光の輝きであり、神の実在の刻印である。」

22 オリゲネス『諸原理について』の底本としては以下を使用。H. Crouzel et M. Simonetti（eds.）, *Origène: Traité des Principes*, tome I, Paris, 2008（*Princ.* と略記）.

23 本来であれば、オリゲネスと同時代人であるプロティノスによる光の形而上学にも目を配るべきであるが、ここでは参照すべき論考を挙げるにとどめる。cf. W. Beierwaltes, "Die Metaphysik des Lichtes in der Philosophie Plotins," *Zeitschrift für philosophische Forschung*, Bd.15.H.3, 1961, pp. 334–362.

プロティノスにおける光と言語の形而上学

樋笠勝士

はじめに

　「光の形而上学（Lichtmetaphysik）」という言葉を用いたのは、ボイムカー[1]であると言われている。それは古代宗教に端を発する「光」のモチーフから出発し、そこから古代哲学がつくりあげてきた形而上学的な「光」の思想の系譜学であったが、その後の古代中世哲学研究によってブルーメンベルク[2]、そしてバイエルヴァルテス[3]が論じたように、古代中世の形而上学は、光・照明・形相性といった視覚性が支配する思索動機の強いものであることも明らかにされた。もちろん「真理」概念、或いは「知識」概念自体が「光」概念に基づく古代ギリシア文化では、「光」概念は、哲学のみならず悲劇（『オイディプス王』など）など古典文化全体を覆うものであったとも言える以上、その影響力ははかりしれないものであると言えよう。

　ところで、かつての「光」概念の研究はギリシア文化・西洋文化を特徴づける概括的文化論であったし、或いは、西洋哲学史の枠内で影響関係を問う概念史的研究であった。たとえ非歴史的に主題化されても、光の形而上学か比喩かといった理念的包括的な問いであった。いわば「光」概念の研究は、その概念内容の精査や分析への文献学的関心より

も、思想体系全体を象徴的に特徴づける「光」の観念的研究であった。そのような研究史をみるとき、今、必要な研究は、文献学的な立場から「光」の概念を検討し、その言説を掬い取ることであると思われる。

　本稿で取り上げるのは、プロティノス（205年頃−270年頃）における「光」の言説のあり方である。彼が語る形而上学の中で、我々は、「光」の表現を、単に「光の形而上学」として観念的に包括し象徴化してまとめるのではなく、「光」の表現が登場する個々の文脈や主題の中で、言説の型があるとしてどのような型があり、その型が何を表しているのか、各々の型に提示された「光」の言説の目的は何か、或いは「光」の言説は「光」を手段的に扱っているのか目的的に扱っているのか、などを考えたいのである。

　加えて、本稿が目的にするのは、かかる「光」の言説の型に基づいて、それらがプロティノスにおける言語一般への理解とどのような関係にあるかについて、一定の見通しをつけることである。ただし、この場合、プロティノスにおいては、古代ギリシア哲学のそれと同様に、ロゴス（λόγος）という言葉は多義的であるから、この点に留意しつつ、可能な限り人間の言語事象を表す論述の場をとりあげて、「光」概念との連関を考察したい。

　以上に基づき、以下、第1節では、プロティノスが「光」を、どのような型式と表現意図とでもって語っているのかを論じる。ここで、プロティノスの思想体系のうちにおかれた「光」の言説の位置を確認したい。言い換えれば、プロティノスが方法的自覚をもって、視覚的認識形式の下にある「光」概念に対して、説明媒体としての大きな効用を見いだしていることを確認したい。この確認を受けて、第2節では、プロティノスが、視覚的認識形式にある「光」概念そのものについて、その働きを解明する言説を見る。ここで、「光」は決して説明媒体ではなく説明対象であることを、そして、かかる視覚的認識形式における「光」概念が、形而上学的な「光」概念に適用されること——これを比喩と呼ぶか類比

と呼ぶかは措いておき――それ自体の可能性を評価する。この評価が受け入れられるものであるならば、「光」の言説の重要な論点として、言語との関連を論じることが一定の意味をもってくるであろう。第3節では、これを試み、この関連に見通しをつけたいと思う。

▌1 「光」の言説とその活用――説明媒体としての「光」

　プロティノスは、「光」を説明媒体として手段的に用いる。その理由は「光」自体のもつ性質や意義や価値に基づいている。その意味では「光」は思想体系においては決して目的とはならず、概念の扱いとしては二次的であると言わざるを得ない。しかし、その言説の型は多様であり、彼の形而上学や認識論を構築することに対しては一次的な役割を担っている。ここから「光の形而上学」等の考え方も生まれ、プロティノス理解の骨格をなす「光」概念が価値づけられてきたのである。以下は、かつて「光の形而上学」関連で参照されたテクストであるが、これらを、その言説の型に応じて確認しておこう。

1）一性としての「光」

　初期の論考「美について」では、プロティノスは「美とは何か」を問う。古典的伝統的な「美」の調和思想に反対するものとして、彼は、「美」が多数性を前提とする「調和・秩序（ハルモニア）」に基づくのではなく「一」に基づくものであることを主張する。この時、プロティノスは「光」を例示している。

　論敵の「調和・秩序」思想とはおそらくはストア派のものではあるが、ピタゴラス的な古典的価値観に基づく客観的な調和思想、美を均衡（συμμετρία）とする秩序思想である。それは「美とは部分の部分に対する、また部分の全体に対する均衡である」とするものであり、部分と部分、部分と全体の関係性を前提とする以上、これは多数性に基づく思想

である。美は均衡ではなく「均衡の上に輝くものである」として、これに反論するときに、プロティノスは、全体が美であっても、それを構成する部分が醜でありうることの問題や、かかる思想の美の規定がそもそも部分をもたない単純な事物の存在に妥当しないという問題を提出している。明らかに、両問題共に、多数性と一性を問題にしたものである。議論は感性界における美の探求から始まるが、直ぐに彼は事例として、太陽、黄金、夜空の星、そして火など、感性的な事物を提示し、それらが「単一なもの（τὸ ἀπλοῦν）[4]」でありつつ美であることを主張する。もちろん、事物が美を実現するのは、事物に形相（τὸ εἶδος）が到来したためではあるが、そもそも光が形相でありロゴスであり非物体的なものであるが故に、「光は形相であるかのように、燦然と輝いている」ことで美が実現しているのである[5]。従って、「光」は、形相としての一性をもち、それがたとえ物体的な事物に現れていたとしても、部分をもたない単一なるものとして理解されていると言わなければならない。

　とはいえ、ここで留意すべきは、プロティノスの議論の仕方である。彼にとって主題は「美」であり、「光」ではない。しかも美を説明するに際して、「光」は事例として登場しており、しかも「美」の説明根拠は第一義的には「光」よりもむしろ「形相」にあると言わねばならない。事物を美しくさせているのは形相であって、「光」は「形相であるかのように（ὡς ἂν εἶδος ὄν）」あるのである。ここから、説明対象である「美」に対して「光」が説明媒体であることは明らかである。さらに、感性界における美の探求を超え出て、議論が精神的領域に入った段階での「美」の説明では、「徳の輝き（ἀρετῆς φέγγος）」という文言はあるものの、その実際は、イデアの美を目標にした（魂の）「浄化」や「知性的活動」などの「純一化」が主題であり、「光」はイデア的な事物を形容する付帯的な役割しか持ち合わせてないように思われる。

　それにもかかわらず、ここで重要なのは、たとえ説明媒体として二次的間接的であるとしても、プロティノスの「光」理解のうちには、明ら

かに形相性と一性とがあるということである。少なくとも、我々はここに、プロティノス思想の初期段階における、「光」を客観的に捉える原初的な立場があると見ることができるのである。

2) 認識の構造原理としての「光」

認識を「光・照明」でもって理解するのは、或いは真認識を「光・照明」で描写しようとするのは、ギリシア哲学の基本的モチーフであると言うことができる。「光」があることによって「見る」ことが可能となるという考え方は、感性的経験に連座する原理的な認識構造論を構築するが、プロティノスもまた、伝統的なこの原理に従った認識論的構図を示している[6]。

中期論文「知性の対象は知性の外にあるのではないこと、及び善について」では、一者が太陽に比されている。ここでも感性界における目の働きと類比的に「見る」という認識が説明されるが、そのとき、「見る」においては二つの対象が区別される。それは光の下にある事物と、「見る」の原因となっている「光」である。プロティノスは言う。

> （知性の場合も、目の場合と同様に、対象には次の二つがある）一方では、目の見るもの（対象）は、感覚対象の形相であり、他方では、それは感覚対象の形相を見る原因となるもの（光）である。後者（光）はそれ自身、形相とは別のものでありつつ、目の感覚対象でもあり、そして、形相にとっては、見られることの原因であって、〔光は〕形相のうちに、形相において（形相と）共に見られるものである[7]。

議論は、「見る」が成立するときに、それが感性界の経験であれ、知性の活動であれ、先ず以て、目は光で照らされたものの方へ（πρὸς τὸ πεφωτισμένον）と向けられるが、それが無い場合は、原因であるものの

方へと向けられること、そして、知性の視覚も、先ず以て、「かの第一の本性（一者）によって照らされたものを見る」が、これらの対象を棄てるときには、「光と光の根源を見るであろう（φῶς ἂν καὶ φωτὸς ἀρχὴν ἂν βλέποι）」となっている。ここから、光線から光源へという、還元の道が説かれていることは明らかではある。確かに、「太陽の光の下で、人は事物を見る」という認識論的構図では、光が認識の原因（知の原因）であることを、プロティノスはプラトンに倣って考えていることはわかる。さらに「太陽の下にあるものを見る」と「太陽を見る」とは全く異なる認識であること、前者から後者へと推移する生を推奨することを含む意味では、基本的にプラトン主義的図式であることは否めない。もちろん本論文の主旨が、知性は光を自己の外に求めるのではなく自己の内に求めるべきであって、自己の内に求めたときに最終的に「純一な光をみる」に至るという、内的回帰説にあるから、光源への回帰が自己回帰の目的となる点でプロティノス独自の思想があることは指摘しておかねばならない。

　ここで「光」概念として確認したいことは、プラトン主義的な、光に基づく視覚的な認識の構造原理を基盤としつつも、プロティノスは、対象（形相）認識において、対象と同時に光が「共に見られるもの」であることを強調することで、始原への回帰を根拠づけ、それを自己回帰的超越の主張に繋げているという点である。すなわち、客観的対象的認識が常に同時に認識根拠である光の認識を伴うとすることで、光の認識による超越の契機を描くことができるのである。

　しかし、認識の構造原理としての光を確認したが、この光の言説もまた、一者に対する知性のあり方や知性による一者認識の可能性を説明対象とするための説明媒体である。プロティノスが説明したいのは、知性による一者認識のあり方であり、それが可能かどうか、可能であればどのような認識形態であるか、そこから、知性の認識対象が知性自身のうちにあることを認識論的に証明することである。この証明の手段として、感性界における知覚認識の図式を借り、そこに、光による認識の原型を

見ているのであって、光による認識形態そのものを説明したいのではない。もちろん、説明媒体としては極めて有効に働いていくことは明らかであり、この点も強調しておきたい。

3）存在の階層原理としての「光」

中期著作とされる「一者の自由と意志について」において、プロティノスは、一者と知性の関係の説明について、一者以外のものが一者の外部にあり、取り巻いているとし、外部にある知性が一者に依存する程度に応じて知性は知性であり得るとする。これを、比喩的に、円の中心と円とに区別して描写する。これによって、円は中心から力を得ていて中心に依存し、円から中心への線分は中心に集合していることが理解される。従って「中心そのものはいくつもの線分やその線分の先端部分よりも偉大である」。この比喩によって、「知性は一者から注ぎ出て、展開し、かのものに掛かっている」のである。別の比喩では、中心は「円と線分の父親」である。なぜなら「中心」がその強大な力で線分と円を生みだしたからである。こうして一者は、周囲にある影像の「原型」である。ここからプロティノスはさらに議論を進めて「知性のうちにあるのと同様なものが、ただしその何倍も偉大なものが、かの一者のうちにあるのである」と主張して、「光」の比喩に至る。

「光が、自己自身に留まっているある一つの輝く透明なもの（光源）から広く拡散したとき、拡散したものは影像（模像）であって、光を発した源が真実（原型）である。とはいえ、拡散した影像、つまり、知性は、（一者とは）別のものではない。知性は偶然ではなく、その各部分がロゴスであり、原因である。そしてかのものは原因の原因である[8]」。

プロティノスは上記の描写を円の事象と同様の類比的な説明方式として、つまり比喩的に提示している[9]。その意味で、光の事象は、一者と知性の関係を説明するために導入された説明媒体であるとしなければならない。とはいえ、一者と知性の関係の理解のために、それ自体の説明

ではなく、比喩的な方法を採る理由は何であろうか。この点では、1）で扱った感性界の事例としての「太陽や黄金」などの単一的理解の場合とは別であると見るべきであろう。なぜなら、「太陽や黄金」は感性界において見る対象の例示であり、その経験を背景にしていることが文脈から明らかであるのに対して、上記の「円や光」は、現実経験というよりも理論的な説明であるからである。円の図形に中心と周辺とを区別して見いだす視点は、光に光源と光線とを区別して見いだす視点と同様に、事象に対して分析的な態度の下にあって、経験的な態度の下にはなく、そこに方法論的志向性をみなければならない。また、この二つの説明方式の結果、つまり類比的な説明に従いつつ本来の説明対象に戻ったとき[10]、一者が「いわば最も原因的で真実の意味で原因（οἷον αἰτιώτατον καὶ ἀληθέστερον αἰτία）」であり、決して「偶然そうなったものではなく、かのもの自身が意志したとおりのもの」を産出した、と結論される以上、比喩は説明媒体としては決定的な機能を有していると言わざるをえない。つまり、単に説明対象を彩る比喩ではなく、原因者と派生物の関係を本質的に表す必須の説明方式であるとしうるのである。そうであるならば、円と光の概念を用いた説明においてこそ一者の自由や意志を説明できたという点で、かかる説明方式は、方法的自覚を伴った説明媒体であるということになろう[11]。

2 「光」とは何か――説明対象としての「光」

　第1節で見てきた「光」の言説は、いずれも説明媒体として有効な「光」概念であった。プロティノスは「光」によって多くを説明するが、「光」それ自体を説明はしていなかったのである。しかし、そのプロティノスもまた「光」それ自体を説明することがあった。これを見てみよう。

　プロティノスは「魂の諸問題について」第3篇にて視覚の問題を扱っ

ている。感覚の問題について、基本的にはアリストテレス『魂論』の感覚論をトポスとして引き継ぎながら、それを批判的に捉えなおすプロティノスは、アリストテレスが、感覚器官（αἰσθήριον）と感覚対象（αἰσθητόν）の間に設定した「中間媒体（τὸ μεταξύ）」について、その設定の必要がないとする。その際、彼は、光が「中間媒体」として考えられる物体的な空気の属性であるかどうか、光が何らかの物体に伴う性質や活動であるかどうか、光は何らか付帯的なものであるかどうか、を吟味するも、最終的に「そうではなくて（光は）活動である生命が、魂の活動であるように（ἀλλὰ ὥσπερ ζωὴ ἐνέργεια οὖσα ψυχῆς ἐστιν ἐνέργεια）」あるとする。

　アリストテレスにとって視覚は感覚器官と感覚対象との間の関係で成立するものであるが、「光がなければ色は見えない」或いは「光の中で色が見える」という視覚の現実に基づく立場から、光は感覚器官と感覚対象とを繋ぐ中間媒体である「透明体（διαφανές）」において説明されることになる。この「透明体」の現実態が光である[12]。つまり、「透明体」は水や空気という物体であるが、その物体が「透明体」として実現している状態が「光」であることになる。「透明体」がまさに「透明体であること」こそが「光」なのであるとすれば[13]、アリストテレスが、如何に「光は空気や水（という物体）そのものではない（そうではなくて空気や水の透明体としての現実態である）」と強調しても、その光はプロティノスからみれば、依然として物体に見えていたであろう。

　プロティノスは「光」を非物体的なものであると考える。例えば「光」を「空気の変容」であると考えることは、「光」の出来事をすべて空気の物体的な変容状態とみなし、その結果、輝く空気と闇となった空気や、闇であることをやめる空気などを考えねばならなくなり、実際、空気が変わらず元の状態と同じ状態を保っている点に反していると指摘する[14]。この結果、プロティノスは「光」と「空気」とを全く区別するが、これに加えて更に背理法的に問い、もし「光」が物体的なものであるならば、照明の過程において、光は消滅したり、照らされた事物の中

に「光」が溜まってしまうという事態が生じることになるが、これは、照らされた事物に溜まる「光」の量が、光源から照明される「光」の量よりも多いことになる矛盾に至るとして、結局、次のようにまとめる。

　　光は、流れ去ってしまうことのない活動である……光は光源体が存続する限り、消滅することはない。光源体が移動すると光も場所を変えるが、それは、光（の活動）が流れを元に戻したり流れの方向を変えたりするのではなく、（光の）活動が光源体（の活動）に存していて、妨げるものがないかぎり（どこでも）現前するからである[15]。

　プロティノスはここで実際の太陽の光を念頭においてまとめているようである。太陽の光が太陽本体が存続する限り持続するように、「光」の活動が、その起源である光源体の活動に依存しているのである。これは光源体の活動と光線の活動とが依存関係にあること（相違面）のみならず、両者が別々の存在でありつつも「活動（ἐνέργεια）」として同時成立していること（同一面）をも示すものである。従って、プロティノスは、この二つの活動を同じ活動としつつ同時に区別もする。物体の内部にある活動とその外に現れた活動である[16]。後者の外の活動は前者の「像（εἴδωλον）」と呼ばれ、前者は「始原（ἀρχή, πηγή）」と言われている。こうして、活動に対する認識のあり方について、プロティノスは次のように強く主張する。

　　活動が遠くにまで及ぶ場合、活動をもたらし力を出すもの（光の起源）があるところに、その活動があると見なさなければならないし、またさらに活動が届くところ（光）にも活動があると見なさなければならない[17]。

この一文は、活動には二種あり、その起源と作用の二つの活動が区別されることを述べているが、同時に、二つの活動が同じ活動であることも強調しているように思われる。なぜなら、認識のあり方として主張されているのは「二つの活動がある」ではなく「活動がある」ことだからである。光線は光源を起源とする以上、光源に依存し、その意味で存在論的には「像」的な位置におかれるが、しかし、光線は光源と同様に同じ「光る活動」と考えなければならないのである。

このようにしてプロティノスは光を非物体的なものであると結論づけて次のように言う。「光は……非物体的なものと見なさなければならない。だから、厳密に言えば、「光が去った」とも「現にある」とも言うことはできない。その言葉は別の意味で言われているのであり、光が存立することとは、活動としての存立することなのである[18]」。この箇所の直後では、鏡の事例が述べられる。本体があれば直ちに像もある、という鏡の事態については、①像もまた活動とみるべきである、②本体から何かが移動したり波及したりすることなしに本体が作用を及ぼしている、③像は本体と同じ色や形をもち、本体が去れば像も去る、とされる。「光」の本性に似たものとして、これをプロティノスは直ちに上位の魂と下位の魂の関係、そして魂と身体の関係に適用する。明らかにプロティノスは光の非物体的な作用としての生命（生命活動）の概念に注目しそれを主張している。すなわち、光源体の活動が光線の活動をもたらすのであるが、そもそも光源体の活動は、知性界の形相的な活動（生命活動）をもつ以上、その非物体的（形相的）活動がそのまま下位の活動に反映するに至ると考えているのである。

アリストテレスは「感覚する」ことについて「中間媒体」を設定して「接触」の概念を用いて、「質料なしに形相を受け取る」こととして規定したが、プロティノスはこれを批判的に継承したと考えられる。すなわち、プロティノスは、先ずもってアリストテレスの考えた物体的な中間媒体の設定や接触を拒み——なぜなら、これを認めると透明体としての

光は物体的作用の接触的な伝播の媒介項となるから——、次に、「光」を、その形相的生命活動的本性に基づいて、「質料なしに形相を捉える」という考えを受容する、最後に「受け取る」ことを拒んで——なぜなら、これを認めると感覚はストア派的な物体的な受動の過程となってしまうから——、そこに知性に由来する生命活動としての魂の能動的な活動を見いだす、という仕方での継承である。感覚作用の議論については、最終的に、プロティノスは、生きものがそのうちに部分をもっていながらも「一つの生きものという本性 (ἡ ζῴου ἑνὸς φύσις)」をもつことによって生命を成立させているという、部分同士（感覚するものと感覚されるもの同士）の「共感的結合 (τὸ συμπαθές)」を論拠にして議論を導いて行く[19]。「共感」は本来ストア派の思想であるが、これもまた批判的に継承し、魂による感覚化の能動的知的作用（感覚器官が受容した痕跡のうちに、比を捉える作用[20]）として捉え直すのである。

　「光」についてまとめておこう。

　感覚の次元で「光」そのものを説明するプロティノスは、「光」の非物体性・形相性・生命性・活動性を強調している。「光」に似たものとして「魂」をあげる際にも、それが強く意識されているようである。一方では、先行する思想の「光」や感覚の物体的な説明を批判しつつ、他方では、「最も生命的なものである[21]」知性界に由来する「魂」の生命性に似たものとして、「光」に、単なる存在ではなく「（生命）活動」としての特権的性格を与え、その「光」の活動が、感覚認識において宇宙的共感を可能にする「一つの生命」の視点の下にあることを明確にしたのである。つまり、「光」は光源であれ光線であれ、物体的であれ精神的であれ、これらの区別を超えて、あらゆる点から見て、「一つの生命」の視点の下では、一つの同じ「光」、相違性を超えて同一性を確保するものとして見いだされているのである。

　さて、以上の感覚論での「光」概念は、感覚の次元においてのみ妥当する理論的説明であるとして限定すべきであろうか。否、そうすべきで

はないと思われる。なぜなら第1節で見たように、プロティノスは明らかに形而上学的言説の中で、「光」概念を少なくとも比喩的な説明方式として一般的に活用しており、その際、彼自身も感性的経験の「光」概念であることをも確認しているからである。少なくとも、従来のバイエルヴァルテスらの「光の形而上学」の構築作業において指摘されたように、プロティノスの思索においては、その形而上学的志向性にもかかわらず形而上学的体系性の点で感性的事象に依存して比喩を駆使する傾向が強かったことを考慮するならば、プロティノスが「光」に関する感覚認識に対して積極的且つ原理的な考察を施すことは、形而上学構築のためにも必須であったと言わねばなるまい。

3 言語の可能性と「光」

　さて、第1節では説明媒体として有効に用いられた「光」概念、第2節では感覚における「光」そのものを説明対象とする場合の「光」概念をみてきた。そして、感覚認識の次元における「光」概念の理解が、プロティノス形而上学の全体を支える原理的理解の原型であるならば（本稿はそのように見ているが）、「光」の言説は、超越的存在を、有限なる人間的存在が解明しようとする努力の表れであると見なければならない。なぜなら、「光」概念は、先ず以て、物体的な次元や感覚的な次元において例示されたり用いられたりしており、それらは、言わば「下からの言説」であるからである。これは、上位のものを下位のものによって、超越者ないし知性的な事物を感性的事物によって語るという方法に基づく、よく知られた神秘主義的言説、或いは宗教的言説の一般的方式である。であるならば、「光」概念の使用は、伝統的な問題相に組み込まれていることになる。それは「語り得ぬものを語る」という問題相である。

1) 言語と並行する光——位相の同一性

「光」概念自体が、超越的な説明対象に対する下位概念であり、その故に、上位概念の説明媒体として有効であるならば、「光」概念は、「言語」概念と、或る意味で同じ（超越者を解明しようとする）志向性をもっていると見なさなければならない。この観点から、「光」と「言葉」の関係をみていきたい。

プロティノスは初期論文「徳について」において、プラトン解釈として「いかにしてこの世からあの世へ逃れるか」をテーマとして、市民的徳の形成、神への類似と浄化などを論じている。この中で、魂が劣悪なのは肉体と交わっているからであるというプラトン的主張に忠実に、プロティノスは有徳な魂を目指して、魂が知性を働かせることを推奨する。この時、「知性活動（τὸ νοεῖν）」の点で、魂は清浄なる神的なるもの（τὸ θεῖον＝知性）を模倣すべきであるとされるが、当の神的なるものにおける知性活動自体が問題となる。なぜなら、神的なるものは（推論せず静止しているという意味で）知性活動をしないからである。では「知性活動」という言葉は同名異義（ὁμώνυμον）であるのか、を問うが、これも否定する。なぜなら、いずれの知性活動も、本質的には相違がないという立場を採るからである。こうして、プロティノスは、魂と知性の関係を次のように語るのである。

　　神的なるもの（知性）の知性活動は、第一の意味での知性活動であるが、神的なるものから派生したもの（魂）の知性活動は別の意味での知性活動である。なぜなら、声に出された言葉が魂の中にある言葉の模倣であるように、魂の中の言葉も神的なるものの中の言葉の模倣だからである。従って、ちょうど、表出された言葉が、魂の中の言葉に比べると部分に分けられているように、魂の中の言葉もこれは、かの神的なものの中の言葉の翻訳者であるが、自分より先なるものに比べると部分に分けられているのである[22]。

この箇所は、論文の主題である「徳」が、魂のものであって、知性や知性を超えたものとは関わらないことが主張されるために論じられているのであって、結局、多（部分に分けられる）と一との対比、その階層構造、原型模倣論を論じることになっている。

　さて、プロティノスはここで、知性と魂の階層的な秩序という説明対象を、「言葉（λόγος）」という説明媒体によって説明している。これはよく知られたストア派の言語思想、「内なる言葉（λόγος ἐνδιάθετος）」と「表出される言葉（λόγος προφορικός）」との対比をプロティノスが継承し、内面的な言語的表象（概念ないし意味）と、外的な物体的分節的表現（音声ないし発語）との間のストア派的な対比を、原型模像論として、存在の位階秩序に適用しているのである。「部分に分けられる」という説明も、原型模像論としては、流出論的な「一と多」の議論と重なって、上位のものとの比較において下位のものの多性を示すものであるが、それのみならず、言語の側面から見れば、推論など命題結合的な言語次元の多性をも示す意図があるように思われる。

　しかし、存在の位階秩序を語る際に、プロティノスが原型と模像の間の模倣関係を語りつつ、他方で「同名異義」としての相違を否定してまで、「第一の意味」「異なる意味」として区別しているのはなぜであろうか（或いは区別する意図が希薄なのはなぜか）。そもそも原型模像論においては類似と相違が文脈に応じて多様に語られる可能性が高いが、当該の箇所では、相違の側面が限りなく希薄にされているように思われる。なぜなら、第一に、区別の説明を始めながらも直ちに「同名異義」を否定するからである。プロティノスにおいて「同名異義」が登場する際は、先ず以て、それを「異義」の強調又は峻別の立場をもつ場面が圧倒的に多いという事実が挙げられる。例えば、彼が「生命」「存在」「世界」その他、位階秩序を語るに際して、「真実在の有と素材の有」「この世とあの世」「知性の生命と魂の生命」と区別するように、同じ名前をもちつ

つ階層的区別を導入するために提示するのが「同名異義」であった。し
かし、上記の箇所では、階層的区別を導入しつつ、「同名異義」は否定
しているのである。そこから「同名異義」における「異義」よりも、限
りなく「同名」の方に注目している可能性が高いと考えられる。第二に、
ストア派の言語思想の継承との関連として、区別する際に同じ「言葉」
という表現が用いられている点を挙げることができる。ストア派は、
「外的・内的」の区別の側面と、両者が同じ「言葉」という名前をもつ
という同一の側面とが併存している点を生かして、万物におけるロゴス
の一元的支配を同時に多元的に語られたのであるが、プロティノスもまた
ストア派の思想を受容する仕方で、多元的なロゴス（言葉）を語り、そ
のロゴスの名前で一元的に体系を収束させることを考えているとしう
る[23]。第三は、比較されている知性の知性活動と魂の知性活動の、その
内容に関することである。第一の理由の際に挙げた「同名異義」の典型
例は、言わばプラトン的二世界説のように、階層秩序を峻別することが
必要な、本来的に多義的な概念に対して用いられる場合が大半であった。
しかし、「知性活動」の比較に於いてもそれは適用できるであろうか。
魂の知性活動は、魂の時間的運動的次元にて成立するものではなく、知
性界に留まっている純粋な魂の場において静的に成立するというべきも
のであろう。であれば、両者の比較が目指すものは、峻別ではなく単な
る区別であり、論文の主眼である徳の実現のためには、むしろ知性活動
としての親近性或いは類似性を強調することの方が、その趣旨に沿うこ
とになるのではないだろうか。

　以上の様に考えれば、「言葉（またはロゴス）」もまた「光」と同じ位
相に置かれていることが明らかとなるであろう。すなわち、先ず第一に、
上記の説明方式は、言語的事象を形而上学的事象に適用する類比（ὡς, ...
οὕτω καί）である。その意味では「光」概念を形而上学的秩序に適用す
る場合と同じである。第二に、第2節で見たように、「光」については、
そのうちに区別（光源と光線）が見いだされても、その区別とは別に

（または、その区別を超えて）「同じ光である」とする側面があった。ここでの「ロゴス」もまた区別（魂の中の言葉と表出された言葉）とは別に「同じロゴスである」とする側面をもつと考えられる。言うまでもなく「光」は流出論が論じられる際に登場する。そのとき、流出の結果である階層秩序の段階的相違よりも、豊饒なる流出の連続性や同一性が強調される。否、「一と多」の相違よりも同一性を見る視点こそ流出論であると言うべきであろう。ここにこそ「ロゴス」概念が「光」概念と同じように活用される理由がある。第三に、既に第1節でも指摘したが、「光」は（形相としての）ロゴスや形相や生命と同一視される。そのことは上記の知性活動における、魂と知性との間の親近性が表しているように、「光」が知性的な活動であることをよく表していると見ることができる。感覚認識でも魂の側が主導して「光」が知性的対象の形相的認識を実現させているのであるから、感覚的次元であっても非物体とされる「光」の働きは、本来的に魂を超えた活動が魂の実際の活動として成立していることを表していると考えられよう。「光」と同様に「ロゴス」もまた超階層的な働きをもつのである[24]。

　この「光」と「言葉（またはロゴス）」との間にある同一位相性について一層明確にするために更に「ロゴス」に関して確認をしておこう。

　主論文「三つの原理的なものについて」は存在の位階秩序を明白にする目的をもっているから、「徳について」とは議論の目的が異なるが、そこにおいても、プロティノスは、原型模像論としてストア派の「内なる言葉」と「表出される言葉」を借りる形で階層構造を説明している。

　　（魂は）知性の影像のようなものである。それはちょうど、表出された言葉が魂の中の言葉の影像であるかのようであるように、魂が知性の言葉であり、ずべての活動であり生命である。この生命を、知性は、自己とは異なるもの（魂）の存立のために送り出すのである[25]。

原型模像論の説明方式であること、類比的な適用があることなど、既に見てきたテキストと同じ説明の仕方である点に加えて、知性が生命を送り出すことで魂が存立するという考えもあることがわかる。つまり知性と魂の連続面を見る流出論である。従って、「魂は知性から出ているからこそ知性的なのである（οὖσα οὖν ἀπὸ νοῦ νοερά ἐστι）」と言うように魂の知性活動に注目した結論が導かれている。この知性と魂の親近性は、続く文脈では「父と子」の関係として更に強調されている。

すなわち、「（父と子の）両者の間には異なってある以外には何ものもないのである（οὐδὲν γὰρ μεταξὺ ἢ τὸ ἑτέροις εἶναι）」。

かかる親近的な関係における「送り出し」は、続く文脈（V, 1, 6）では、更に、「円光（περίλαμψις）」で説明し直されてもいる。それは、如何にして不動なるものが不動のまま留まっていながら運動を生じさせる事物を生むのかを説明するためであるが、原型模像論に従いつつ、太陽は静止しつつも、その周囲に、不断に光が生まれ出て、存在を存立させて行くという説明の過程では、一者とそれ以外の事物との関係から、知性と魂との関係へと推移し、そこで再び、「魂は知性の言葉であり、一種の活動である（οἷον καὶ ἡ ψυχὴ λόγος νοῦ καὶ ἐνέργειά τις）」が登場し、「（生まれたものは）すべて生んだものを慕い敬愛し、……生んだものが最高に善きものであるならば、必然的に生まれたものは生んだものと一緒にいるのである（ποθεῖ δὲ πᾶν τὸ γεννῆσαν καὶ τοῦτο ἀγαπᾷ. ... ὅταν δὲ καὶ τὸ ἄριστον ᾖ τὸ γεννῆσαν, ἐξ ἀνάγκης σύνεστιν αὐτῷ）」と言われるように、父子関係を思わせる親近性の議論が続くのである。

このようにして、原型模像論の場合でも、階層秩序の各階層の間に親近性を見る視点では、「ロゴス（言語・形成原理）」と「光」とが同じような仕方で説明媒体として機能するのであるから、それゆえに「光」が「ロゴス」としばしば同一視される言説の登場も、その流出論的一元的理解の方式を背景におけばよく理解されてくるのではないだろうか。

2)「言葉」を超えた「光」——プロティノスの否定神学

　しかし、「ロゴス」と「光」とが同一位相面ではなく、位相を異にし、全く別の次元に立つ場面もプロティノスにあることに留意しなければならない。それは、今まで論じたように、階層秩序を理論的に論じる、或いは体系的説明を付与するといった客観的言説の下にあるものではない。むしろプロティノス自身が自らの思索の可能性や限界について大いに苦慮する試論的な考察の言説の下にある。中期の論文「知性の対象は知性の外にあるのではないこと、及び善なる者について」では、第3章から一者論となっている。また初期論文「善なるもの一なるもの」もまた一者論であり、同じ主題性をもっている。この両論文に共通するのは、一者と合一する方法を語る点、一者から生まれた知性が自己を認識することの意味、一者は存在を超え形相もないから（それを人は）思考できないことなどを論じながら最終的には一者が善そのものであること、そしてその合一への方途と願いを主張するものである。その一者論の出発点では、一者への言語の可能性と限界が示されるのである。

　　　われわれは、われわれの陣痛のゆえに、（一者を）何として語るべきかについて困惑し、しかも語り得ないものを言い表し、われわれに可能な限り、自分自身に対して表現しようと求めて、（一者に）名前をつけるのである。けれどもこの「一者」という名前も、ただ多の否定を含むのみである[26]。

　「陣痛（ὠδίς）」とは、超越者へのエロース（愛）の力と、超越者を知るための（説明の言葉の）産みの苦しみを表すものであろう。ここには「一者」という名前付与の問題、或いは言語の限界が述べられている。プロティノスは、他の箇所では「一者」という言葉を「知性」「魂」と同様に位階秩序を表すために積極的肯定的に用いるが、上記の箇所では、逆に自らの言語使用を反省し、むしろ否定的に用いる。「可能な限り」

とはあるものの、「一者」の意味自体には積極的なものはなく「多の否定」でしかないとすれば、ここに明らかに否定の道があると言わなければならない。プロティノスは、ピタゴラス派が一者を「アポロン（非多）」と呼んで多を否定したエピソードを介して次のように続ける。

　（「一者」という）名前がつけられたのは、おそらく、探求者が、全き意味で単一者を表しているところの名前から始めて、最後には、その名前さえも否定するためなのである[27]。

　探求の道は、探求の自己反省を超えて、探求に相応しい否定の道を進むものとなる。このような肯定神学から否定神学への過程は、言語や知性の肯定から言語や知性の否定への過程となる[28]。
　「（一者の）自覚は学問的知識によるのでもなく、また他の知性的対象のように知性の直知によるのでもない。そうではなく、学問的知識を凌ぐ現臨によるのである[29]」。なぜなら「学問的知識（ἐπιστήμη）」は「言論（ὁ λόγος）」であり、言論は「多」であるからである。また「（かのものは）言葉で言い表せられるものよりも、強大で偉大である。なぜなら、かのものそのものは言葉と知性と知覚を超えたものであり、これらのものを与えるが、かのもの自身はこれらではないからである[30]」。従って、言葉の場に魂が関わる限り、魂は「数と多」に堕してしまい、一性を逸脱することになる。ではどのようにしたら一者を捉えることができるのであろうか。プロティノスは、明確に否定神学的方途を示す。それは、一性から決して離れず、反対に、学問的知識やその対象からは離れ、太陽からの光に比される美しい観ものからも離れるという、絶対性を帯びた「離反（ἀποστῆναι）」の道であり、「（われわれが語り得ないものを語ったり記したりするのも）かのものに向けて（人を）送りだして、語ることから見ることへと目覚めさせるため（πέμποντες εἰς αὐτὸ καὶ ἀνεγείροντες ἐκ τῶν λόγων ἐπὶ τὴν θέαν）」であるから、言語を超えた域へと臨まねばなら

ないのである。

　言語を超えた観照（θέα）とはどのようなものであろうか。そこで「光」が登場するのである。

　　かくて、そこにおいて見ることができるのは、見ることが許される限りの、かのものであり、自己自身である。その自己自身は、一方では、知性的な光に満たされて、光り輝いているが、他方で、一層、光そのものであり、清浄で、重荷をもたず、束縛なく漂い、神になる。というよりもむしろ、神である[31]。

　「語る」を超えて「見る」の境位においては、探求者は、既に「見る」ではなく「神になる」、そして「神である」となる。ここで注目したいのは言語を超えた場における「光」の経験である。この経験は、「脱自（ἔκστασις）」であり、「一体化（ἅπλωσις）」であり、「自己の明け渡し（ἐπίδοσις αὐτοῦ）」であり、「接触への切迫・静止・適合に導く集中した知性の働き（ἔφεσις πρὸς ἁφὴν καὶ στάσις καὶ περινόησις πρὸς ἐφαρμογήν）[32]」であるから、これは、魂が魂であることをやめて知性となり、一者に迫るときの「光」の経験である。

　この経験をプロティノスは次のように知性と魂のそれぞれにおいて「光」の経験として描写する。

　　（目と同じように）知性もまた、自己を他のものから覆い隠して、自己を自己の内部へと導くならば、（他の）何も見ることはなく、ただ、光を見るであろう。ただし、その光は、他のもののうちにある他の光ではなく、純粋で単一の、それ自体としての光であり、自ら忽然と現れでる光なのである[33]。

　人は、魂が忽然として光を捉えたときに、そのときには自分は見た

のだと信じなければならない。これこそかのものから来たのだし、
かのもの自身なのである。……魂の完成とは……あの光に触れるこ
と、それ（光）によってそれ（光）を見ることである……ではどの
ようにしたらよいか、一切を取り去れ。[34]

「忽然として（ἐξαίφνης）」はプラトンのイデア観照において語られる
秘儀的な場面を表す言葉の一つである。知性にしても魂にしても、「光」
は既に客観的な説明媒体ではなく、それ自体、解明不能な体験の内実或
いは出来事である。プラトンと同様に、「光」認識の主導権は接近する
側にはない。向こう側から「自ら現れ出る」ものである。この時、光は
単なる働きではなく神威（αὐτός）を備えている。この非主導性と神格
的な光とに秘儀的性格を十分に見ることができよう。しかも、それは
「信じる」ほかない不合理且つ言語化できない体験であるから、言わば
啓示的であると言うべき特徴がある。さらには「それによってそれを見
る」とあるように、手段と目的は一致し、もはや観照の一般的形式
（「光によって……を見る」形式）を脱した不可解な観照である。こうし
て見る働きが見られるもの一体となり、観照は、観照の形式を超え出る
ことで、「驚嘆（θαῦμα）」のうちに成就するのである[35]。

結論

　プロティノスが自らの思想体系を語るときには、基本的に三人称にお
いて語る。その主語は「魂」「知性」であり、「私」ではない。しかし、
そのプロティノスが、「私」によって語ることがあった。

　　わたしはしばしば肉体を脱して、自己自身に目覚め、他のすべての
　　ものから脱して、わたし自身のうちに入り込み、ただただ驚嘆すべ
　　き偉大なる美を見ることがあるが、この時ほど、自分が高く優れた

ものの一部であることを確信したことはなかった。その時のわたし
は最善の生を生き、神的なものと完全に合一し、その中に据えられ
て、かの最善の活動へとやってきた、他のすべての知性的なものを
超えたところに自分を据えながら。このとき、神的なもののなかで
安らぎを得た後に、直知の場から思惟の場に下ってきて思い惑うの
である。（IV, 8, 1）

　弟子のポルフュリオスもまた師の神秘体験を報告しているが[36]、プロ
ティノスにとって、確かに、彼の体験或いは出来事が、彼の形而上学の
構築に必須であったかどうかは不明であるにしても、「光」概念に体験
的当事者的（一人称的）意味が刻まれていることは受け入れざるを得な
いのではないだろうか。

　「光」は「見る」の相関者である。「光によって何かを見る」と「光を
見る」は全く異なる認識である。プロティノスが太陽の例を一性として
示すとき、彼は「太陽を見る」で考えている。そこには部分がなく一体
的であるという認識結果を得る。この結果は、「光」を対象化して得ら
れたものであるから、言語化も可能であり説明能力を備えた言説をつく
りだす方途があることは明らかである。しかし、その「光」の言説は依
然として「光」を対象化したままのものである。他方で、「見る」によ
って対象化されたものを示す対格が、もはや対格の実質を失うとき、つ
まり、そもそも「純粋で単一」「すべてが取り去られている」「光によっ
て光を見る」「神である」という出来事のときは、それが主客形式の観
照を脱している以上、既に「光を見る」ではなく「光である」という事
態であり、言い換えれば「一」なのである[37]。ここには、少なくとも三
人称的な認識論的概念操作とは無縁の一人称的体験的な「光」概念があ
る。これは「無限定なるもの（ἀόριστον）」というべきものであり、「無
限定なるもの」においては（これより後に派生する事物は語ることで限
定できるが）それ自体「どれでもない（οὐδὲν ἐκείνων）」という、否定の

言説しか成立しないのである[38]。ここにこそ、「光」において「無限」「無知」「闇」「無」を見いだす思想の淵源があると言うことができるであろう[39]。

注

1 C. Baemker, Witelo, *Ein Philosoph und Naturforscher des XIII Jahrhunderts*, Münster, 1908, S. 357-426.

2 H. Blumenberg, „Licht als Metapher der Wahrheit", *Studium Generale* 10, 1957, S. 432-447.

3 W. Beierwaltes, „Die Metaphysik des Lichtesinder Philosophie Plotins", *Zeitschrift für Philosophische Forschung*, 15, 1961.

4 I, 6, 1; 34.

5 I, 6. 3; 19, 25. λάμπει οὖν καὶ στίλβει, ὡς ἂν εἶδος ὄν.

6 例えば「色を見るためには他に光が必要であり……その光を見るためには更に別の光が必要である（IV, 7, 21)」。

7 V, 5, 7. τὸ μὲν γάρ ἐστιν ὅραμα αὐτῷ, τὸ εἶδος τὸ τοῦ αἰσθητοῦ, τὸ δὲ δι᾽ οὗ ὁρᾷ τὸ εἶδος αὐτοῦ, ὃ καὶ αὐτὸ αἰσθητόν ἐστιν αὐτῷ, ἕτερον ὂν τοῦ εἴδους, αἴτιον δὲ τῷ εἴδει τοῦ ὁρᾶσθαι, ἐν μὲν τῷ εἴδει καὶ ἐπὶ τοῦ εἴδους συνορώμενον.

8 VI, 8, 18. ὥσπερ φωτὸς ἐπὶ πολὺ σκεδασθέντος ἐξ ἑνός τινος ἐν αὐτῷ ὄντος διαφανοῦς, εἴδωλον μὲν τὸ σκεδασθέν, τὸ δ᾽ ἀφ᾽ οὗ τὸ ἀληθές. οὐ μὴν ἀλλοειδὲς τὸ σκεδασθὲν εἴδωλον ὁ νοῦς, ὅς οὐ τύχῃ, ἀλλὰ καθέκαστον αὐτοῦ λόγος καὶ αἰτία, αἴτιον δὲ ἐκεῖνο τοῦ αἰτίου.

9 ὥσπερ ἂν ... ὁμολογοῖτο.

10 οὕτω τοι καί.

11 V, 6, 4. プロティノスは、「光」をより分析的に捉えて、「一者・知性・魂」を「純一な光・太陽・月」と表現することもある。

12 de anima., II, ch. 7. 以下の論述では、H. J. Blumenthal, *Aristotle and Neoplatonism in Late Antiquity, Interpretations of the De anima*, NewYork, 1996 を参照した。

13 *Ibid.*, 418b10.

14 IV, 5, 6. プロティノスは、「光は空気の受動変化である」という説に対して、空気が、光の有無にかかわらず、同じ状態を保つ点を主張するが、この主張は、同箇所にある「魂の臨在によって身体が生命をもつ」という思想に基づいて身体を空気と比較し、物体的次元ではなく魂的次元に位置する光の概念を導く役割をもつと考えられる。

15 IV, 5, 7. εἰ δὲ ἐστιν ἐνέργεια οὐ ῥέουσα ... οὐκ ἂν ἀπολλύοιτο μένοντος ἐν ὑποστάσει τοῦ φωτίζοντος. μετακινουμένου δὲ ἐν ἄλλῳ ἐστὶ τόπῳ οὐχ ὡς παλιρροίας ἢ μεταρροίας γενομένης, ἀλλ᾽ ὡς τῆς ἐνεργείας ἐκείνου οὔσης καὶ παραγινομένης, εἰς ὅσον κωλύει οὐδέν.

16 太陽以外に蛍などの生きものを念頭においていると思われる。

17 *Ibid.*, καὶ ὅταν εἰς τὸ πόρρω, ἐκεῖ δεῖ νομίζειν εἶναι, ὅπου τὸ ἐνεργοῦν καὶ δυνάμενον, καὶ αὖ οὐ φθάνει.

18 *Ibid.*, ἀσώματον δὲ πάντως δεῖ τιθέναι, ... διὸ οὐδὲ τὸ ἀπελήλοθε κυρίως οὐδὲ τὸ πάρεστιν, ἀλλὰ τρόπον ἕτερον ταῦτα, ἐστιν ὑπόστασις αὐτοῦ ὡς ἐνέργεια. ここではプロティノスが霊的なる もの（非物体的であるとともに超越性をもつもの）に対して言語的反省に至って いる点にも注意したい。この点は第3節の2）にて論じる。なお「光」を非物体 的なものであるとする点は、I, 6, 1（美について）においても「光は非物体であ り、ロゴスであり、形相である」と述べられている。美と光と形相的存在が同一 的に語られる点に、光の本質面があると言うことができる。参照、VI, 6, 7, 知性界 は「完全な生きものであり、……それは自己のうちにすべての生きものを包含し ている……一つのものである」。「光」の生命的本性の議論については、Jean-Yves Blandin, Plotin et l'image de la lumière, La dynamisation d'une métaphore traditionnelle (M. Fattal (éd.), *LOGOS et langage chez Plotin et avant Plotin*, Paris, 2003) を参照した。

19 Cf. IV, 4, 32. 部分同士の「共感」を可能にする理論的前提は先ずは宇宙の「一つの 生きもの」としての一体性にある。そして実際に認識などにおいて共感を実現さ せているものは部分同士の「類似性（ὁμοιότης）」である。ただしこの箇所でも、 共感は、「隣り合ってなくても」「中間項がなくても」類似性の故に「遠くまで 作用する」と言われ、アリストテレス的な直接的接触の作用を明確に否定してい る。「共感」については、プロティノスは、二つの事物が離れていても類似して いることによって成立するものであると考えている。共感と類似性の関連は不 明であるが、感覚器官と感覚対象との類似性に基づいて考えていた可能性はある。 Cf. E. K. Emilsson, *Plotinus on Sense-Perception: A Philosophical Study*, Cambridge, 1988, p. 48ff.

20 IV, 4, 23. 「比（λόγος）」の概念はアリストテレスにある。それは形相的存在であ るが、内容は諸説ある。プロティノスの場合は、さしあたり感覚対象と感覚主体 との間に生じた関係性（類比的な諸関係）を指すと考えておく。感覚作用の説明 は、I, 1, 7 では「魂は……個々の肉体と、魂によって与えられた一種の光とから、 魂とは別の生命的本性をつくる」、「魂は……直接に感覚を対象にするのではなく、 感覚によって生命あるものに生じる刻印を把握しなければならない。なぜならそ れらの刻印は既に知性的対象となっているからである」とある。ここから「感 覚」の過程については、物体的な感覚対象が、同様に身体的な感覚器官に先ずそ の姿形を刻印するが、しかし、この刻印像が生じる時点で、感覚器官と魂（及び

光）との協働態勢によってつくられた新たな像として「別の生命的本性」に変換された像（知性的対象）が成立しており、これを魂が認識する、という過程があると解しうる。問題は「一種の光」という比喩的な表現方法であるが、「一種の」を措けば、知性的対象としての像の成立を可能にしているのは協働態勢のうちにある「光」であり、それは、おそらくは魂が根拠となって与える生命的な形相を指すと考えられる。「つくる」はプロティノスが魂の非受動性を主張するための表現であろうから、かかる形相は、物体的な刻印像を知性的な像に変換する根拠となるであろう。従って感覚対象を知性化する主体は魂であり、その変換が（当該箇所には書かれてはいないが）「共感」によるとすれば、形相的な光は、物体的な刻印像と知性的対象の像とを、遠く離れたままでも関係させることのできる類比的な関係（比率）を示すとも考えられる。以下を参照。G. M. Gurtler, "Sympathy: Stoic Materialism and the Platonic Soul," in M. F. Wagner (ed.), *Neoplatonism and Nature*, State University of New York Press, 2002.

21 VI, 6, 18.「知性は第一の生命であり、最も明白な生命である。それは、その輝きの内に「生きる」を、第一の光のように、もっている」。

22 I, 2, 3. ἀλλὰ τὸ μὲν πρώτως, τὸ δὲ παρ᾽ἐκείνου ἑτέρως. ὡς γὰρ ὁ ἐν φωνῇ λόγος μίμημα τοῦ ἐν ψυχῇ, οὕτω καὶ ὁ ἐν ψυχῇ μίμημα τοῦ ἐν ἑτέρῳ. ὡς οὖν μεμερισμένος ὁ προφορᾷ πρὸς τὸν ἐν ψυχῇ, οὕτω καὶ ὁ ἐν ψυχῇ ἑρμενεὺς ὢν ἐκείνου πρὸς τὸ πρὸ αὐτοῦ.

23 多元的ロゴスのあり方と、その一元的理解に関しては、田之頭安彦の一連の研究（「ロゴス大黒柱論」）を参照。

24 ロゴスは、それが階層を跨がって体系的な説明が与えられるときには形相性や活動性を含み持つ「原理」的意味が基軸となる。当該の「言語」の場合も同様に理解すべきであろう。

25 V, 1, 3. εἰκών τίς ἐστὶ νοῦ. οἷον λόγος ὁ ἐν προφορᾷ λόγου τοῦ ἐν ψυχῇ, οὕτω τοι καὶ αὐτὴ λόγος νοῦ καὶ ἡ πᾶσα ἐνέργεια καὶ ἣν προΐεται ζωὴν εἰς ἄλλου ὑπόστασιν.

26 V, 5, 6. ἀλλὰ ἡμεῖς ταῖς ἡμετέραις ὠδῖσιν ἀποροῦμεν ὅ τι χρὴ λέγειν, καὶ λέγομεν περὶ οὐ ῥητοῦ, καὶ ὀνομάζομεν σημαίνειν ἑαυτοῖς θέλοντες, ὡς δυνάμεθα. τάχα δὲ καὶ τὸ ἓν ὄνομα τοῦτο ἄρσιν ἔχει πρὸς τὰ πολλά.

27 *Ibid.*, τάχα γὰρ τοῦτο ἐλέγετο, ἵνα ὁ ζητήσας, ἀρξάμενος ἀπ᾽αὐτοῦ, ὃ πάντως ἁπλότητός ἐστι σημαντικόν, ἀπόφησῃ τελευτῶν καὶ τοῦτο.

28 VI, 9, 5. プロティノスは、「われわれはやむを得ず（ἐξ᾽ἀνάγκης）「一者」と呼ぶ」と言う。「一者」の名前の意義としては、人々が互いに表示しあうのに必要である、という学問上の実用的観点と、名前によって「不可分なるものの思念に導き魂の一性を図る」という、生の目的の観点がある。後者は魂の自己認識から知性

への超越的方途として意味をもつであろう。

29 VI, 9, 4. μηδὲ κατ᾽ ἐπιστήμην ἡ σύνεσις ἐκείνου μηδὲ κατὰ νόησιν, ὥσπερ τὰ ἄλλα νοητά, ἀλλὰ κατὰ παρουσίαν ἐπιστήμης κρείττονα. ... παρέρχεται οὖν τὸ ἓν εἰς ἀριθμὸν καὶ πλῆθος πεσοῦσα.

30 V, 3, 14. ἀλλὰ καὶ πλέον καὶ μεῖζον ἢ λεγόμενον, ὅτι καὶ αὐτὸς κρείττων λόγου καὶ νοῦ καὶ αἰσθήσεως, παρασχὼν ταῦτα, οὐκ αὐτὸς ὢν ταῦτα.

31 VI, 9, 9. ὁρᾶν δὴ ἔστιν ἐνταῦθα κἀκείνου καὶ ἑαυτὸν ὡς ὁρᾶν θέμις, ἑαυτὸν μὲν ἠγλαϊσμένον, φωτὸς πλήρη νοητοῦ, μᾶλλον δὲ φῶς αὐτὸ καθαρόν, ἀβαρῆ. κοῦφον, θεὸν γενόμενον, μᾶλλον δὲ ὄντα.

32 VI, 9, 11.

33 V, 5, 7. οὕτω δὴ καὶ νοῦς αὐτὸν ἀπὸ τῶν ἄλλων καλύψας καὶ συναγαγὼν εἰς τὸ εἴσω μηδὲν θεάσασθαι οὐκ ἄλλα ἐν ἄλλῳ φῶς, ἀλλ᾽ αὐτὸ καθ᾽ ἑαυτὸ μόνον καθαρὸν ἐφ᾽ αὑτοῦ ἐξαίφνης φανέν.

34 V, 3, 17. τότε δὲ χρὴ ἑωρακέναι πιστεύειν, ὅταν ἡ ψυχὴ ἐξαίφνης φῶς λάβῃ. τοῦτο γὰρ παρ᾽ αὐτοῦ καὶ αὐτός. ... καὶ τοῦτο τὸ τέλος τἀληθινὸν ψυχῇ, ἐφάψασθαι φωτὸς ἐκείνου καὶ αὐτῷ αὐτὸ θεάσασθαι ... πῶς ἂν οὖν τοῦτο γένοιτο; ἄφελε πάντα.

35 論文「如何にして諸々のイデアが成立したか、及び善なるものについて (VI, 7)」では、魂が光（知性）を見る時には「喜び (εὐφραίνεσθαι)」があるとしている (VI. 7. 22)。そこからプロティノスは「光」そのものを論じる。この「光」は「善なるもの」と言い換えられ、知性を照らし、魂も与っている光であるから知性を超えた「善一者」の「光」である。この善一者によって知性界が照らされ美しくされ、そこから知性は善一者に高く上げられて、善一者の周りにいて留まることに「幸福感を覚える (ἀγαπήσας)」ことになる (VI, 7, 24)。

36 『プロティノス伝』23。

37 VI, 9, 6. 一者は自足者 (αὐτάρκης) であり、何も直知しない。「一」の事態は、「他」を必要とせず、自己のみ成立している。従って、そこに「知る」は成立しない。一者は言わば無知者である。

38 VI, 8, 9.「無限定なるもの」とは「善一者」である。言語の拒否がここにある。

39 Cf. III, 8, 10. 一者は、人間的言語や理性を超えている。従って、人間は一者については「……ではない」「……は無い」と言うほかない。なぜなら一者は存在するもの（「……である」としうるもの）のどれでもないからである。それ故、「ある」を抜きにして、一者を把握することがあれば、当然、それは驚きをもたらす。ここには無の問題と驚きの問題が重なっている。Cf. Klaus Kremer, Plotins negative Theologie, „Wir sagen, was Es nicht ist. Was Es aberist, das sagen wir nicht?" in; Werner Schüßler (hrsg.): *Wie lässt sich über Gott sprechen? Von der negativen Theologie Plotins bis zum religiösen Sprachspiel Wittgensteins.* Darmstadt, Wissenschaftliche Buchgesellschaft, 2008, S. 9–28.

第Ⅱ部

中世における展開と発展

中世存在論における唯名論
実体論批判としての唯名論

山内志朗

　中世哲学における存在論と「光の形而上学」はどのように結びつくのか。存在論は、アリストテレスの実体論的形而上学の枠組みを基礎としており、実体概念から離れて考えることはできない。しかしながら、光というものは、実体と属性・本質といった枠組みとは両立しがたいところをもっている。光の形而上学と親近性の強い新プラトン主義は、アリストテレス的実体論を基礎とするのではなく、流出論を基礎としており、明らかに枠組みが異なっている。

　相違の要となるのは、実体論においては、実体と属性の関係が「内属性」という、独立したものと非独立的なものという非対称的な依存関係を基礎とし、実体が確固とした自己同一性を備えていることにある。ところが、光の形而上学において、光とは自己同一性をそなえたものというより、絶えざる変容を遂げるものであり、光とその性質や、光が映し出すものなどは、「内属性」といった一方的な依存関係にあるのではなく、相互影響的で、絶対的な中心を持たない枠組みが基礎となる。光とは、流動的で、変容し、中心を持たず、関係的で、相互的なものである。こういった非実体論的な枠組みは、西洋近代に入って、実体論的思考から関数論的思想に移行するにつれて、顕在化していったと考えることも

できる。存在論と「光の形而上学」は両立しないものでありながら、絡まり合いながら、思想史の基軸を形成してきたと考えられる。

　この論考では、オッカムの唯名論の枠組みにおいて、アリストテレスの実体論批判の契機を取りだし、存在論の枠組みへの批判の一面を見たい。このことは、直接「光の形而上学」の姿を示すことはなくても、同時に並行して生じていた筋道を示すものと考えられる。「光の形而上学」の黎明を仄めかすことにはつながると思われる。

1　中世哲学の中での唯名論

　中世と近世、中世哲学と近世哲学はどのように結びつくのか、両者の関係を見定めるためには、唯名論の役割を見定める必要がある。唯名論についてはすでに語り尽くされているように見えて、まだまだ語られていないところが多い。

　ルターが中世哲学に対して、何をどこまで依拠していたのか（例えば、ルターが半ば批判的に扱いながら大きく依拠していた唯名論者ガブリエル・ビールはいかなる思想であったのか、ガブリエル・ビールはウィリアム・オッカムの唯名論を正統に継承しているのかどうか、ルターを唯名論者と考えてよいのか等々）を示すためにも、唯名論の定式化は今でも必要である。普遍は名のみであるという理解では誤解の上に誤解を重ねるだけであるとして（オッカムにとって普遍とは概念であるから）、はたまたオッカムの剃刀に代表されるような、必要以上の存在者を増やすべきではないという思惟経済説を唯名論の特徴と捉えるだけでは、複雑多岐に分かれる 14 世紀の様々な唯名論的思想をさばくことはできない。

　またヨハン・ホイジンガ（1872-1945）が『中世の秋』で示したように、15 世紀の神学状況をジャン・ジェルソンに代表されるような、神秘主義的で観念論的な実在論を中心に整理することは、ネーデルランド絵画

の思想的背景の説明としては魅力的であるし、説得力もあるが、しかしもう少し広い視野に立って、14世紀から16世紀のスコラ哲学の地図を描くためには、ホイジンガの整理は、見通しを悪くする側面が見られる。そして、まだこの時代の思想史的地図はいまだ描かれていない。もちろん、中世後期から近世初頭にかけての思想の流れを一筋の大きな道として考えることは、哲学史の捉え方において問題があるとしても、作業仮説としてでもよいから、流れを俯瞰しやすくする枠組みが今でも求められていると思われる。

　特に問題となるのは、唯名論とは普遍の存在論的地位をめぐる理論として整理してよいのかということである。実在論と唯名論とを対極に立つかのごとき図式で整理したり、ドゥンス・スコトゥスとオッカムを対立させたり、オッカム（唯名論）とウィクリフ（実在論）を対立させる図式は理解しにくい状況を作ってしまう。

　エティエンヌ・ジルソン（1884-1978）の中世哲学史の見方では、どうしても存在論中心になってしまい、普遍論争、普遍に関する形而上学的考察が中心軸となってしまう。普遍論争という枠組みは分かりやすい図式でありながら、テクストに必ずしも即しておらず、しかも近世からの投射によって形作られた枠組みであるので問題が大きい。しかしそれに変わる分類の枠組みも存在していない。したがって、実在論、唯名論（概念論という分類は成り立たない、「概念論」は唯名論に含まれるから）という分類を捨てる必要はないとしても、新しい内実を盛り込む必要が出てくるのである。

　その結果、分からなくなってしまうのが、唯名論がいかなる思想であったのかということである。改めて根本から考え直す必要が存在する。20世紀の前半、ポール・ヴィニョは、1934年、35年と唯名論の系譜に関する研究書を続けて著し、既にジルソン的中世哲学史観に異議を唱える枠組みを出していた。ヴィニョは『命題集』に登場する問題を一つ一つより分ける作業に従事した。この点はジルソンと好対照である。ヴィ

ニョは、唯名論を研究した結果、神の絶対的能力、恩寵論に注目し、その視点から唯名論の持つ積極的意義づけを目指そうとした。この神の絶対的能力に注目した唯名論の系譜の研究はハイコ・オーバーマン、ヴェルナー・デットロフ、ウィリアム・コートネイといった研究者に引き継がれていくことになる。

　神の絶対的能力に関する議論は、カトリック信仰の枠組みの破壊や黒魔術信仰に結びつくといった批判や、懐疑論、唯信主義、二重真理に帰着するなど様々な観点から非難の対象となってきた。神の絶対的能力をめぐる議論と、普遍をめぐる議論とを結びつけた上で、中世後期のスコラ哲学に関する地図を作る必要がある。ここで考えたいのは、内属性の枠組みを中心軸にする可能性について検討することである。

2　唯名論と内属性——内属性理論（inherence theory）

　唯名論とはアリストテレス的な内属性の神話からの脱却ではなかったのか。内属性は実体の枠組みと密接に結びつく。ドゥンス・スコトゥス（ca. 1266-1308）はアリストテレスの内属性の枠組みを保存し、形相的区別という理論を持ち込むことで、スコトゥス独自の存在論を構築することができた。しかし、スコトゥスにおいても、超越概念の拡張に見られるように、アリストテレス存在論の根本的改革を目指していたのである。アリストテレスの存在論は、内属性を基礎にしていた。内属性をモデルにして、述語が考えられていた。

　ウィリアム・オッカム（1285-1347）の論理学は、アリストテレス的なモデルを批判することに一つの主眼があったように思われる。オッカムは、アリストテレスのカテゴリー論に基づく存在論を改革しようとした。この点ではスコトゥスの方向性を継承した。しかし、スコトゥスにおいて形相的区別の枠組みを取り込むことでアリストテレスの内属性理論を保持した点をオッカムは批判した。私の理解は、オッカムのスコトゥス

批判（これと唯名論的主張が結びつけられて考えられてきた）は、スコトゥス（実在論）の思想を全面的に批判するというよりも、継承し発展させたものであると思われる。

　そのような理解は、奇妙ではなく、これから主流になっていく理解だと思われるが、このような唯名論が実在論を継承した理論という整理が奇妙に見えるとしたら、それはどこかで大きなボタンの掛け違えが起こってしまったためなのである。

　以下のところでは、オッカムの唯名論が、アリストテレスの内属性という枠組みへの批判を基礎としていると捉えるハンガリーの学者ギュラ・クリマ（Gyula Klima）が "Ockham's Semantics and Ontology of the Category" で示した枠組みを紹介する。

　クリマによると、オッカムによるアリストテレスのカテゴリー論批判は、彼の革命的な唯名論的プログラムにおいて決定的な役割を演じている（Gyula Klima, "Ockham's Semantics and Ontology of Categories" p. 118, in *The Cambridge Companion to Ockham*）。

　カテゴリー、たとえば「いつ」「どこ」といった十個のカテゴリーにおいて、普遍的に帰属する個別的なものを認める必要があるのかどうかが問題になっていたのである。実在論においては「これは何ですか」に対して、「これは〈いつ〉である（This is a when）」という解答を認めるが、オッカムは認めないのである。

　　オッカムがこの立場〔実在論的立場〕と意見が異なるのは、オッカムが異なった存在論を提起しているといったことに留まるのではない。というのは、オッカムの考えでは、この〔誤った〕存在論的立場は、彼の敵対者達の意味論におけるもっとも根本的な誤解の結果である。つまり、言葉と、言葉をして有意味たらしめる概念が、それの表現する事物にどのように関わるのかに関する根本的に誤った考えの結

果なのである。オッカムによると、この考えは次のことを含意している。「〈柱は、右性によって右にある〉〈神は創造によって創造している〉〈神は善性によって善である〉〈神は正義によって正しい〉〈神は力によって力強い〉〈偶有性は内属によって内属している〉〈基体は基体化によって基体となっている〉〈適していることは適性によって適している〉〈キマイラは無性によって無である〉〈ある盲目な人は盲目性によって盲目である〉〈物体は可動性によって可動的である〉などなど無数に存在する」（オッカム『論理学大全』第1巻第51章）。（Klima, ibid. p.118f）

　ここで注目すべきなのは、いわゆる「内属理論（inherence theory）」が批判されていることである。内属理論によると、ソクラテスが人間であるのは、人間性に関してソクラテスが現実的であること、つまりソクラテスに人間性が内属している場合に、ソクラテスは人間であることになる。

　オッカムの述語づけの理論は、明らかに〈古い道〉（via antiqua）の内属理論によって一見必要とされていた、内属的存在者（the inherent entities）の体系的必要性を除去しようとしたことである（Klima, op.cit. p.131）。

　オッカムはアリストテレスのカテゴリー論を根本的に作り直そうとする。十個あったカテゴリーを二個にまで減らそうとする。そのために、実体と質だけを、「絶対的なもの」と考え、それ以外のカテゴリーは、関係的なものであると考えようとする。

　オッカムは「実体と性質以外には、現実態においても可能態においても、他から独立して存在しうるものは考えられない（praeter res absolutas, scilicet substantias et qualitates nulla res est imaginabilis, nec in actu nec in potentia.『オッカム『大論理学』註解』第1部第49章、渋谷克美訳註、創文社、2000年、29頁）と整理する。つまり、実体（substantia）と質（qualitas）だけが絶対的なもの・独立したもの（res absoluta）であり、それ以外のカテゴリー

（量、能動、受動、関係、場所、時間、状態、所持）は併意語でしかないと、オッカムは考える。「絶対的なもの」とは、客観的に存在するもの（res permanens）であり、ほかの客観的事物から場所においても切り離されていて、それ自体で存在することが可能なものである。これに基づくと、個体的な実体と、個体的な諸性質（色、熱、形、重さなど）だけが「絶対的なもの」である。

　これは数を減らそうとするだけではない。アリストテレスが前提していた〈内属性理論〉を取り出し、破壊しようとしているのである。〈内属性理論〉によると、「ソクラテスが人間である」が真であるのは、「人間性がソクラテスに内在している」場合である。ここには、〈古い道〉、つまりアリストテレスの採った立場が見られる。

　この〈古い道〉によると、人間性が存在することを前提せざるを得なくなる。しかし、オッカムの立場によると、存在するのは個物だけである。そのために必要なのは、〈内属性理論〉でもなく、十個のカテゴリーでもない。実体と質という二つのカテゴリーを「絶対的なもの」として認め、そして質のあり方については、併意語という新しい道具で説明しようとする。たとえば、「人間（homo）」は、「人間性によって意味されるあるもの（aliquid significatum humanitate）」とか「人間性を有するもの（aliquid humanitatem habens）」と言い換えることができる。これは一見すると、瑣末な工夫のようにも見える。

　しかし、オッカムはアリストテレス的枠組みを破壊することを狙っていたと考えた方が見通しが付きやすい。実体と属性を基本的な構造と捉え、それを内属性として整理し、その基本的な形式を表現するのが、主語述語からなる命題であるというアリストテレスの基本的モチーフを破壊する狙いがあったのである。

　オッカムは内属性の理論を破壊するために、述語づけの代わりに、代示（suppositio）の理論を持ち込んだ。そうすることで、存在するものは、すべて個体であり、普遍や述語や命題の問題、事物の側において成り立

つ「内属」ということではなくて、概念と概念の間の関係、概念と事物の関係を扱う場面へと移ることになる。

　オッカムの立場では、あらゆる普遍的で絶対的な名辞は、ただ特殊者、個物だけを意味することになる。そのさい、存在するのは、個物だけだという個体主義が唯一重要な点となるのではない。唯名論は、思惟節約説として、存在者を削減することを主要論点とする思想として捉えられることが多かった。しかしながら、普遍をめぐる問題は消去されたのではなく、場所が移動したのである。内属性や述語づけを基礎とするのではなく、精神の内なる概念を議論の領域に据え、そして代表理論と単意語・併意語によって説明することに、議論の枠組みを変えていったのである。

3　コートネイの整理

　前節で、オッカムの変革の概略を見たが、そこにこそ唯名論批判の中心があると考えるのが、先ほど言及したクリマである。クリマは次のように述べる。「オッカムによる、アリストテレスの十個のカテゴリーの扱いは、彼の唯名論のプログラムにおいて決定的な役割を演じている。オッカムは、自分の敵のことを「近代の人々」と呼ぶのが通例だったが、「近代の人々」に対する彼の不満は、彼らがカテゴリーを、相互に相容れない別個の存在者の十個のクラスからなるものと見なしていることだった」（Klima, "Ockham's Semantics and Ontology of the Categories," p. 118）。また、クリマは、「オッカムの述語の理論は、明らかに、〈古い道〉の〈内属性理論〉がおそらく要求している内属する存在者への体系的要求を除去することを意図していた」（Klima, ibid. p. 131）、「オッカムのここでの革新は、内属性分析によって一見必要とされる内属する存在者の必要性を除去するために、この種の分析を体系的に適用することにあったのである」（Klima, ibid. p. 131）とも述べている。クリマは、アリストテレス存在論に

見られる内属性理論を批判し、そこにオッカムの唯名論の要を見ているのである。

　唯名論理解の変遷をたどった研究者は他にも何人もいるが、最も精緻な研究を行っていると考えられる人に W. J. コートネイがいる。コートネイの整理にも触れておく。

1）唯名論の歴史

　コートネイは唯名論の誤解の歴史を何度も描いているが、「唯名論と後期中世の宗教」（1974）は簡潔にしかも緻密にその歴史を描く名論文である（William Courtenay, "Nominalism and Late Medieval Religion," in Ch. Trinkaus ed., *The Pursuit of Holiness in Late Medieval and Renaissance Religion*, Leiden, Brill, 1974）。

　この論文にそって唯名論の理解の歴史を辿ってみる。1930 年以前においては、中世思想の研究者は、唯名論が何であり唯名論者が誰であるか、自信を持って答えることができた。唯名論とは、普遍とは、精神によって構成された概念として定義され、精神の外部に実在的な指示対象を持つことなく、従って外的な現実を記述することもないようなものであると考える論理学における見解と考えられていた。唯名論者としては、12 世紀のロスケリヌスやアベラールも含まれるが、主としては 14 世紀に以降に登場し、ウィリアム・オッカム、リミニのグレゴリウス、アイィのペトルス、インヘンのマルシリウス、ガブリエル・ビールがその代表者とされたのである。そしてその特徴としては次頁に挙げる五つの特徴が列挙されていたのである（cf. Courtenay, ibid. p. 26f）。

　しかしながら、1930 年以降、唯名論の評価は変化し始める。一つには、絶対的能力と秩序内能力の区別に関する唯名論の立場に関する問題である。唯名論の特徴を示す理論と考えられていたが、実は伝統的な枠組みであったことが分かるようになってきた。二つには、唯名論の代表者のテクストが刊行されることが少なくて、唯名論の見解を調べようと

思っても、困難であった。三つには 1930 年以降、中世後期の哲学の研究はその時期の特定の側面にだけ注目する研究がほとんどだったのである。ミハルスキとドゥ・ヴルフという例外をのぞけば、ほとんどの研究者は、論理学、科学、神学、政治思想等の中から一面だけに注目をあてる研究を積み重ねてきたのである。その結果、オッカムの思想全体やオッカム主義についての研究がほとんど出ることがなかった。四つには、プロテスタントもカトリックも、それ以前における唯名論の評価に関与してきたが、伝統的な理解を支える証拠は減少していたにもかかわらず、伝統的な見解を生き延びさせてきたことがある。カトリックの中でもトミストからすれば、後期中世思想の積極的評価ということは、トマス・アクィナスの意義とネオ・トミズム形而上学の意義を減少させてしまうと恐れたためなのか、唯名論の再評価を無視ないし拒絶し、テクストを再調査することを行わなかった。またプロテスタントの歴史家は、カトリックと同じように後期中世思想の衰頽と崩壊という見解に荷担してしまった。中世後期においては、思想が衰頽し崩壊していたからこそ、宗教改革を起こさなければならなかったのだという大義名分に結びつくからである。いずれの側からも、唯名論は虐げられてきてしまったのである（cf. Courtenay, ibid. p. 32f）。

2）唯名論の特徴

　唯名論の特徴として、1）個体主義、2）神の絶対的能力の過度の強調、3）主意主義、4）懐疑主義、5）唯信主義（fideism）といったものが挙げられる場合がある。

　存在するのは個物だけであり、それまで個物と個物を媒介していた普遍は実は名称でしかなく、そうしたバラバラになった個体を媒介するのは、もはや理性によっては理解できない神の絶対的能力によるしかない。そのために、理性や知性には裏づけられない神への愛が必要となり、意志が重んじられることになる。知性や理性に頼る限りでは、確実な真理

に到達することはできず、懐疑主義に陥らざるを得ない。懐疑主義を免れる唯一の道は信仰にすがることであり、科学的真理の領域と信仰による真理の間に媒介されがたい落差を見出すことになる（二重真理説）。知解を求める信仰や、恩寵と自然の調和を主張するのは欺瞞であり、原生の秩序を無視して、神秘主義的に見えない世界に祈りを捧げるしかない。現世の組織である教会は、普遍を物質化して考え、肉的教会という、悪の巣窟である組織を作り上げたが、人間の救済に関わるのは、霊的教会であり、そのためには、普遍（カトリック）を僭称するローマ教会は否定されるしかない。

　このように捉えられれば、カトリックとプロテスタントの双方から嫌われるのは必定である。コートネイは唯名論が捏造され、誤解され、今でさえ誤解され続けている様を執拗に描き続ける。

4　オッカムの戦略

　オッカムの立場は、唯名論として考えられるために、普遍の実在性にばかり注目が向けられ、唯名論全体のプログラムが見落とされがちである。唯名論のプログラムにおいては、「神の絶対的能力」（potentia Dei absoluta）が中心にあり、多くの誤解を招き寄せているが、それは「神は第二原因を介してなしていることは第二原因なしになすことができる」というものに変形することができる。

　オッカムの唯名論は、スコトゥスの存在論への批判として立てられているのは明らかである。その批判は、普遍を事物の側に措定する立場への批判として考えられているのは確かだが、その論点と、スコトゥス批判の論点が重なるわけではない。オッカムもまた、スコトゥスの立場が普遍を事物の側に措定するものとして捉えているわけではない。オッカムによる普遍の取り扱いは、普遍を概念とするものだが、それがいわゆる「概念論」に相当するものではなく、やはり「唯名論」として整理さ

れるべきなのだが、その枠組みは屈曲したものである。

　「併意語」を使用するのは、オッカム独自のことではないが、オッカムはこの概念を多用し、その使用の中に彼独自の論点を打ち出していると思われる（オッカム『論理学大全』第1巻第10章「単意語と併意語の区分」、『オッカム『大論理学』註解Ⅰ』渋谷克美訳、創文社、1999年、pp. 36–38）。

　単意語（terminus absolutus）とは、その名辞によって表示されるものはすべて、等しく第一義的に表示されるところのものである。例えば、「動物」という名辞の場合であり、この名辞は牛やロバや人間やそのほかの動物を表示している。これは一次的な記号関係である。

　他方、併意語（nomen connotativum）とは、或るものを第一義的に表示し、同時に他の或るものを第二義的に表示するものである。二重の記号関係を同時になす名辞である。

　このような名辞は本来的に、名前の何であるか・その意味を表わす定義を持ち、多くの場合、定義のうちの或るものを正格において（in recto）、他のものを斜格において（in obliquo）表すものである。

　例えば「白いもの（album）」という名辞にその例が見られる。「白いもの」は、名前の何であるか・その意味を表わしている定義を持ち、その定義のうちの或る語は正格において措定され、他の語は斜格において措定される。それゆえ、「白いもの」という名辞は、何を意味しているのかと問えば、〈白さによって形相づけられたもの aliquid informatum albedine〉、あるいは〈白さを持つもの aliquid habens albedinem〉という文言全体と同じものと、答えることができる。かくして、この定義の文言の一方の部分は正格において措定され、他方の部分は斜格において措定されることは明らかである（Ockham, SL.I-10, OPh.I.36f）。

　この併意語は、重要なことに、類や種にも適用される。類や種を表す名辞は、併意語なのである。これはきわめて重要な論点である。

　類あるいは種と呼ばれる名辞は、単意語によってではなく、併意語を用いてなされる「何であるか」という問いに適切に答えられるところの

92

すべてであるとオッカムは整理する。例えば、「白いものは何であるか」と問われるとしたら「色を有するもの」と答えられることは適切である（渋谷克美訳前掲書 69 頁、Ockham, SL.I-18, OPh.I.63）。

　オッカムは普遍概念の実在性を否定したとされるが、これはオッカムが普遍が抽象語のような形式で表現され、外界に措定されることを否定したということである。そして、そのことを二重の意味作用で説明しようとした。そのために単意語と併意語、意味作用と代表作用を取り入れた。

　その際、重要なのは、通常、普遍は述語において現れるとされる通常の見方に対して、述語づけの場面には拘束されない思考を提示していることは見逃すわけにはいかない。

　アヴィセンナが『形而上学』第 5 巻の冒頭における三種類の普遍の提示は、普遍が述語において現れるばかりでなく、可能性において、精神の概念において成立することを述べるものであった。

　述語づけは、内属の現れとして捉えられ、実体への内属こそが、真理の条件と考えられたのである。普遍ということを、実体への内属という枠組みから解放すれば、話は大きく変わってくる。オッカムはその流れを継承し、先に進める。

　次のように言うこともできるかもしれない。オッカムは、アリストテレス的内属理論を否定したのであり、オッカムの真理論は、アリストテレスにおけるように、実体の内属性を真理の基盤とするものではなかった。実体と属性を基本的関係として、両者の関わりが「述語づけ（praedicatio）」によって、表現されるというのがアリストテレスの枠組みだったが、オッカムは、主語述語という枠組みも、内属理論も、実体論も否定していると考えられる。その延長線上に、因果論的な枠組みをも否定している。「神が第二原因を介してなしていることは第二原因なしになすことができる」という格率は、知覚の場面においては、可感的形象な

しに事物を認識できるのみならず、存在しない事物についての直観的認識をも可能とするというきわめて奇妙な結論をも導き出すことになるが、フランシスコ会学派における直接的認識を重視する流れにおいては、突飛なことではない。ここでは、認識論の場面における直接的認識論の枠組みについて立ち入ることは避ける。

　以下のところでは、唯名論の主張を構成すると思われる「神の絶対的能力」の論点を概観する。この枠組みもまた、アリストテレス実体論批判、内属性批判の論点と重ねて考えると、実体中心ではなく、関係の方を基礎的なものとして捉えようとする近世的思考への移行形態と捉えることができる。

　「神の絶対的能力」は、唯名論の基本的テーゼであるというのは、20世紀後半以降の研究において明示されてきたと思われる。しかしながら、その先の展開となるとなかなか見通しがはっきりしているわけではない。ここでは仮説的に話を進める。

　オッカムが「神の絶対的能力」に対して立てる議論を見ていく。オッカムが「神の絶対的能力」を論じる場面は様々にあるが、一つには、アウレオリによる、魂の救済には被造的魂に内在する形相が必要であるという論点を批判する場面に見られる。

　オッカムが、アウレオリに反対して以下のように議論を立てる。つまり、神は絶対的能力によってならば、いかなる形相を注入することなしに、魂を受け入れ、救済に導くことができると。オッカムは、神がなすことを論じているのではなく、神がなし得ることを論じている。というのは、もし神が我々を愛することしかできなければ、神の愛は寛大なものではなくなってしまうだろう。オッカムの狙いは、神による永遠の生命の授与を必然的なものとし得るものは存在しないことを確立することなのである。

　実際、神の外的な行為が必然的なものとされることはない。というのは、被造物によって神に義務が課せられることはいかなる点でもあり得

ないからである。これは中世の学者によって一般的に認められてきたことだが、オッカムほど強調する人はほとんどいなかったのである（Rega Wood, "Ockham's Repudiation of Pelagianism," in Spade ed., ibid, p. 356）。

　以上の論点は、ペトルス・ロンバルドゥス『命題集』第 1 巻第 17 篇をめぐって登場してきたものであり、中世におけるペラギウス主義論争として議論されたものである。

　オッカムは、当時正統的見解とは言えない立場に与している。つまり、「人間は被造的カリタス〔愛徳〕なしに救済されることは可能である」と考える立場に立っている。「可能ではない」とする立場が主流であり、トマス・アクィナス、ペトルス・アウレオリはその立場に立ち、ドゥンス・スコトゥスとウィリアム・オッカムは「可能である」とする立場に立つ。

　この論点については、オッカム『任意討論集』第 6 巻第 1 問「人間は被造的カリタスなしに救済されることは可能なのか」において論じられている。

　概略を示す。オッカムとは反対の立場においては、「可能ではない。なぜならば、救済されるものは誰であれ、神に愛される（carus）ものである。しかし、カリタスなしには誰も神に愛される（carus）ことはありえない。したがって、カリタスなしには誰であれ救済されることはあり得ない」と論じられる。

　対して、オッカムの立場である。

　　神は、それ自体で成り立っている絶対的なもの（absolutum）を他のものから分離し、他のものなしにそれを存在させ続けることができる。ところで、恩寵と栄光は、実在的に区別される二つの絶対的なものである。したがって、神は人間の精神の内に栄光を保存し、恩寵をなくすことができる。

ここで第一に神の能力についての区別をなし、第二に、問題について答えることにする。

　(1) 神はあることを秩序的能力 (potentia ordinata) においてなすことができ、あることを絶対的能力 (potentia absoluta) においてなすことができる。しかし、このことは、神の内に、秩序的能力と絶対的能力というものが実在的〔に区別される〕二つの能力 (realiter duae potentiae) としてあると理解されてはならない。というのは、神の内には唯一の能力しかなくて、それがいかなる仕方においても神そのものなのである (quae omni modo est ipse Deus)。そこで、神はあることを秩序的になすことができ、また別のことを秩序的にではなく絶対的になすことができると理解してはならない。神は何ごとも秩序的にではなく (inordinate) なすことはできないからである。

（オッカム『任意討論集』第 6 巻第 1 問、引用者訳）

　以上のところでは、神の能力が区別されるが、二つの能力があるのではないと強調されている。ここでは記述の違いによる区別として考えておく。神をどのようなものとして記述し、その視点から記述するかで、分かれてくるからである。誰でも嘘をつくことはできるが、正直者である限り嘘をつくことはできないというような場面を考えておけばよいだろう。さらに考察すべき余地はあるがここでは先を急ぐ。

　(2) 第二の点について述べる。最初に人間は神の絶対的能力によって被造的カリタスなしにも救済され得ると私は述べる。この結論は第一に次のように証明される。起成因であれ目的因であれこれらのどちらかに属する第二原因を媒介としてなし得ることはすべて、それ自体で直接的になすことが可能である (potest immediate per se)。しかし、被造的カリタスは、永遠の生命を準備する、起成因であれ配置因 (dispositive) であれ、それらは、第二起成因または第二目的

因である。したがって、神は或るものに被造的カリタスなしに永遠の生命を与えることができる。（オッカム『任意討論集』第6巻第1問、引用者訳）

　ここで、神が第二原因を介してなすことは第二原因なしでなすことができる、という唯名論にとって中心的な論点が登場する。これは、トリビアルな指摘にも見える。しかしながら、功績論をめぐる中心的な論点である。この点は以下に示される。

　　功績に対する報賞としてではなく、或る人に与えられ得るものは、神の絶対的能力によって、功績の原理となる先行的ハビトゥスがまったくなくても、その人に与えられ得る。ところで、至福の行為はその忘我状態においてパウロに与えられた。パウロは神の本質を功績に対する報賞としてではなく直観したからである。したがって、功績の原理となる恩寵なしにも神は永遠の生命を与えることができる。〔…〕

　　さらに、功績あるものとなるのは我々のできることのうちにあるものだけである（nihil est meritorious nisi quod est in potestate nostra）。しかしカリタスは我々のうちには含まれない。したがって、行為が功績あるものとなるのは第一義的に恩寵によるのではなく、自由にその行為を引き起こす意志による。したがって、神はそのような恩寵なしにも、意志によって発出された行為を受け入れることができる。

　　第二には次のように言おう。現在神によって秩序づけられている律法によるならば、被造的恩寵がなければ、いかなる人も救済されることもないだろうし救済され得ることもなく、功績ある行為を発出することもなく、発出することもできない。（オッカム『任意討論集』第6巻第1問、引用者訳）

5 結びに代えて

唯名論とは何か。フェッケスは、「神の絶対的能力を協調することは、唯名論の神学を見分けるための唯一にして真なる尺度である」(Feckes, *Die Rechtfertgungslehre des Gabriel Biels*, 1927) と述べた。

ヴィニョは、唯名論に対して親和的な態度を採り、神の絶対的能力の秩序とは、神の意志の恣意性を表すものであるという理解を繰り返し論駁した。さらに、ハイコ・オーバーマンは、主著『中世神学の成果』において、次のように結論づけている。

> 結論として、絶対的能力と秩序的能力の区別は、「知解を求める信仰」への含意を神学的含意を除いても、哲学的含意を持っている。それは、経験によって知られる世界と信仰によって知られる世界との間の知識の領野を描いているのである。それこそ哲学的神学 (philosophical theology) であり、神学固有の領域と混同されてはならないのである。(Oberman, *The Harvest of Medieval Theology*, p. 55f)

ここで闡明すべき事柄は多く残っているが、唯名論がフランチェスコ会にみられる聖霊主義の系譜を引き継ぎ、そのうえでアリストテレス的実体論批判の文脈でオッカムが唯名論を立てたことは十分に考えられることである。フランシスコ派のなかで、グロステートやロジャー・ベイコンなどが光の哲学を展開したことはよく知られれているが、無関係ではない。光の哲学と聖霊主義が契合して現れる場面を私はフランシスコ会の思想の中に読み取りたい。

参考文献

Courtenay, William J., *Capacity and Volition: A History of the Distinction of Absolute and Ordained Power*, P. Lubrina, 1990.

Courtenay, William, "Nominalism and Late Medieval Religion," in Ch. Trinkaus ed., *The Pursuit of Holiness in Late Medieval and Renaissane Religion*, Leiden, Brill, 1974.

Dettloff, Werner, *Die Lehre von* acceptio divina *bei Johaness Duns Scotus mit besondere Berücksichtigung der Rechtfertigungslehre*, Wesefalen, 1954.

Dettloff, Werner, *Dis Entwicklung der Akzeptations- und Verdienstlehre von Duns Scotus bis Luther*, Münster, 1963.

Klima, Gyula, "Ockham's Semantics and Ontology of the Category," in Spade (1999).

Oberman, Heiko Augustinus, *The Harvest of Medieval Theology*, Harvard University Press, 1963.

Rosemann, Philipp W. ed., *Amor amicitiae: On the Love that is Friendship*. Louvain/Paris/Dedley, Peeters, 2004 (this includes the translation of Lombard's Sententiae, I.17).

—— "Fraterna dilectio est Deus: Peter Lombard's Thesis on Charity as the Holy Spirit," In Rosemann (2004).

—— *The Story of a Great Book: Peter Lobmard's "Sentences," Rethinking the Middle Age 2*, Toronto: University of Toronto, 2007.

—— *Peter Lombard*, Great Medieval Thinkers, New York, Oxford University Press, 2004.

Spade, paul Vincent ed., *Cambridge Companion to Ockham*, Cambridge University Press, 1999.

Vignaux, P., *Luther: Commentateur des Sentences* (*Livre I, Distinction XVII*), Paris, J. Vrin, 1935.

—— *Justification et préedestination au XIVe siècle*, Paris, 1934.

オッカム『オッカム『大論理学』註解』全 5 巻、渋谷克美訳註、創文社、1999–2005 年
金子晴勇『近代自由思想の源流』創文社、1987 年

トマス・アクィナスにおける
「光の形而上学」の可能性

上枝美典

はじめに

1) 光の形而上学？

　一見したところ、トマス・アクィナス (1225-74) の中に、「光の形而上学」を見出すのは不可能である。そもそも光は物理的対象（自然的事物）だから、光の性質を解明する学は、物理学などの自然科学（自然学）であって形而上学ではない。それゆえ、「光の形而上学」は存在せず、あるのは「光の自然学」である。

　他方、形而上学は、存在するものを、それが存在するものであるという観点から考察する学である。したがって、「光」という特殊な対象について、その特殊性を保持しながら、形而上学的に論じることは不可能である。それゆえ、「光の形而上学」は存在せず、あるのはたんなる「形而上学」である。

　したがって、「光」が物理的対象を指し、「形而上学」が存在を存在として研究する学であるかぎり、トマスにかぎらず、「光の形而上学」を建てることは不可能である。逆に言えば、もしも、「形而上学」の規程を変えずに、トマスの中に「光の形而上学」と呼びうる、何らかの有意

義な理論があるならば、そのときの「光」は、物理的対象を指していない。

　物理的対象ではない「光」とは何だろうか。まず思い当たるのは、比喩（隠喩）としての光であろう。トマスのテクストの中には、光を用いた比喩が散見される。それは、トマス独自のレトリックと言うよりは、トマスが受け継いでいる思想的伝統に由来するであろう。そしてもし、トマスの思想の独自性が、そのような光のレトリックの内容にも反映しているならば、私たちは、トマスが用いる光の比喩の中に、トマス思想を読み解く鍵を探すことができる。

　ところで、トマスの中には、存在すること一般に伴う、さまざまな特質に注目する理論として、「超越概念論」と呼ばれる領域がある。たとえば「一」（unum）というあり方は、「それ自体において不可分」という、存在するもの一般に伴うあり方を表現する。存在するものはすべて一であり、一であるものはすべて存在する。他にも「善」や「真」などが、超越概念の代表である。「一」は、存在するもの一般に伴う形而上学的な特性でありながら、他の同様の特性とは区別される、特殊なあり方である。もしも「光」という比喩が、存在一般が備えている何らかの特殊な性格を表現することに成功するならば、「光の形而上学」は、ある種の超越概念論となることが予想される。

　したがって、一つの可能な探究の方向として、トマス・アクィナスの中に「光の形而上学」を探す試みは、「光」という比喩を用いた超越概念論の可能性を探す試みとして位置づけることができる。トマスの中で、「光」は、彼が理解する「存在」（esse）と、どのように結びつき、また、どのように結びついていないのか。「光」という比喩は、トマスの「存在」を理解する手がかりとなりうるのだろうか。

2)　トリビアルに成立する「光の形而上学」

　本論が扱うのは、一種の超越概念論としての「光の形而上学」である。

しかし、その前に、トマスにおいて、これとは別の観点から、さほど重要でない意味で「光の形而上学」が成立しうることに注意しておきたい。ここで「重要でない」というのは、すでに十分にその存在が認められていて、その重要性が認知されているので、あらためてここで指摘するに及ばない、という意味である。

『形而上学注解』の序文で、トマスは形而上学ないし第一哲学の対象として、以下の三つを挙げている。

1. 第一原因（causaprima）
2. 有（ens）およびそれに伴うもの
3. 離在実体、すなわち神および天使

トマスが理解するところのアリストテレスによれば、形而上学とは、これら三つの対象を考察する学である。

この三つの対象を、トマスにおける形而上学の選言的な判定基準と仮定しよう。つまり、ある学が、この三つのうち少なくとも一つを対象とするならば、それは形而上学であり、かつまた、形而上学であるならば、この三つのうち少なくとも一つを対象とする。

ところが、次に示す『神学大全』第1部第67問第1項主文で述べられるとおり、3の離在実体、つまり、質料から離れて形相それ自体として存在する神や天使は、ある文脈で、比喩ではない固有の意味で、「光」と言われる。

「光」（lux）という名前についても同様に言われるべきである。すなわち、最初に、視覚において明示するものを表示するために名付けられ、そのあとに、どんな認識においてであれ、明示するすべてのものを表示することへと拡張された。ゆえに、もし、「光」という名前が、最初の名付けにしたがって理解されるならば、アンブロ

シウスが言うように、霊的諸事物の中では比喩的に語られる。しかし、語る人々の使用において、すべての明示へと拡張されていることにしたがって理解されるならば、その場合には、霊的諸事物の中で、固有に語られる[1]。

「同様に」と述べられているのは、その前に「見ること」（visio）について論じたことを指す。トマスは、名称について、最初の命名（prima impositio）と、名称の使用（usus nominis）を区別する。「見ること」は、最初の命名として、目の認知作用を指すが、その後、名称の使用のレベルで拡張がなされ、「味を見る」や「温度を見る」など他の感覚へ、さらには、「神を見る」のように、知性認識能力にまで拡張される。

これと同様に、「光」もまた、最初の命名としては、視覚において対象を明示する作用をするものを指していたが、名称の使用において、何であれ明示する働きをするものへと拡張された。その結果、形而上学の対象としてトマスが挙げる、3の離在実体、つまり神や天使は、この拡張された意味で「光」と呼ばれるようになった。トマスの中には、もちろん、神や天使を対象とする学が存在する。それゆえ、トマスの中には、この拡張された意味での、「光」を対象とする学がある。それは、「光」を対象とする形而上学として、正しく「光の形而上学」と呼ばれるであろう。

誤解がないように繰り返すが、ここで、「トリビアル」とか「重要でない」と言うのは、神や天使についての考察それ自体が重要でないという意味ではなくて、トマスの中に、神や天使についての考察が存在し、その考察を、ある文脈では「光の形而上学」と呼ぶことができる、というこの指摘が、私たちが本稿で考察しようとしている事柄に比べて、さほど興味深くも重要でもない、という意味である[2]。

3) 「保存」の比喩としての「光」

さて、私たちが本稿で着目したいのは、たとえば以下のようなトマスの論述である。

> しかるに、神は、自らの本質によって、存在それ自身なので、創造された存在は、神の固有の結果である。ちょうど、燃やすことが、火の固有の結果であるように。神は、この結果〔＝存在〕を、諸事物が最初に存在し始めるときだけでなく、存在において保存されているあいだ、生み出している。**ちょうど、空気に光が満ちているあいだ、光が太陽によって生み出されているように。**それゆえ、事物が存在をもっているあいだ、それが存在をもつあり方に応じて、神がその事物に臨在していなければならない[3]。(『神学大全』第1部第8問第1項主文：強調は引用者)

ここでは、神の保存の働きが、光に喩えられている。神の保存とは、次に挙げるテクストが示すとおり、神がこの世界が存在し続ける間、この世界に常に存在を与え続けることを指す。神は、たんに、この世界を生み出しただけでなく、その後もこの世界を存在に保っているとされる。

> ところで、事物を存在へ生み出すことが神の意志に依存しているように、事物を存在のうちに保存することも、神の意志に依存する。被造物を存在のうちに保つしかたは、**常にそれらに存在を与えることによって以外ではない。**したがって、『創世記逐語注解』第4巻のアウグスティヌスによって明らかなとおり、もしかりに、神が自分の働きを被造物から引き抜いたりしたら、万物は無へと帰したであろう[4]。(『神学大全』第1部第9問第2項主文：強調は引用者)

これが、神による保存である。もし、この保存の働きが、存在の何ら

かの特質を描き出していて、それが光に喩えられるのであれば、「光」
は、「一」「善」「真」などの超越概念に似て、存在である限りの存在に
一般的に伴う何らかの側面を表現することになる。そうだとすると、ト
マスの中に、トリビアルではない意味で、「光の形而上学」と呼べるも
のが存在することになろう。

　以上のような見通しのもと、以下のような順序で考察を進める。まず、
トマス自身が、「光」という言葉で何を理解しているかを確認する。次
いで、トマスが「神による被造物の保存」をどのように論じているかを
見る。最後に、トマスの中に「光の形而上学」を見いだすことができる
かどうかを、その理由とともに考察する。

1　トマスにおける「光」の理解

1) lux, lumen, radius, splendor

まず、言葉のレベルの整理をしておこう。トマスは以下のように述べ
ている。

　　解答する。以下のように言われるべきである。lux, lumen, radius,
　　splendor のこの四つは異なる。lux は、現実に輝き、それによって他
　　のものが照らされる何らかの物体（例えば太陽）の中にあるかぎり
　　で語られる。これに対して lumen は、照らされた透明な物体のなか
　　に受け取られている限りで語られる。また、光る物体への直線的な
　　照明が、radius と言われる。それゆえ、radius があるところには、
　　lumen があるが、逆はそうでない。たとえば、何らかの物体が間に
　　あるために、直接、相対するかたちではなく、太陽の radius の反射
　　によって、家の中に lumen があるような場合である。さらに、
　　splendor は、水や銀や、その他そのような、磨かれ、滑らかな何ら
　　かの物体に対する radius の反射に基づいている。この反射から、

radius が放射されもする[5]。

　重要な区別は、lux が光源であり、lumen が光に照らされて明るくなった状態であることだろう。radius は「光線」、splendor は「輝き」「光沢」に対応すると思われる。

　トマスは、『命題集注解』第 2 巻第 13 区分第 1 問と、『神学大全』第 1 部第 67 問で、「光」（lux または lumen）についての詳細な議論を行っている。どちらも、創造に続く区別の業（opus distinctionis）を論じる文脈で、とくに『創世記』で、第一日目に、神が「光あれ」（fiat lux）と言うことによって作られた光が念頭にある。

　そこで展開される論述は、アリストテレス『デ・アニマ』第 2 巻第 7 章の、視覚を巡る色と光についての論考に依拠している。以下、トマスの論述を確認していくことにしよう。

2）光は物体でない

　lux ないし lumen の本性について、初めに問われるのは、それが物体かどうか（Utrum lux sit corpus.）である。ここで「物体」（corpus）と呼ばれているものは、必ずしも私たちが今日「物理的対象」と呼ぶものと同じではない。トマスの論述全体から判断するに、ここで言う「物体」は、三次元空間の中に一定の形をとって存在する実体、というほどの意味である。イメージとしては、「木」や「石」のようなものと同列のものとして、「光」というものがあるのか、という問いだと考えればいいだろう。

　さて、『神学大全』の前記箇所[6]で、トマスは、多くの理由を挙げてそれを否定する。13 世紀の知識（しかも情報源は紀元前 4 世紀のアリストテレス）で光について論じるのは、かなり苦しいことが予想されるが、しばらく、トマスの議論に付き合ってみよう。こういうときに大切なのは、結論ではなく、過程である。昔の人の情報不足を嗤うことは簡

単だが、彼らが限られた情報をどのように組み合わせて結論を導いているかに注目すれば、そこに学ぶべき点が見つかるかもしれない。

さて、一つめの理由は、場所の性格による。すなわち、「二つの物体が同じ場所を占めることはできない。ところが、lumen と空気は同じ場所を占める。ゆえに、lumen は物体でない」。

たしかに、厳密に同じ場所に複数の石があることはないし、厳密に同じ場所から二本の木が生えることはない。ところが、光と空気は、同じ場所に在るように思われる。瓶の中に空気を詰めて、そこに光を当てると、暗闇とは異なる明るい空気となる。このことから、もし空気と光が同じ場所にあるのであれば、空気が物体である以上、光は物体でないはずだ。

二つ目は、運動の観点からである。「どんな物体の運動も瞬間的でない。目的へ到達するためには、必ずその中間点を通らなければならないからである。ところが、照明（illuminatio）の働きにおいて、lumen は瞬間的に生じる。ゆえに、lumen は物体的でない」。

アリストテレスやトマスが、光の運動を瞬間的、つまり光速が無限大だと考えたのは、当然、当時の実験技術が未発達だったせいだが、しかし、それでも、光速は無限大に見えるが、じつは有限ではないか、という疑問はあったようで、トマスはそれに対して以下のように答えている。

「知覚できないほど短い時間に生じると言うこともできない。なぜなら、短い距離なら時間を感じさせないことが可能かも知れないが、大きな距離で、たとえば、東の空から西の空まで、時間を感じさせないことは不可能である。じっさい、太陽が東の一点に昇ると、反対の一点にいたるまで、全半球が瞬間的に照明される」[7]。

光速は、知覚できないほどに大きいが、それでも有限ではないか、という疑問に対して、短い距離ならそれも可能かもしれないが、空の端から端まで一瞬で移動することは、有限の速度では不可能だと答えている。トマスにしては残念な議論だが、やはり、人間的な尺度を超えたものと、

「無限」とが、かなり結びつきやすいものであることは、この議論からも読み取ることができる。

　運動の観点から、もう一つ、簡単な議論が紹介される。「すべて物体の運動は、直線運動か円運動である。ところが、照明の運動はそのどちらでもなく、全方位に及ぶ。ゆえに、lumen は物体でない」。

　すでに述べたように、この「物体」は、個物として存在できる実体のことだとすると、それの動き方には一定の法則がある。地上の通常の大きさの物体は、直線的に動く。後世に言う、等速直線運動である。他方、天体は、基本的に円運動である。この違いが、地上の物体と天上の物体が、根本的に異なる組成を持つという主張の根拠となる。ところが、光、とくにその照明の働きは、光源から全方位に向かい、円運動や直線運動の範疇を超えている。それゆえ、光は物体でない。

　トマスの時代、光と言えば、ロウソクや太陽の光であって、レーザー光などは想像もつかなかったのだろう。しかし、光源から直線的に、全方位に光が飛んでいくというイメージは持てたであろう。それを否定するのは、やはり、光の運動が瞬間的だという了解であり、そもそも、中間地点を通る、つまり経路を特定できるような運動として、照明を考えていなかったせいだろう。したがって、この運動方向についての議論は、前の、運動速度についての議論に従属することがわかる。

　さらに、第三の理由として、生成消滅の観点からの議論が示される。「もし光が物体であったならば、発光体の不在によって空気が暗くなるとき、光という物体が消滅し、それ〔＝光〕の質料が、他の形相を受け取る、ということが、そのあとに続くであろう。このことは、もし、ある人が、暗闇もまた物体だと言わないかぎり、明らかなことではない」。

　光が物体、つまり実体だとすると、それは生成消滅する。そうすると、毎日、半球を覆うほどの巨大な物体が生成し、夜にはそれが消滅することになる。そのとき、光を受け取っていた同じ質料が、今度は別の形相を受け取るはずで、それは、夜、つまり「闇」であろう。したがって、

もし、光が物体なら、同じ理由で、闇も物体だということになる。これ
は不合理だ。これは背理法である。もし光が物体ならば、闇も物体であ
る。しかし、闇は物体でない。ゆえに、光は物体でない。

　これに対して、トマスはもう一つだけ想定反論を示し、それについて
も論駁する。「もし、消滅するのではなく、太陽とともに近づき、巡る
のだとさらに言う人がいるならば、ロウソクの周りを何かの物体で遮断
すれば、家全体が暗くなることについてどう言いうるだろうか。また、
光がロウソクの周りに集められているようにも見えない。なぜなら、そ
こに、以前よりもより大きな明るさが表れているわけではないからであ
る」。

　夜とともに光が消滅するならば、新たに生じた闇も物体だということ
になる。だから、実は、光は消滅するのではなく、ただ太陽とともに去
るのだ。光は、太陽の周りに集まっている物体であり、朝になって太陽
が地上に近づくと、それらの太陽の周りの光も地上に近づき、昼間、太
陽がある間、光が天空を巡るのだ。

　このような解釈に対して、トマスの解答は面白い。もし、光が物体で
あり、ロウソクの周りに羽虫のように集まっているのだとすると、ロウ
ソクの周りを覆っても、羽虫は家中を飛び回っているはずだ。しかし、
実際には、ロウソクの周りを覆うと、部屋全体が暗くなるではないか。
それゆえ、光は太陽の周りに集まっている物体ではない。

　『命題集注解』の前掲箇所でも、ほぼ同じような議論が示されている。
注目すべきは、そこで、「アヴィセンナが『自然について』(_De Naturalibus_)
第6巻で、他にも多くの根拠を挙げている」と述べている点であり、ト
マスがこれらの議論を、(基本的にはアリストテレスの『デ・アニマ』
に基づくとしても)その多くをイスラームの学者たち、とくにアヴィセ
ンナ(イブン・スィーナー)から学んでいた可能性が示唆されている。

3）　光は作用的性質である

　光が、木や石ころのような物体でないとすると、それは何だろうか。現代の私たちにはややわかりにくいが、トマスの答えは「光は性質だ」というものである。

　前節で参照した『神学大全』の箇所に続く第1部第67問第3項は、「光は性質か」という問いを立てる。前節で、光は物体でないと結論されたが、それはただちに、光が超自然的で、霊的な存在であることを意味しない。自然的事物（物理的対象）でありながら、物体でないものとして、色などの付帯性が考えられるからである。

　ところで、赤い花の赤さは、花に内在し、花の表面を赤くしている性質（附帯形相）である。しかしそれだけでなく、だれかがその花を見るとき、その赤さは空中を通って見る人の目に作用し、赤い視覚的イメージを生み出す。このとき、その赤さは、空気や目を赤くしない。

　中世では、この違いを説明して、色は、物体の表面では自然的存在（esse naturale）をもつが、空気中では志向的存在（esse intentionale）をもつ、とされる。志向的存在は、自然的（物理的）相互作用が成り立つ世界とは次元が異なる特殊な領域を形成していると考えられるため、物体表面は色づくが、空気は色づかない。これと同じように、光（lumen）は空気中で志向的存在をもつと論じる人々がいた。

　トマスはこれに反対する。空気は照らされることによって実際に光に満ちるので、光は志向的存在者ではない。さらに、志向的存在者は自然的な変化の原因とならないが、光は、太陽光のように、ものを温める働きがあるので、その点でも志向的存在者ではない[8]。

　また、光の本性が、太陽の実体形相であるとした人々の意見が論駁される。一つは、実体形相の可知的性格による。実体形相は、知性の対象であり、それ自体可感的でない。ところが、光はそれ自体可感的である。ゆえに、光は実体形相でない。

　また、ある実体形相が、別のものの付帯形相になることはない。した

がって、もし光が太陽の実体形相であったならば、空気の中にあるとき、光は空気の実体形相だっただろう。ところが、光は、空気の実体形相ではない。もしそうであれば、暗くなると空気が消滅しただろうから。ゆえに、光は太陽の実体形相でない。

　以上の考察を経た後、トマスが下す結論は、光は太陽（ないし、自ら光る物体）の実体形相に伴う作用的性質（qualitas activa consequens formam substantialem solis）だ、というものである。『命題集注解』では、「ある人々」の意見とされ、「それに同意すべきだと私には思われる」という記述となっていて、やはり、トマス自身の探求の成果というよりは、アヴィセンナら、他の思想家の学説を批判的に紹介するという立場を取っている。このように、トマスにおいて、光は、太陽その他の諸天体の作用的性質である。それは物体的実体ではないが、物体的実体に伴う付帯性であり、自然的世界のなかにその働きの場所をもつ。したがって、前に述べたように、この意味での「光」について、トマスの中に「光の形而上学」は成立しない。

2　神による被造物の保存と連続創造説

　先に簡単に触れたように、光は、被造物がもつ存在の喩えとして語られることがある。もし、光が、被造的存在のある側面を描き出しているならば、そこには、トリビアルでない意味で、光の形而上学が成立する可能性があることになる。そこで、次に、トマスにおける「保存」に目を向けてみよう。

　さて、神による被造物の保存という思想は、言うまでもなくトマス独自のものではない。たとえばそれは、アウグスティヌスの中に濃厚に見られ、『創世記逐語注解』第4巻第12章は、「私の父は今もなお働いておられる」（「ヨハネ」5：17）という聖書の一節を、この保存の文脈で解釈しようとしている。

トマスもそれを十分に意識しており、『神学大全』第1部第104問第1項主文その他で、アウグスティヌスのその箇所を引用している。

　また、デカルトのいわゆる連続創造説は、この保存の思想に近代的な表現を与えたものと見ることができる。

> なぜかというに、私の一生の全時間は、無数の部分に分割されることができ、しかもおのおのの部分は残りの部分にいささかも依存しないのであるから、私がすぐ前に存在したということから、いま私が存在しなくてはならないということは帰結しない。そのためには、ある原因が私をこの瞬間にいわばもう一度創造するということ、いいかえれば、私を保存するということがなければならないのである。実際、時間の本性によく注意する者にとっては明らかなことだが、どんなものも、それが持続するところの各瞬間において保存されるためには、そのものがまだ存在していなかった場合に新しく創造するのに要したのとまったく同じだけの力と働きを要するものなのである。それゆえ、保存と創造とはただ考え方の上で異なるにすぎないということは、これまた自然の光によって明白な事がらの一つである[9]。（デカルト『省察』3、井上庄七・森啓訳、中央公論新社、2002年、71–72頁）

　『神学大全』の中で、トマスが、デカルトのこのような保存の思想を論じるのは、第1部104問である[10]。先ず、その内容を確認しよう。

　第1項では、保存の必要性が示される。しかし、トマスの論述は、デカルトのそれとはかなり様子が異なる。

　先ず、二種類の保存がある。一つは、子供が火に落ちないようにする場合のように、何かを消滅させるようなものを取り除くことによる。もう一つは、BなしにAがないというかたちで、存在にかんする依存関係があるとき、BはAを、自体的かつ直接的に保つ、と言われる。全

被造物が神による保存を必要とするのは、この後者の場合である。なぜなら、「どんな被造物の存在も神に依存する」からである。

　ここで一挙に存在（esse）の話になるかと思えば、そうではない。トマスは、形相の原因性について語り始める。まず、「成ること」の原因と、「在ること」の原因を区別する。たとえば、建築家は、家が「成ること」の原因だが、「在ること」の原因ではない。後者の原因は、家を構成する石や木といった自然的事物の本性的な力である。

　続いてトマスは、一義的作用者と異義的作用者の違いについて語る。作用者の形相と、結果の形相が同一の種に属する場合、それを一義的作用者（agens univocum）と呼ぶ。よく使われる例は、「人間が人間を生む」である。親と子は、同じ「人間」という種に属する。この場合、作用者は、形相を新たに生み出すのではなく、その形相が、特定の質料において生じるようにする原因である。親は、人間の形相によって働き、その人間の形相が、特定の肉体において生じることの原因となる[11]。つまり、「在ること」の原因ではなく、「成ること」の原因である。他方、一義的作用者が「在ること」の原因となるのは不可能である。なぜなら、もしも一義的作用者が形相を新たに生み出すとすると、それは単純な自己原因となるからである。たとえば、人間は、「人間」という形相を新たに生むわけではない。もしそうだと言う人がいれば、「では、その最初の人間は何によって人間なのか」と問えばよい。すでに人間である者だけが、人間の形相によって働くことができる。

　これに対して、作用者の形相が、結果の形相と同一の種に属さない場合、それを異義的作用者（agens aequivocum）と呼ぶ。よく使われる例は、太陽と、この世界の事物の生成（たとえば草木が芽吹くこと）である。この場合、作用者は、まさに異義的作用者であるために、自己原因に陥ることなく、自らの形相によって、結果の中に、それとは異なる新たな形相を生み出すことができる。つまり、異義的作用者は、「成ること」だけでなく、「在ること」の原因でもある。

たとえば、火が水を熱するのは、一義的作用である。つまり、火の中にある熱の形相は、その熱という性格を変えることなく（一義性を保ったまま）、水の中に生じ、水自身がもつ性質となる。そのため、いったん温められた水は、火から下ろされても、しばらくは自らの中に生じた熱を保つ。このように、火は、熱の形相が、ある特定の水の中に「成る・生じる」ことの原因ではあっても、熱という形相それ自体を生み出すこと、つまり、「熱である」ことの原因ではない。

　これに対して、太陽が空気を照らすのは異義的作用である。太陽の中にある光の形相は、その卓越性のために、一義性を保つことなく、空気の中に生じる。言い換えれば、空気は、その中に、太陽においてある光をそのまま受け取ることができないので、太陽は、自らがもつ光とは異なる光を、あらたに空気の中に生み出す。その光は、空気がもつ性質ではなく、太陽の力によってのみ、空気の中に生じている形相である。それゆえ、火によって熱せられた水と異なり、太陽の作用が止めば、空気の中の光はただちになくなる。

　トマスは、神と存在と被造物の関係を、この、太陽と光と空気の関係になぞらえる。すなわち、被造物は、自存する存在それ自体という神の存在の性格を、そのまま一義的にもつのではなく、それとは性格が（アナロギア的に）異なる、分有された存在をもつ。分有された存在は、被造物の本質に属さず、ただ神の力によってのみ、被造物の中に生じている。それゆえ、一義的作用者の場合と異なり、神の作用が止めば、被造物がもつ存在は、ただちに消えてしまう。これが、トマスが太陽と光の比喩に込めた、「神による被造物の保存」の内実である。

　つまり、被造物が神によって常に存在のうちに保たれる必要があるのは、被造物の存在にかんして、神が異義的作用者だからであり、ただそれだけの理由にすぎない。これは、太陽と物理的な光のあいだにも見られる関係であり、存在である限りにおける存在の、何らかの特質を表現しているわけではない。保存の文脈で用いられる「光」の比喩は、それ

ゆえ、形而上学ではなく、自然学の枠内で処理できる。

　以上のことは、トマスが、「保存」を、形而上学の観点から積極的に展開していないことの消極的な証拠だが、以下に見る『対異教徒大全』のテクストは、より積極的に、それを否定しているように見える。

　　このことによって、ムーア人たちの法の中で語る人たちの立場が排
　　除される。この人たちは、世界が神の保存を必要とすることを支持
　　しうるために、全ての形相が付帯性であり、どんな付帯性も二つの
　　瞬間にわたって持続せず、したがって諸事物の形成は常にその過程
　　にあると考えた。あたかも、事物は、生成過程にあるあいだだけ作
　　用因を必要とするかのように。このことから、また彼らのうちのあ
　　る人々は、不可分な諸物体、つまり、全ての実体がそれらから複合
　　されていて、彼らによれば、それらだけが安定性をもってるのだが、
　　その不可分な諸物体だけが、神がその統治を諸事物から引き離して
　　も、約一時間ほどは存続しうると考えていると言われている。その
　　人たちのうちさらにある人たちは、事物は、神がその事物のうちに、
　　停止の付帯性を生み出さないかぎり、事物は存在することをやめな
　　いと言っている。これら全てが馬鹿げていることは明らかである[12]。

　『対異教徒大全』のこの箇所は、神が被造物を存在のうちに保つことが論じられた第3巻第65章の最後の部分である。マイモニデスに由来するこれらの議論の細部は不明だが、被造物の安定性を極度に低く見積もり、万物が常に生成過程にあるかのように見なす説であるように思われる。トマスにとって、このような思想は「馬鹿げていることが明らか」なものであった。

　以上で見たように、『神学大全』の中で、「保存」（conservatio）の理論
は、基本的に、自然学の文脈に位置づけられている。もちろん、より大
きな視点から見ると、それは神による世界の摂理（providentia）の文脈
の中にあるから、「保存」が自然学的概念にすぎないとまでは言えない
が、しかし、その説明は、アリストテレス的な四原因説、とくに形相の
作用についての一義的作用と異義的作用の区別という理論の範囲に収ま
っている。

　なぜトマスは、自らの「存在」の理論を用いて、被造物が自力では存
在できないことを強調し、そのような被造物に神が常に存在を与え続け
ることを示して、伝統的な「保存」の教説を、雄弁に語らないのだろう
か。

　それを理解する鍵は、トマスの「時間」の理解だと思われる[13]。神は、
刻々と変化する「今」の流れを含むこの時間的世界全体を、神の永遠の
現在において、すべてを同時に見渡すしかたで直観すると言われる。

　有名な例は、ボエティウスが『哲学の慰め』で用いた、道行く人々の
列全体を、高みから眺めるという例である。言わば、世界全体の、始め
から終わりまでの歴史がすべて書き込まれた、巨大で詳細な年表を、神
が一瞥のもとに見ているというイメージである。

　しかし、このイメージには欠陥がある。それは、「今」の流れを知る
ことができないということである。年表だけを見ている人は、今日がい
つかがわからない。今日がいつかを知るためには日めくりカレンダーを
見る必要があるが、その日付は、年表だけからは、決定されない。

　このことから、全知の神であっても、「今、何時か」を知ることがで
きないはずだと論じる研究者もいるが、少なくともトマスはそう考えて
いない。たとえばトマスは、未来の偶然的な事柄の認識について、次の

ように述べる。

神は、全ての偶然的なことを、その原因においてだけでなく、それ
らの各々が現実に自らの中に存在するものとしても認識する。また、
偶然的なものは、継起的に、現実に生じるが、神はそれら偶然的な
ものどもを、ちょうど私たちがするように、それら自身の存在にお
いて、継起的に認識するのではなく、同時に認識する。なぜなら、
神の認識は、神の存在と同様、永遠によって測られているが、永遠
は、上で述べられたとおり、全体が同時に存在し、すべての時間を
巡る。したがって、すべて時間のうちに存在するものは、神にとっ
て、永遠から現在であり、それは、ある人々が言うように、諸事物
の理念が神のもとに現在するから、というだけでなく、神の直観が、
永遠から、自らの現在性において存在するものとしての万物へと注
がれているからである[14]。

　流れる「今」を知るためには、そのつど現在となり、過去になってい
く時点を、すべて特別な現在の視点から見ることが必要である。つまり、
すべての「今」を知る者は、ある特定の時系列に属する存在者ではあり
えない。その者は、あらゆる時系列を目の当たりに見るような、特別な
視点を持っていなければならない。
　しかし、それはどのようにして可能なのだろうか。トマスは必ずしも
明確に述べていないが、その論述から帰結することを探るために、以下
のように単純化された世界を考えよう。いま、時間の最小単位が秒だと
して、世界が3秒で終わるとする。この世界の「今」の流れを、特殊な
神の視点から一瞥のもとに見るためには、「今」を異にする4つの平行
世界を同時に見る必要がある（120頁図表参照）。

T_0： 世界 W_1 が生まれる。

T_1： 世界 W_1 で 1 秒経過。世界 W_2 が生まれる。

T_2： 世界 W_1 で 2 秒経過。世界 W_2 で 1 秒経過。世界 W_3 が生まれる。

T_3： 世界 W_1 で 3 秒経過。W_1 が終わる。世界 W_2 で 2 秒経過。世界 W_3 で 1 秒経過。世界 W_4 が生まれる。

T_4： 世界 W_2 で 3 秒経過。W_2 が終わる。世界 W_3 で 2 秒経過。世界 W_4 で 1 秒経過。

T_5： 世界 W_3 で 3 秒経過。W_3 が終わる。世界 W_4 で 2 秒経過。

T_6： 世界 W_4 で 3 秒経過。世界 W_4 が終わる。

なぜこのように複雑なものが必要かは、次の、ボエティウス的な俯瞰モデルと比較することで明らかとなるだろう。

T_0： 世界 W_1 が生まれる。

T_1： 世界 W_1 で 1 秒経過。

T_2： 世界 W_1 で 2 秒経過。

T_3： 世界 W_1 で 3 秒経過。W_1 が終わる。

このモデルでは、「今、何時か」と問われても、答えようがない。世界は歴史の総体であり、この世界に時間は流れない。

しかし、私たちが暮らす現実世界は、時間が流れている。「今日」が何日か、「今」が何時かは、自分勝手に決められるものではなく、この世界に生きるものすべてに、客観的に決まっている。そのような時間の流れを認識し、なおかつ、私たちがそうするように、日々の流れの中で、時々刻々、それを知るのではなく、全体を同時に知るとしたら、神の前で展開する世界は一つであってはならない。

ある時系列の中で、「今」と呼べるのはただ一つの時刻だけであり、にもかかわらず神はすべての「今」を一度に見るのだとすると、私たち

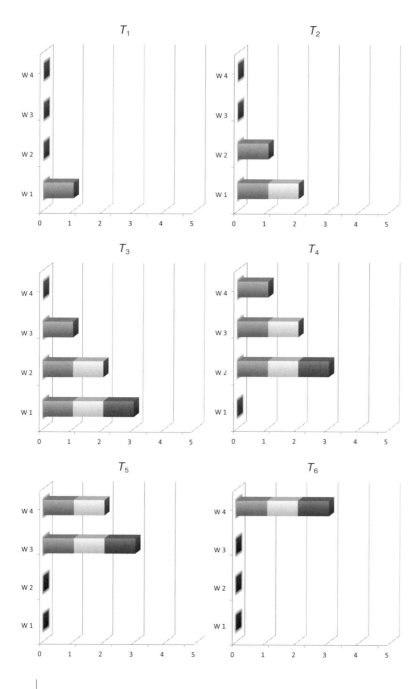

が経験するすべての「今」の数だけ、異なる時系列があり、神はそれを同時に見ていると考えるしかない。それを反映させたのが、前者のモデルである。

たとえば、世界 W_2 の住人が、T_3 において、「今、何時か」と問うたとする。答えは、「1 秒」である[15]。世界 W_3 の住人が、同じ T_3 において、同じ問いを発するなら、答えは、「0 秒」である。このようにして、神は、この世界の「今」の流れを、T_i と W_j の関数として同時に知ることができる。

このように、流れる「今」を一瞥のもとにとらえる知において、この世界（や、どの世界）の時間の流れとも異なる、神の内部の系列 T_i が必要である。この T_i の系列は、静的な順序の系列であればよく、時間のように動的に流れている必要はない。それが、「永遠の現在」という名で呼ばれうる理由はそこにあるだろう。

神は、その永遠の現在において、時間的世界全体を同時に見る。時間的世界全体は「今」の流れを含むので、その全体は、上のリストのようなかたちで、神の知の中に展開している。つまり、神から見て、この世界の時間は流れているわけではない。

この点は、「保存」の理解において重要だと思われる。つまり、神は、この世界を創造するとき、上のリストのようなかたちで一挙に全てを創造する。決して、時間の流れに沿って、時々刻々と少しずつ創造しているのではない。神は時間的存在ではないからである。それゆえ、神から見て、保存の働きは、創造と別の働きではない。保存とは、時間的存在者である人間の側から見た、神の創造の働き（の一部）である。このことを念頭に置いて、以下の、『神学大全』第 1 部第 104 問第 1 項第 4 異論と、それへの解答を見てみよう。

まず、異論は次のように述べる。

さらに、もし神が事物を存在のうちに保つのなら、それは何らかの

作用によるであろう。ところが、作用者のどんな作用によっても、もしそれが有効なものであれば、結果のうちに何かが生じる。ゆえに、神の保存の作用によって、被造物の中に何かが生じなければならない。しかし、そうは見えない。なぜなら、すでに存在しているものが生じたりはしないので、そのような作用によって、被造物の存在それ自体が生じることはないし、また、他の何か付け加えられたものが生じるわけではないからである。というのも、その場合には、神は連続的に被造物を存在のうちに保っているのではないことになるか、あるいは、連続的に何かが被造物に付加されていることになるが、それは不適当である。ゆえに、被造物は神によって存在に保たれているのではない[16]。

これに対するトマスの解答は以下の通りである。

第四異論に対しては、以下のように言われるべきである。神による諸事物の保存は、何らかの新しい作用によるのではなく、存在を与える作用の継続による。そして、この作用は運動や時間をもたない。ちょうど、空気の中の光の保存が、太陽からの連続的な流入によるのと同様である[17]。

神による諸事物の保存は、何ら新しい作用によるのではない。それは、存在を与える働きの継続である。しかしこの「継続」（continuatio）は、あくまでも時間的存在である人間から見た場合の、ある種、比喩的な表現である。

別の言い方をすれば、存在を与える働きが、人間から見て時間的に展開されているように見える側面が、保存と呼ばれる。たとえて言えば、神が10mの棒を作るとすれば、10mのものを一度に作るであろう。1cmずつ作っていく必要はない。同様に、10秒間持続するものを作る

とき、神は、その永遠の現在において、「10秒間持続するもの」を一気に作るであろう。それを創造の働きと言うならば、それと別に、新たな働きとして「保存」が必要となるわけではない。

しかし、時間的存在者としての人間は、10秒間の最初の1秒が経過したとき、次の瞬間にもそれが存在しているかどうかがわからない。そうして、時間の経過のすべての瞬間が、人間には奇跡的な持続に思える。ちょうど、10mの棒を渡っていくアリが、最初の1cmを過ぎたときに、次の1cmがあるかどうかわからないようなものである。アリはずっと続くかに見える棒を渡りながら、今まで棒を渡ってきたことは、この先にも棒があることの、何の保証にもならないと考え、次の1cmを渡りながら、奇跡的な空間の持続を感じるであろう。

4 結論

以上に見たように、トマスにおける「保存」は、存在の何らかの新たな側面を描き出すものではない。その「保存」の喩えとして「光」が用いられるとしても、それは、トマスの理論の中で、形而上学的に新たな知見を持ち込むものではない。したがって、そこに、「光」という言葉を用いた超越概念論は成立しない。

人間が感じる時間の流れは、たんなる幻想なのだろうか。そうかもしれない。もしも、神の認識が、ボエティウスの喩えが示すように、ただ巨大な年表を高所から眺めるようなものに過ぎないならば、神ですら、その流れを感じる人間の感覚を理解しなかったであろう。他方、私たちが提示したようなかたちで、神の知が「今」の流れを捉える仕組みを備えているならば、人間の感じる時間の流れを、少なくとも人間には時間がこう感じられているというかたちで、神は理解するだろう。

しかしいずれにしても、神の永遠の現在において、時は流れない。「光」を「保存」の比喩と感じるのは、時間的存在である人間の特性で

ある。「光」についての形而上学を論じようとすることも、そのような
特性の一つの現れであろう。

注

1 Et similiter dicendum est de nomine lucis. Nam primo quidem est institutum ad significandum id quod facit manifestationem in sensu visus, postmodum autem extensum est ad significandum omne illud quod facit manifestationem secundum quamcumque cognitionem. Si ergo accipiatur nomen luminis secundum suam primam impositionem, metaphorice in spiritualibus dicitur, ut Ambrosius dicit. Si autem accipiatur secundum quod est in usu loquentium ad omnem manifestationem extensum, sic proprie in spiritualibus dicitur." (*ST* I, q.67, a.1, c.)

2 トマス自身は、「光」のこのような意味の拡張を、少なくともアウグスティヌス
の著作を理解するために必要だと考えていたようだが、その拡張が理論的に望ま
しいと考えていたわけではないと思われる。たとえば、初期著作である『命題集
注解』の平行箇所（*In II Sent.*, d.13, q.1, c.）では、アンブロシウスやディオニュシ
オスのように、それを比喩とする説の方が、「より真であると思われる」（videtur
magis verum）と述べている。

3 "Cum autem Deus sit ipsum esse per suam essentiam, oportet quod esse creatum sit proprius effectus eius; sicut ignire est proprius effectus ignis. Hunc autem effectum causat Deus in rebus, non solum quando primo esse incipiunt, sed quandiu in esse conservantur; **sicut lumen causatur in aere a sole quandiu aer illuminatus manet.** Quandiu igitur res habet esse, tandiu oportet quod Deus adsit ei, secundum modum quo esse habet." (*ST* I, q.8, a.1, c. emphasis added.)

4 "Sicut autem ex voluntate Dei dependet quod res in esse producit, ita ex voluntate eius de-pendet quod res in esse conservat, non enim aliter eas in esse conservat, quam **semper eis esse dando**; unde si suam actionem eis subtraheret, omnia in nihilum redigerentur, ut patet per Augustinum, IV *super Gen. ad Litt.*" (*ST* I, q.9, a.2, c. emphasis added)

5 "Respondeo dicendum, quod ista quatuor differunt, lux, lumen, radius et splendor. Lux enim dicitur, secundum quod est in aliquo corpore lucido in actu, a quo alia illuminantur, ut insole. Lumen autem dicitur, secundum quod est receptum in corpore diaphano illuminato. Radius autem dicitur illuminatio secundum directam lineam ad corpus lucidum; et ideo ubicumque est radius, est lumen; sed non convertitur; contingit enim lumen esse in domo ex reflexione radiorum solis, quamvis non ex directa oppositione, propter aliquod corpusinterjacens. Splen-

dor autem est ex reflexione radii ad aliquod corpus tersum et politum, sicut ad aquam, et ad argentum, vel ad aliquod hujusmodi; ex qua reflexione etiam radii projiciuntur." (*in II Sent.*, d.13, q.1, a.3, c.)

6 第 1 部第 67 問第 2 項主文。

7 以上のことは、アリストテレスが『デ・アニマ』第 2 巻第 7 章でも述べていることである。

8 ただし、光という特殊な物理的対象についての議論は、当時の学問レベルを超えることであった。光が志向的存在をもつかどうかについて、トマスの自身の主張も安定していない。『能力論』第 5 問第 1 項第 6 異論解答では、光が空気中に、「指向性のあり方によって」per modum intentionis 存在すると言われている（この点は、小山田圭一氏の指摘による）。

9 "Quoniam enim omne tempus vitae in partes innumeras dividi potest, quarum singulae a reliquis nullomododependent,exeoquodpauloantefuerim,nonsequiturmenuncdebereesse, nisi aliqua causa me quasi rursus creet ad hoc momentum, hoc est me conservet. Perspicuum enimestattend entiadtemporisnaturam,eademplanevietactioneopusesseadremquamlibet singulis momentis quibus durat conservandam, qua opus esset ad eandem de novo creandam, si nondum existeret; adeo ut conservationem sola ratione a creatione differre, sit etiam unum exiisquaeluminenaturali manifestasunt." (Descartes, *Meditationes*, III, 31.)

10 平行箇所は、『能力論』第 5 問、『対異教徒大全』第 3 巻 65 章など。

11 人間の誕生には自存する形相である魂が関係するので、ほんとうは、この例は使いにくい。

12 "Per hoc autem excluditur quorundam loquentium in lege Maurorum positio, qui, ad hocquod sustinere possent mundum Dei conservatione indigere, posuerunt omnes formas esseacciden- tia, et quod nullum accidens durat per duo instantia, ut sic semper rerum formatio esset in fieri: quasi res non indigeret causa agente nisi dum est in fieri. Unde et aliqui eorum ponere dicunturquodco rporaindivisibilia,exquibusomnessubstantiasdicuntessecompositas,quae sola, secundum eos, firmitatem habent, possunt ad horam aliquam remanere, si Deus suam gubernationem rebus subtraheret. Quorum etiam quidam dicunt quod res esse non desineret nisi Deus in ipsa accidens desitionis causaret. Quae omnia patet esse absurda." (*SCG* III, cap.65, n.10)

13 以下の論述の細部は、拙論「トマスにおける神の知の不変性と時間の認識」『中世思想研究』第 58 号、2016 年、17–30 頁を参照。

14 "Deus autem cognoscit omnia contingentia, non solum prout sunt in suis causis, sed etiam prout unumquodque eorum est actu in seipso. Et licet contingentia fiant in actu successive, nontamen Deussuccessivecognoscitcontingentia,proutsuntinsuoesse,sicutnos,sedsimul. Quia sua cognitio

mensuratur aeternitate, sicut etiam suum esse, aeternitas autem, tota simul existens, ambit totum tempus, ut supra dictum est. Unde omnia quae sunt in tempore, sunt Deo ab aeterno praesentia, non solum ea ratione qua habet rationes rerum apud se praesentes, ut quidam dicunt, sed quia eius intuitus fertur ab aeterno super omnia, prout sunt in sua praesentialitate." (*ST* I, q.14, a. 13, c.)

15 これは想定された世界で時刻を表す表現である。現実世界での、「西暦何年何月何日何時何分何秒」、などに相当する。

16 4 PRAETEREA, si Deus conservat res in esse, hoc erit per aliquam actionem. Per quamlibet autem actionem agentis, si sit efficax, aliquid fit in effectu. Oportet igitur quod per actionem Dei conservantis aliquid fiat in creatura. Sed hoc non videtur. Non enim per huiusmodi actionem fit ipsum esse creaturae, quia quod iam est, non fit. Neque iterum aliquid aliud superadditum, quia vel non continue Deus conservaret creaturam in esse, vel continue aliquid adderetur creaturae, quod est inconveniens. Non igitur creaturae conservantur in esse a Deo.

17 AD QUARTUM DICENDUM quod conservatio rerum a Deo non est per aliquam novam actionem; sed per continuationem actionis qua dat esse, quae quidem actio est sine motu et tempore. Sicut etiam conservatio luminis in aere est per continuatum influxum a sole.

太陽の光はなぜ熱いのか
ロバート・グロステストの『太陽の熱について』

神崎忠昭

はじめに

……私は待った。陽の光で、頬が焼けるようだった。眉毛に汗の滴がたまるのを感じた。それはママンを埋葬した日の同じ太陽だった。あのときのように、特に額に痛みを感じ、ありとある血管が、皮膚のしたで、一どきに脈打っていた。焼けつくような光に堪えかねて、私は一歩前に踏み出した[1]。

ムルソーのように、殺人へと一歩前に踏み出すようなことはなくとも、私たちも、太陽の光が熱いことは日常の経験でよく分かっていることだ。だが太陽の光は、いったいなぜ熱いのだろうか。

原初から人間が感じていたであろう、この光と熱の関係の疑問がようやく説明され得たのは比較的最近のことで、20世紀に入ってからだという[2]。現在では、熱とはエネルギーの一形態であり、私たちが太陽の光を熱いと感じるのは、伝導および対流とならぶ熱の伝達のかたちの一つである放射によるものとされる。放射は二物体の中間に他の媒体の存

在を必要としないという特徴をもつが、熱というエネルギーは、光もその一種である電磁波として運ばれ、運ばれた先の物体はそれによって熱を帯びると考えられているらしい[3]。100 年後にどのように考えられているかは分らないが、現在では、このようなプロセスで太陽の光は熱いと説明されているようだ。ともあれ、数千年にわたって解明されない難問だったのである。

　本稿は、この「太陽の光はなぜ熱いのか」という問題を追究した 13 世紀の人物ロバート・グロステスト（1170 年頃 –1253 年）の努力を、彼の著作『太陽の熱について De Calore solis』を試訳して検討し、ヨーロッパ中世において太陽の光と熱の関係がどのように考えられていたかについて、ささやかな考察をすることを目的とする。

1　太陽の光と熱をめぐる前史

　本書が「光」に捧げられていることが端的に示しているように、あらゆる時と場所で体感される光に対する考察は、古代ギリシア以来、西洋において、さまざまな論議を惹き起こしてきた。たとえば「見る」というのは、対象から何かが眼に入ってきたために生じるのか（流入説）、あるいは眼から何かが出ていき対象に当ることによって生じるのか（流出説）という論争があった。古典古代以降、この視覚をめぐるいくつもの自然学的研究が試みられてきた[4]。それ以外にも、もちろん、光の考察は、西洋の哲学的宗教的思索にさまざまに深い刻印を残してきたのである。

　筆者が専門とする中世ヨーロッパに関して言うならば、特にボイムカーの *Witelo, Ein Philosoph und Naturforscher des XIII. Jahrhunderts*（Münster, 1908）による問題提起を受けて、「光の形而上学」の伝統に関心が向けられた[5]。実際、光を用いて不動の一者とヌースの関係を説いたプロティノス[6] に代表される新プラトン主義は、アウグスティヌスやディオニュシオス・アレオパギテース（500 年頃活躍）を通じて、キリスト教思想に大きな影

響を与えた。たとえばディオニュシオスは光をめぐる壮大な構想を展開し、「良い贈り物、完全な賜物は皆、上から、もろもろの光の父から降りてくるのである」と新約聖書の「ヤコブの手紙」(1：17) を引用して『天上位階論』を書き起こし、光が「多化し発出しながらも不動の同一性に永遠に固定し」、「自分に向かって力の限り昇ってくる者たちをそれらの本性に応じて自分のところに引き寄せ、自分自身の純一化する一性によって一つにまとめる」とし、最高の贈り物である「神の光はそれぞれのものに応じた摂理に従って諸存在全体に広がっていく」[7]と述べている。

　一方で、「プロメーテウスが火を授けたことによって人間は文明を築くことができた」という神話に象徴されるように、火もまた人間にはきわめて近しいものだった。だが熱がどのように生じるかというのも説明が難しい問題だった。万物の根源を「火」と考えたヘラクレイトスをはじめとし、アリストテレスなどのギリシア自然哲学者たちの多くはこの問題に取り組み、火を四大元素の一つと考えた[8]。しかし、さまざまな事例について熱の諸相を考察したが[9]、アリストテレスも、四大元素を第一質料と「熱―冷」「乾―湿」という性質を組み合わせることによって捉えるなど、熱そのものの説明はできなかったと言われる[10]。

　この「光」と「熱」という二つの要素は、太陽の光を考える際、やはり自然と浮かぶ疑問だったろう。本稿で取り上げるグロステストより二世代ほど若いが、彼とならぶ代表的な光の形而上学者とされるボナヴェントゥラ (1221 年頃 -74 年) は、1259 年に著した『三様の道について *De triplici via*』において、きわめて三一的構造で神について論じる際に、「光」と「熱」を用いている。「神は ① 現前する永遠であり、② 充満させる単純であり、③ 動く安定である。これらは同じように自然な同等性と結合を有している。そして神は ① 近寄り難い光 (「テモテ」6：16) であり、② 変わることのない精神であり、③ 理解を超えた平和である。これらは本質の一性だけでなく、もっとも完全な三位一体性を有している。① 光 (Lux) は ② 輝き (splendor) を親のように生み出し、輝きと光 (Lux) は

③ 熱（calorem）を発出させる。熱は両者から発出するが、子のように
ではない。それゆえ、神が近寄り難い光（Lux）で真にあるならば、そ
こにおいて輝きと熱は実体（substantia）とヒュポシタシス（hypostasis）
であり、神のうちには父と子と聖霊が真にあり、これらが神的位格の固
有性（propria）なのである（文中の ① ② ③ は筆者による）」と述べて
いるのだ[11]。ここにおいては、光そのものについて考察するというより
も、範型論的思考を優先していたのかもしれないが[12]、きわめて大きな
枠組みを展開しているのである。

　これらに加えて、他にも前史として考慮すべきものがある。アリスト
テレスの再発見[13]と、イスラーム思想の影響である。当時のイスラーム
世界はヨーロッパをはるかに超えた先進地であり、多くの先行する文明
の遺産を継承し、さらに独自に発展させていた。光学もそのような分野
の一つである。特にアル・キンディ（801 年頃 –866 年頃）とイブン・ハイ
サム（965 年頃 –1040 年頃）は、彼らの世界観に新プラトン主義とアリス
トテレス哲学の折衷という傾向があることは否めないが、特筆すべき人
物だった[14]。特にイブン・ハイサムは「アルハセン」というラテン名で
ヨーロッパにも知られ、彼の『光学について』は翻訳されてヨーロッパ
に伝わり、深い影響を及ぼすことになる。彼は数学を重視し、さらに視
覚に関する諸伝統を統合し、光は眼に入ることによって見えるという流
入説を説いた。イブン・ハイサムが彼に影響を与えることはなかったと
されるが[15]、グロステストはアヴィセンナ（イブン・スィーナー）やアヴェ
ロエス（イブン・ルシュド）らの影響は受けているようだ[16]。

　グロステストは、これらの思潮の激流のなかで、「太陽の光はなぜ熱
いのか」と問うのである。

2　グロステストの生涯と著作

　では、本稿で取り上げるロバート・グロステスト（Robert Grosseteste,

あるいは Grossetête）とは、どのような人物だったのだろうか。グロステストの活動はきわめて多岐にわたるので、ここでは彼の生涯の概略と学問的業績について述べるにとどめたい。

　彼は 1170 年頃イングランド南部のサセックス州の零落した家庭に生まれたとされるが、1230 年頃以前の活動については不明な点が多い。青年期にリンカンなどで自由学芸、医学、法学などを学んだのち、ヘレフォード司教ウィリアム・ド・ヴェア（在任 1187 年 -98 年）に仕え、その「大きな頭」（grossa testa）を活かし、当時イングランドにおける科学研究の中心であったヘレフォードで多くを吸収したと考えられている。特筆すべきは、この頃アリストテレスの『分析論後書 *Posterior Analytics*』への註釈を著していることである。この著作はすでに 12 世紀中葉にラテン語に翻訳されていたものの、その真価はまだ認識されておらず、グロステストがはじめてアリストテレスの論証的学問の理念をヨーロッパ中世に導入し、現象の結果と原因の関係を分析し、科学方法論の基礎をすえたと主張される。

　その後の彼の履歴をめぐっても諸説ある。揺籃期のオックスフォード大学で研鑽を積んだとも、パリ大学で学んだとも言われる。またオックスフォード大学総長に就任したとも、実質的にその職務を執行したとも言われるが、これについても結論は出ていない。いずれにしても、グロステストは 1225 年リンカン司教区に聖職禄（rectory of Abbotsley）を獲得し、1229 年にはレスターの大助祭に就任した。安定した収入を得るとともに、1230 年頃からオックスフォード大学で教鞭を執るようになった。またオックスフォード市外に設立されたフランシスコ会修道院でも同じ頃から教えはじめたようだ。彼は修道会に入ることなく、その後も在俗聖職者としての生活を送ったが、托鉢修道会の理想に強く揺り動かされたのだろう。だが 1231 年彼は病を得て、多くの聖職禄を放棄した。

　しかし 1235 年グロステストはリンカン司教に選ばれてしまう。この

司教区は当時イングランドで最大のもので、八つの大助祭区と二千近くの小教区からなっていた。多くの候補者が狙い、選出が難航したのであろう。不本意であったかもしれないが、彼は司教として自らの管区における聖職者の風紀刷新と改革に精力的に取り組んだ[17]。彼の活動は多くの抵抗にあい、ときには教皇に異議を申し立てることさえあった。彼は、自らの甥にリンカン司教区の聖職禄を与えようとした教皇インノケンティウス4世（在任1243年–54年）にそれを拒否しさえしている。一方で、グロステストは司教として得た豊かな資金力を用いて、ギリシア語著作の翻訳を推進した。たとえばアテネで数年間勉学したベージングストークのジョンに大助祭職を授け、自らの研究活動を助けさせたという。

　死の床で、年代記記者マシュー・パリス（1200年頃–59年）の伝えるところによれば、グロステストは周囲に「異端とは、聖書に反して人間によって選ばれ、公然と主張され、頑迷に抗弁された意見である。そして学識あるいは覚悟に足らぬ者たちに聖職を委ねて福音を無視することは、異端を現実のものとすることである。多くの者がこのようにして福音を無視している。とりわけ教皇である。信仰心を有するすべての者は、特にフランシスコ会士とドミニコ会士は、このような人物に反対する義務がある」と述べたという。

　多くの特筆すべき業績を成し遂げた彼だが、その非凡な才能を発揮したのは、やはり学問研究においてであり、数多くの著作を残した[18]。ここでは、その一部を挙げるにとどめるが、それらは以下のようなグループに分けられよう[19]。1）アリストテレスの翻訳および註釈で、1220年代の『分析論後書註解』および『自然学註解』、および司教在任中の『ニコマコス倫理学』の翻訳などからなる。2）哲学的著作で、『分析論後書註解』以前に書かれたと考えられる『光について』『物体運動と光について』や、さらに『命題の真理について』『事物の実体について』『可能態と現実態について』などである。3）哲学的神学的作品で、『自由な決定について』『真理について』『神の知について』などで1220年

代から 30 年代にかけて著されたとされる。4）自然学的著作で、これら
は彼のキャリアの初期に書かれたとされたものが多いとされ、『自由学
芸について』『音の生成について』などが含まれる。そのすこし後に書
かれたと考えられているのが『彗星について』『線、角、図形について』
『虹について』『色について』などで、『太陽の熱について』はこのグル
ープに属する。5）神学的著作としては、『ヘクサエメロン』『十戒につ
いて』などがある[20]。大学のカリキュラムがまだ固定化されていなかっ
た時代に学生生活を送ったことも影響したのであろう、すこし後のスコ
ラ学者たちが残したような『ロンバルドゥス命題集註解』は伝わってい
ない。彼は新しい学問を自ら切り拓いていった人物なのである。

　思想的傾向に関しては、彼が最も影響を受けたのは、やはりアウグス
ティヌスであり、彼の新プラトン主義的展望がグロステストの根幹をな
している。だが同時に、前述のように、当時影響を強めつつあったギリ
シアとイスラームの思想を彼は吸収した。晩年になると、さらにカイサリ
アのバシレイオス（330 年頃 –379 年）、ディオニュシオス・アレオパギテー
スやダマスクスのヨハネス（676 年頃 –749 年）らの影響も強まるが、彼の
思索はかなり折衷的で、さまざまな傾向が並列しているように思われる。

　ここで神学や哲学に関する彼の思索を詳細に論じることは避けるが[21]、
『太陽の光について』を考える際に不可欠と思われる『光について』に
ついては若干触れておきたい。これは光に関する論考であるが、現代的
な意味における「光学」に関するものではない。タイトルにある「光」
とは、根源的な光（Lux）を指し、前述のディオニュシオス・アレオパ
ギテースが説く「多化し発出しながらも不動の同一性に永遠に固定し」、
「自分に向かって力の限り昇ってくる者たちをそれらの本性に応じて自
分のところに引き寄せ、自分自身の純一化する一性によって一つにまと
める」[22]ような神的存在なのである。グロステストは、ここで光を用い
て、世界そのものの成り立ちを説明する、きわめて大きな枠組みを展開
しているのだ[23]。

このような彼の著作やさまざまな活動はロジャー・ベーコン（1214年
-94年）らに刺激を与え、いわゆるオックスフォード学派の基礎を築い
たと評価されている。

3 『太陽の熱について *De Calore solis*』（試訳）

では、グロステストは、「太陽の光はなぜ熱いのか」という問題を、
どのように『太陽の熱について』において論じているだろうか。以下に
その試訳を挙げる[24]。なお、構成を分かりやすくするために、適宜、番
号や言葉を足し加えたが、それらはすべて（　）で括ってある。

（I）私たちの第一の目的は太陽の熱について（論じること）であるが、
（その前提として、「熱い」(calidum)[25] が）どのような発生（generationis）
の起源（principium）を有しているか、起源をすべて（universaliter）探求
してみよう。（「熱い」の）発生の起源はいくつ存在するだろうか。熱
（calor）がそれによって発生する起源は三つ存在する。すなわち、(I-1)
「熱い」、(I-2)「運動」（motus）、(I-3)「光線の集中」（collection radiorum）
である。知らなければいけないことは、これらの起源において、「熱い」
とは同一の意味（univocum）であることである。（「熱い」が）同一の意
味であるということで、これら（の起源）において、同一の意味の結果
（passio）がある。それゆえ、これらにおいて同一の意味での結果がある
場合には、これらの起源において、同一の意味の原因が存在するだろう。
なぜなら、あらゆる同一の意味の結果には、同一の意味の原因が存在す
るからである。

「熱い」とは、これら（の起源）において同一の意味であることは明
らかである。なぜなら、「熱い」は、これらの（「熱い」の）発生のいず
れにおいても、同一の力（virtutem）を有し、同一の作用を及ぼしてい
るからである。それゆえ、（「熱い」とは）同じ名で異なった意味で

（aequivoce）言われるものではなく、同一の意味で言われるのである。

それゆえ、私たちはこの同一の意味の原因を探究してみよう。(I-1)これらすべてにおいて、「熱い」の直接（proxima）の原因は、「熱い」の離散（disgregatio）である。それゆえ、「熱い」が「熱い」を発生させるとき、これは質料（materierum）の離散を通じてなされるのである。しかし、（「熱い」の離散が）どのように (I-2) 運動と (I-3) 光線の集中に当てはまるか、理解するのは難しい。

(I-2) そこから「熱い」が発生する「場の運動」（motus localis）は、(1-2-1)「自然な運動」（motum natunalem）と (I-2-2)「外力による運動」（motum violentum）に分けられる。自然な運動は、さらに (I-2-1-1)「直線的で自然な運動」と (I-2-1-2)「円運動的で自然な運動」に分けられる。

まず、(I-2-2) 私たちは外力による運動について、すなわち「重さのあるものの外力による運動」（gravi violenter moto）の場合について語ろう。重さのあるものの外力による運動は三つのしかたで生じる。すなわち、(I-2-2-1) 上に向かう場合、(I-2-2-2) 下に向かう場合、(I-2-2-3) 下に向かってではあるが、（大地の）中心に直接向かうものではない場合である。これらすべての場合において、外力による運動において、（熱の）離散が運動によって生じることは明らかである。なぜなら、明らかに、外力による運動においては、二重の力が存在するからである。すなわち、自然な運動と外力による運動である。これらは、異なる方向（partes）へと、動きうるもののそれぞれの部分（partem）を動かす。この異なる方向への傾き（inclinationem）にともなって、離散が生じる。そしてこのように外力による運動から、必然的に、動かされるものは、その方向に応じて、離散され、その結果、「熱く」なるのである。そして、外力による運動の第一のしかたにおいて、すなわち (I-2-2-1) 上に向かっての場合において、二つの（自然な運動と外力による運動という）運動の力の傾きに対するもっとも大きな（maior）対立が存在する

ゆえに、またまったく対立する方向へと（それらの力が）動かすゆえに、その結果、もっとも強く離散が生じ、もっとも強く「熱い」が生じる。第二の（I–2–2–2：下に向かう）場合と第三の（I–2–2–3：下に向かってではあるが、（大地の）中心に直接向かうものではない）場合は、それより劣っている。そして、これは理性と経験によって（ratione et experimento[26]）明らかである。

　これは、同じように、（I–2–1）自然な運動においても明らかである。なぜなら、「熱い」が運動において発生するのは、（I–2–1–1）自然に下に向かって動かされているものにおいてもあるからである。（このような場合）それぞれの部分において、現実に動かしている二重の力が存在する。すなわち、自然な力と外力（virtus violenta）である。そこに自然な力が存在することは明らかである。だが、そこにも外力が存在することを、私が証明しよう。重さがあり、下に向かってではあるが、（大地の）中心に直接向かって動かされないものはすべて、外力によって動かされている。しかし重さのある（ものの）すべてのものは、下に向かってではあるが、（大地の）中心に向かって直接動かされているわけではない。それゆえ、重さのあるすべての部分は、外力によって動かれていることになる。私がこの小前提（重さのある（ものの）すべての部分は、外力によっても動かされていること）を証明しよう。重さを有する諸部分（partes）は、（それらが構成している）全体において、互いに等しい隔たり（aequalem distantiam）をつねに有している。それゆえ、重さのあるものが、全体の動きによって、下に向かって動かされるとき、（重さのあるものは）同じように隔たっている直線にそって動かされる。また同じように隔たった（複数の）直線は、いずれかの一方を無限に延ばされても、決して収斂することはない。それゆえ、自然に動かされた重さのある諸部分は、決して収斂しない直線にそって下に向かって動かされる。それゆえ、（これらは）中心に直接（向かわ）ない。なぜなら、もし中心に向かって直接動かされるのであるならば、同一の中心に向かって直

接収斂する直線にそって動かされることになるからである。それゆえ、以下のような原理（principium）は明白である。自然に下に向かって動かされる（ものの）いかなる部分においても、異なる方向に向かって傾く二重の力が存在することである。しかし、これらの（自然な運動による）傾きの対立（oppositionem）は、外力によって動かされる（ものの）部分における傾きの対立よりもはるかに小さい。そしてそれゆえ、熱（calorem）を生み出すあらゆるもののなかで、自然な運動は、運動のうちで、自然な熱を生み出すことがもっとも少ない。それゆえ、これらのことから以下のことが明らかである。(I-2-1-1) 直線的で自然な運動と (I-2-2) 外力による運動から、「熱い」が生み出されること、そして「熱い」から「熱い」が同一の意味の原因によって生み出されることである。

　(I-3) 第三の場合においても、このことは同じように明白である。光線の集中から、ある「熱い」が、熱の同一の意味の原因によって、生み出されることである。このことは（エウクレイデスの）『鏡について』[27] によって明らかである。太陽に向かって置かれた凹面鏡によって火が点くからである。これは（光線の）離散（disgregationem）によるものである。なぜなら、光線はより濃密で透光性のある媒体（diaphano densiori）においては、より希薄（で透光性のある媒体 subtiliori）におけるよりも、より物体化（maiorem incorporationem）するからである。私たちは（光線については）熱の場合のような全面的（omnimodam）な物体化を言うつもりはない。ある程度の軽い物体化がなされたと言いたい。しかし、この物体化によって、光線は空気（aër）の1部分を自らとともに離散（distrahet）するのである。すなわち、光線が一点に収斂するとき、その点へと、それぞれ（の光線）はそのまっすぐな道にしたがって（向かい）、それゆえ、この点に接して、異なる方向への空気のもっと大きな離散（distractatio）が生じるだろう。このようにして、それゆえ、離散が生じ、その結果として熱が生じるのである。それゆえ、明らかに、これら三つの場合において、「熱い」は、同一の意味の原因によって、存

在する。

（II）では、太陽が「熱い」を生み出すならば、それは（II-1）「熱い」が「熱い」を生み出すようにであるか、あるいは（II-2）運動が「熱い」を生み出すようにであるか、あるいは（II-3）光線の集中が「熱い」を生み出すようかである。

太陽が、「熱い」が「熱い」を生み出すようには、「熱い」を生み出さないことは以下のように明らかであり、（アリストテレスの）『自然学』第7巻において、変化させるもの（alterans）と変化させられるもの（alteratum）は直接接していなければいけないと証明されている[28]。それゆえ、もし最初に変化をもたらすものと最後に変化させられるものの間に媒体が存在するならば、この媒体がまず熱い太陽によって、その「熱い」にしたがって、まず変えられなければならず、そののちに最後のものが（「熱く」）変えられなければならない。そうでないならば、最初に変化するものと最初に変化させられるものが直接接していないことになる。それゆえ、太陽と空気の間には複数の媒体が存在するゆえに、それ自体において（その）「熱い」によって変化させる太陽そのものにもっとも近い媒体は、第五元素であるか、あるいは第五元素を分有するもの（pars）であるゆえ、必然的に、第五元素が、空気よりも先に、熱い太陽によって、その「熱い」にしたがって、まず変えられなければならないことになる。しかし、このことはあり得ない。なぜなら、もし（第五元素が）変化させうるものであれば、（第五元素は）朽ち得るものとなってしまうからである。それゆえ、第一の場合（II-1）はあり得ないことになる。すなわち、太陽は、「熱い」が「熱い」を生み出すように、「熱い」を生み出すことはないのである。

もしかすると、誰かが以下のように言うかもしれない、「熱い」は、太陽においては、胡椒における「熱い」のように、力として（virtualiter）存在しているのであると。しかし、これは適切ではない。なぜなら、胡

椒における「熱い」は力として存在してはいるが、現実態（in actu）としては存在していないからである。（現実態として）動かされなければ、動かすことはできず、変えられなければ、変えることはできないのである。同じことは太陽についても（言える）。しかし、これはあり得ないことである。それゆえ、先の考え（はありえない）。

（II-2）さて、太陽が運動によって「熱い」が生じないことは、明白である。同じように、運動が「熱い」を生み出すのは、動かされた事物の各々の部分において、異なる方向へとそれを動かす異なる傾きが存在する場合だけだからである。しかし、円運動的に動かされ、外力によらないすべてのものは、そのいかなる部分も全体と同じ傾きを有し、そこには差異性（diversitas）が存在しない。各々の部分には、円運動的な動きにしたがった傾きが存在するのである。それゆえ、円運動的な動きからは、何か「熱い」は生み出されない。

しかし、あなたは、もしかすると以下のように言うかもしれない、円運動的に動かされるもののうちには、熱の内在的原因はなく、（熱の原因は、動かされるものの）外部にあるのであり、より低い事物（in inferioribus）にあって、媒体の抵抗（ex resistentia medii）によって生み出されるのであると。しかし、これは二重の過ちを有している。一つは、これらのより低い事物において、媒体の抵抗は、運動において、熱を生み出すものではないからである。なぜなら、もしこの主張が正しいとするならば、媒体は、自然に動かされるものに対しても、外力によって動かされるものに対しても、等しく抵抗することになり、外力による運動においても、自然な運動においても、等しく熱が生み出されることになってしまうからである。しかしこれは誤りであり、経験によって明らかである。それゆえ、先の考え（はありえない）。（この主張は）また他の誤りを有している。太陽と他の星辰は、動く際に、抵抗を有することはないという点においてである。なぜなら、（太陽と星辰は）固有に動かされることによって動かされるのではなく、それぞれの天球に付着され、

その天球が動かされることを通じてのみ動かされるからである。川を行く船のごときであり、船は川が動かされることによって動かされるのである。これは哲学者（アリストテレス）が『天体論 De caelo et mundo』第2巻において証明したことである[29]。

　(II–3) それゆえ、残されているのは、太陽が光線の集中を通じて「熱い」を生み出しているという（可能性）だけである。このことは以下のように明らかである。太陽の光線は、空気という透明（な媒体）において、濃密な媒体（densi）の本性を通じて、その（空気の）中で、何らかのしかたで物体化する。しかし、太陽の光線は、下に向かって落ちてくる際、平らな大地、あるいは凹面上の大地、あるいは凸面状の大地に対してであれ、等しい角度で反射する。これは（エウクレイデスの）『鏡について』で示されている諸原理の最後のものによって明らかである[30]。それゆえ、もし光線が垂直に落ちてくるならば、垂直に反射される。このようにして、落ちてくる光線と反射する光線は、同じ道にそって、まったく反対の方向に向かう。そして、ここに最大の離散が生じる。この（もっと「熱い」は）昼夜が等しくなる緯線（sub aequinoctiali circulo）の下で、太陽がこの地域の天頂を渡るときに生じる。また（同様に）昼夜が等しくなる緯線から南あるいは北に傾いていても、昼夜が等しくなる緯線からの傾き（緯度）が北回帰線（captis cancri）あるいは南回帰線（captis capricorni）の傾きよりも小さい諸地域においてである。これらの地域においては、必ず太陽の光線は一年に二度これら（の地域）の上に（垂直に）落ちる。しかし、昼夜が等しくなる緯線からの傾きが北回帰線あるいは南回帰線の傾きと等しい地域においては、必然的に、太陽はこれらの地域の天頂の上を一度だけ渡ることになる。その一回だけこれらの地域に光線を垂直に発し、そしてそのとき、これらの地域では最高に離散が生じ、最高の熱が生じるのである。これは外力による離散であり、天体のために屈折させられた光線（rediorum fractorum）の集中から、あるいは凹面鏡に反射した光線の集中から生じるのがつねである。なぜ

なら、前者（天体のために屈折させられた光線の集中によって生じる「熱い」）は（光が）まったく反対の方向に向かって（衝突した）状態で生じるが、後者（凹面鏡に反射した光線の集中によって生じる「熱い」）はそうではないからである。

　しかし、昼夜が等しくなる緯線からのその傾きが北回帰線よりも大きい気候帯においては、北方にあるゆえ、太陽がそれらの地域の天頂を渡らないため、光線は垂直よりも小さい角度で落ち、その角度に応じて反射するため、そのためまったく反対の方向に（向かうことは）ない。その場所が、昼夜が等しくなる緯線から遠ざかれば遠ざかるほど、太陽の光線は鈍角で反射され、落ちてくる光線と反射された光線が正反対に進まなければ進まないほど、離散は小さくなり、「熱い」は生み出されなくなる。これは経験によって明らかである。

　しかし、第五元素において、太陽の光によってなぜ「熱い」が生み出されないかと問われたならば、これに対しては二つのしかたで答えることができよう。一つは、そこでは（太陽の光は）反射しても、自らと交差しないからである（intersecant se）。もう一つは、（太陽の光が）自らと交差してまったく反対の方向に反射したとしても、熱あるいは「熱い」が生み出されないからである。なぜなら、（空気という）この透明なもののなかには、濃密な媒体の本性は存在しないため、太陽の光線は、そのため（太陽の光線は）質料の部分を離散できないということで、ここでは決して物体化されないからである。それゆえ、空気の最上層においては、空気はもっとも希薄であるが、そこにおいて「熱い」はもっとも生み出されない。これは経験によって明らかである。山々の頂上には雪が溢れ、そこでは太陽の光線は谷間におけるより明るいが、しかし、そこでも谷におけるように光線の反射は存在する。だが、そこにおける空気の希薄さ（subutilitatem）のため、空気の濃密さはわずかで、空気との光の物体化もわずかで、そのため光線が集中しても、空気の部分の離散もわずかなのである。ここ（平地）において、光線の物体化はより

大きく、それゆえ離散と熱はより大きいのである。これで（論証が）終わる。

---

4 『太陽の熱について』における問題点

　日本語訳を試みたが、解決されるべき問題点がいくつも残されていると考える。

　『太陽の熱について』を読んで、第一に気づくことは『光について』との違いである。後者が「光（Lux）」を中心に世界全体を論じているのに対して、前者には一度も「光（Lux）」という語は現れず、「光（lumen）」さえ見当たらない。光について用いられるのは、ただ「光線 radius」だけである。形相という表現も明示的には表れていない。色や虹の原因を解明しようとした『色について』や『虹について』と近しく思える[31]。

　また私たちの大地が宇宙の中心であり、それを幾層もの天球が囲んで回っており、太陽はその最外部の天球に付着されているとする天動説に従っているように見える一方で、私たちの住む大地が球体ないし球状であると考えているようだ[32]。なお稚拙で折衷的ではあるが、自然学および天文学の論文と呼ぶこともできよう。その点で『太陽の熱について』の執筆時期が重要だろう。『光について』と『太陽の熱について』は、同じ時期の思索の異なる面を示しているのだろうか。それともグロステストの思索形成の別の局面を示しているのだろうか。

　また「熱さ」が生まれるときに用いられている disgregatio という概念をどのように理解するかも重要だろう[33]。この試訳では、統一的に「離散」としたが、なお考慮する点があろうと考える。Sparavigna が指摘するように[34]、熱力学第一法則や第二法則を定式化したとされるクラウジウス（1822-88）の考えにも、disgregation という概念が出てくるのだ。ある講演で、彼は「ある物体の disgregation は、その結果として、

142

aggregation の三つの形態のうちでは、固体においてもっとも小さく、液体においてはより大きく、ガス状態ではもっとも大きい。最後の条件において、分子 molecules が互いにさらに分離していくことにより、disgregation はさらに増加しうる。すなわち、ガスがより大きな量へと広がること expanding によってである。同じように、科学的に複合した物体がその諸要素に分解することは、一般的に、disgregation の増加を伴う」[35] と述べ、これを物体の結合に関わる概念と考えていることがわかる。クラウジウスの考えは、グロステストの発想と近いものなのだろうか[36]。一方で、『太陽の熱について』においては、disgregatio は単に伝導のように思える箇所もある。また光線の場合に見られるのだが、disgregatio の際に、光線が「形相」のように質料に働きかけ、複合物をつくりだしているようにも見える。しかし、いずれにしても、熱は、ボナヴェントゥラの『三様の道』におけるように、光の内的関係からだけで生み出されるものではない。熱も、質料に関わる物体なのである。そして熱によって disgregatio が生じるのではなく、disgregatio によって熱が生じるのだ。

　このように、現在の視点で見ると、『太陽の熱について』にはいろいろ不思議な点も多いが、興味深い点がある。グロステストが熱の発生の起源をすべて考え、その上で、それを太陽に適用するという方法論を採っていることである。これは、やはり重要な一歩と思える。

5　結び

　科学革命の時代に入っても、ガリレイ（1564-1642）は「火の粒子」を仮定して、この粒子が運動することによって熱が発生すると考え、さらにシュタール（1659 年 –1734 年）が説き始めた焼素（Phlogoston）やラヴォアジエ（1743 年 –1794 年）が展開した熱素（calorique）などの概念も長く支持され続けた。近代になって、カルノー（1796 年 –1832 年）などが熱

と仕事は同質のものであると主張することによって展望の大転換がなされ、マイヤー（1814年–78年）やジュール（1818年–89年）が「熱はエネルギーである」と主張し、プランク（1858年–1947年）が熱力学の理論を提唱した[37]。現在の科学は、一見、愚かにも見える多くの試行錯誤の上に、成立したのだ。

　グロステストは、『太陽の熱について』で、「経験によって（experimento）」という表現を三回繰り返している。ムルソーとは異なるかたちではあるが、太陽の光という日常の経験が、彼を探求へと踏み出させたのかもしれない。グロステストの努力は、現在の水準で考えれば、稚拙だが、その小さい一歩が自然を理解することへ大きく貢献したと評価できないだろうか。

注

1　カミュ『異邦人』（窪田啓作訳、新潮文庫、1954年、原著1942年）、76–77頁。

2　啓蒙的な著作だが、ルーニー『物理学は歴史をどのように変えてきたのか——古代ギリシャの自然哲学から暗黒物質の謎まで』（東京書籍、2015年、原著2011年）、94–96頁参照。

3　「熱放射」『日本大百科全書（ニッポニカ）』（https://kotobank.jp/word/%E7%86%B1%E6%94%BE%E5%B0%84-111438　2018年1月7日参照）などの説明による。

4　高橋憲一「『オプティカ』『カトプトリカ』解説」、斎藤憲・高橋憲一訳・解説『エウクレイデス全集』「第4巻 デドメナ／オプティカ／カトプトリカ」（東京大学出版会、2010年）、195–305頁参照。

5　光の形而上学については、たとえば熊田陽一郎『美と光』（国文社、1986年）を参照。

6　たとえば「第一義的な美であるところの、もっと巨大な光（英知界）から受けた光を魂に提供する」（「英知的な美について」3、田中美知太郎責任編集『プロティノス；ポルピュリオス；プロクロス』（中央公論社、1976年）、304–305頁）などの箇所を参照。

7　ディオニシオス（今義博訳）『天上位階論』、上智大学中世思想研究所・大森正樹

編訳／監修『中世思想原典集成　第 3 巻　後期ギリシア教父・ビザンティン思想』（平凡社、1994 年）、354–355 頁および 399 頁。

8　たとえば、村上陽一郎『西欧近代科学——その自然観の歴史と構造（新版）』（新曜社、2002 年）、214–231 頁参照。

9　池田康男「アリストテレス哲学における熱の諸相——第一実体の背後に熱の作用を見ること」『高知大学学術研究報告　人文科学編』37（1988）75–99 頁参照。

10　山本義隆『熱学思想の史的展開　熱とエントロピー』1（ちくま学芸文庫、2008年）、31–33 頁参照。

11　Bonaventura, Opera Omnia, VIII（Quaracchi, 1898）, p. 17.

12　光をめぐるボナヴェントゥラの思索は、現在では、かつてほど形而上学を指向しているとはみなされず、アリストテレスの影響を受けて、自然学の秩序に適合するものであると考えられている。ビージ（須藤和夫訳）「聖ボナヴェントゥラにおけるひかりの理論」『ボナヴェントゥラ紀要』6（東京ボナヴェントゥラ研究所、1989 年、原著は 1961 年）219–274 頁参照。

13　本稿では、紙幅と能力の問題があり、この問題にはこれ以上触れない。たとえば、ルーベンスタイン『中世の覚醒——アリストテレス再発見から知の革命へ』（紀伊國屋書店、2008 年）などを参照。

14　前掲の高橋憲一「『オプティカ』『カトプトリカ』解説」267–278 頁参照。

15　同、286–287 頁参照。

16　以下の叙述は、基本的に R. W. Southern, "Grosseteste, Robert," Oxford Dictionary of National Biography（https://doi.org/10.1093/ref:odnb/11665, 2010 年 9 月 23 日版、2018年 1 月 6 日閲覧）および Neil Lewis , "Robert Grosseteste," Stanford Encyclopedia of Philosophy（https://plato.stanford.edu/entries/grosseteste/#Wor, 2013 年 5 月 8 日版、2018 年 1 月 8 日閲覧）による。

17　彼の司牧的関心が生み出したと考えられ、同時に彼の快活さが表されているとされる作品として『愛の城』がある。植田 裕志「アレゴリーとアナロジー——ロバート・グローステスト『愛の城』」、『名古屋大學文學部研究論集、文學』45（1199）135–152 頁参照。

18　International Robert Grosseteste Society が 運 営 す る The Electronic Grosseteste（http://grosseteste.org/grosseteste/index.htm）に彼の著作がアップロードされつつある。

19　分類や執筆時期については、後述のように、グロステストの思索の形成過程にも関わるゆえに、もちろん多くの異論がある。

20　これらのグロステストの著作には、著者が知る限りでは、高岡尚訳「グロステストの光概念に関する諸問題 II："De luce seu de inchoatione formarum" 全訳」『札幌

大学女子短期大学部紀要』4（1984）69-76 頁、同「グローステストの光概念に関する諸問題 III：翻訳 Robert Grosseteste: De colore」、『札幌大学女子短期大学部紀要』9（1987）39-47 頁；同「ロバート・グローステストの光概念に関する諸問題 V 研究ノート——ロバート・グローステスト『分析論後書注解』第一巻第十四章 216 行〜 290 行の翻訳と覚え書き」、『札幌大学女子短期大学部紀要』47（2006）45-86 頁；降旗芳彦訳「物体の運動と光」「真理論」「命題の真理」「神の知」、上智大学中世思想研究所・箕輪秀二編訳／監修『中世思想原典集成　第 13 巻　盛期スコラ学』（平凡社、1993 年）、215-255 頁；須藤和夫訳「光について」「色について」「虹について」、熊田陽一郎・田子多津子・石井雅之・須藤和夫訳『キリスト教神秘主義著作集　第 3 巻　サン・ヴィクトル派とその周辺』（教文館、2000 年）、179-199 頁などの翻訳がある。

21　たとえば、高岡尚「グローステストの光概念に関する諸問題 I：De luce seu de inchoatione formarum 54；11-3 における第一質料をめぐって」、『札幌大学女子短期大学部紀要』2（1983）79-89 頁；同「クザーヌスの『De dato patris luminum n. 100』における物体的な光、色、透明体について——ロバート・グローステストの『De luce』『Hexaemeron』『De colore』『De operationibus soils』における光、色、第一質料、透明体に照らして」『札幌大学女子短期大学部紀要』16（1990）25-54 頁；高橋憲一「グロステストとベイコンの自然観」、上智大学中世思想研究所編『中世研究』第 7 号「中世の自然観」（創文社、1991 年）、197-224 頁；福田誠二「司教ロバート・グロステストの生涯と思想」、坂口昂吉・前川登・福田誠二編『フランシスコ会学派〈上〉——フランシスコからベーコン』（東京フランシスカン研究所、2007 年）、280-321 頁；樋笠勝士「グローステストにおける「信」と「知」—二冊の書物〜自然と書物」、上智大学中世思想研究所編『中世における信仰と知』（知泉書館、2013 年）、267-292 頁などを参照されたい。

22　本稿注 7 参照。

23　須藤和夫訳「光について」、熊田陽一郎・田子多津子・石井雅之・須藤和夫訳『キリスト教神秘主義著作集　第 3 巻　サン・ヴィクトル派とその周辺』（教文館、2000 年）、179-188 頁参照。

24　試訳にあたっては、Baur, Ludwig（ed.）, *Die Philosophischen Werke des Robert Grosseteste, Bischofs von Lincoln, Münster*, 1912, pp. 79-84 を底本とし、R. C. Dales, *The Scientific Achievement of the Middle Ages*, University of Pennsylvania Press, 1973 および A. C. Sparavigna, "*De Calore Solis*, a Treatise on Heat by Robert Grosseteste," *International Journal of Sciences*, vol. 3 (2014), pp. 27-31 を適宜参照した。

25　calidum という中性名詞をどのように訳すか悩んだが、「熱」「熱い物体」などで

はなく、「熱い」を採用した。

26　この時代には、まだ experimentum に「実験」という語義は生まれていない。Cf. "experimentum," Dictionary of Medieval Latin from British Sources, fasc. 3（Oxford University Press, 1986）, p. 857.

27　エウクレイデス（前3世紀に活躍）の著作『カトプトリカ *Catoptrics*』を指す。前掲の高橋憲一訳「カトプトリカ」451–452 頁参照。またその真偽性、伝承および展開については同じく高橋憲一「『オプティカ』『カトプトリカ』解説」232–305 頁参照。

28　出隆・岩崎允胤訳「自然学」『アリストテレス全集』第3巻（岩波書店、1968 年）、272–277 頁参照。

29　村治能就訳「天体論」『アリストテレス全集』第4巻（岩波書店、1968 年）、74–78 頁参照。

30　前掲の高橋憲一訳「カトプトリカ」451–452 頁参照。

31　須藤和夫訳「色について」「虹について」、熊田陽一郎・田子多津子・石井雅之・須藤和夫訳『キリスト教神秘主義著作集　第3巻　サン・ヴィクトル派とその周辺』（教文館、2000 年）、189–199 頁。

32　トマス・アクィナスは、自分の読者が地球球形説を支持することを当然の前提にしていたとも言われ、中世に地球平面説が流行したという誤解は 1870 年から 1920 年にかけて支配的だった反中世主義の偏見によるもので、進化論によってつくり出されたイデオロギー状況と関係するという説もある。Cf. Jeffrey Burton Russell, Inventing the Flat Earth: Columbus and Modern Historians, New York: Praeger, 1991.

33　参照した Dales は scattering と英訳し、Sparavigna は disgregation としている。

34　Cf. Sparavigna, op.cit., p. 30.

35　R. Clausius, "XLVII. On the second fundamental theorem of the mechanical theory of heat; a lecture delivered before the forty-first meeting of the German Scientific Association, at Frankfort on the Maine, September 23, 1867," *The London, Edinburgh, and Dublin Philosophical Magazine and Journal of Science*, 35: 239, p. 408. なお、この論文の情報は、Weblio 辞書（https://ejje.weblio.jp/content/disgregation　2018 年1月9日参照）で知った。

36　その他にも、「熱は温度の高い方から低い方に伝わるが、温度の低い方から高い方に自然に伝わることはない」に見られる「自然」という表現など、興味深い点は多いように思われる。

37　山本義隆『熱学思想の史的展開　熱とエントロピー』全3巻（ちくま学芸文庫、2008–2009 年）参照。

15世紀シエナ美術における光と影
サッセッタ作〈聖痕を受ける聖フランチェスコ〉の場合

遠山公一

　私は、15世紀イタリアのシエナ派絵画における投影の問題に強い関心を抱いてきた。なかでも15世紀前半のシエナ絵画を牽引したジョヴァンニ・ディ・ステーファノ（Giovanni di Stefano, 1400年頃–50年）、通称サッセッタ（Sassetta）が描いた《サンセポルクロ両面祭壇画》の裏面に描かれた聖フランチェスコ伝8枚のパネルの中、特に〈聖痕を受ける聖フランチェスコ〉（現ロンドン、ナショナル・ギャラリー）（図1）に見られる特異な投影について関心をもった。この祭壇画は、両面に絵が描かれた両面祭壇画と呼ばれる祭壇画であり、イタリア中部の町ボルゴ・サン・セポルクロ（現サンセポルクロ）にあるサン・フランチェスコ聖堂の主祭壇を飾ったものである（1437年–44年）。同祭壇画は16世紀に解体散逸したが、19世紀末にバーナード・ベレンソン夫妻およびラングトン・ダグラスらによって祭壇画の重要な各部が再発見されて以来、祭壇画の再構成の試みがほぼ一世紀にわたって行われてきた。それらの試みは両面合わせて数十の板絵を集め直し、実質的に二基の多翼祭壇画を再構成することとなるため、その複雑さからジグゾーパズルとまで形容されるに至った。1990年代初めにアメリカの歴史家ジェームズ・バンカーが祭壇画各部の図像を画家に指示する紙片を発見したことから、にわかに再構成の試

図1　サッセッタ〈聖痕を受ける聖フランチェスコ〉
ロンドン、ナショナル・ギャラリー《ボルゴ・サン・セポルクロ両面祭壇画》一部
ph: London, The National Gallery

みが加速し、国際的なチームが形成されて、これまでの祭壇画研究のいわば集大成となる重要な出版物が世に問われた。筆者は、そのチームに属し、出版に関わることが出来た。ここに記すのはすでに英文で出版された拙論を加筆訂正したものである[1]。

1 絵画の陰影表現前史

まず、サッセッタと光の表現全般について見直すに当たり、14-15世紀絵画における光の照射の問題を書いておきたい。絵画内部に見られる明暗表現（キアロスクーロ）の問題のことである。そこには陰（shade）と影（投影 cast shadow）から構成される陰影の問題が含まれるが、さし当たっては陰の方向についてである。その問題について J. I. ミラーの博士論文をもとに若干の私見をも交えて整理する[2]。

基本的に自然主義ではない平面的な中世絵画において、モデリング（肉付け）はあまり行われず、わずかに行われたとしても立体感を示すための陰影（shade）は光との合理的な関係を持たなかった。ミラーの用語を用いるならば、symmetrical system of modeling（左右対称を基本とするモデリングの方法）[3] が大半を占め、すなわち基本的に正面から描かれることが多い人物表現にせよ、建物の表現にせよ、人物や建物の中央部分が最も明るく描かれることで、その部分が最も絵画表面に向かって、すなわち前面に向かって突出しており、一方その両側が陰によって暗くされて奥への後退を見せるように描かれてきた。

ジョット（Giotto di Bondone, 1267? 年 –1337 年）は、絵画に対して左上あるいは右上から差し込む斜めの光の源を絵画外部に想定し、陰影を描き込む位置をモチーフの中央正面ではなく、左右どちらかに偏らせ、それによってより効果的な立体感の表現を実現した。その結果、絵画内部の陰影の方向が問題となる。ジョットは、光との相関関係において陰影の向きを一方向に定め、絵画内部に秩序と統一感をもたらした。このシステ

ムは壁画においてより積極的に取り入れられ[4]、特にパドヴァのスクロヴェーニ礼拝堂壁画（1304年–06年）では、身廊の壁画は礼拝堂正面に穿たれた大窓を唯一の光源として想定し、そこから照射される光によって、身廊壁面に描かれた各場面の陰影を、身廊左右で方向を違えて描き分けている。現実に外部に開いた窓とそこから照射する光をもとに絵画内部の陰影の方向を定める壁画におけるシステムは、基本的に板絵にも関わるが、現実の窓がある建築空間の一部ではない移動可能な板絵においては、陰影の方向付けを一定にする方針はジョット以後も、あまり厳格に守られなかったと考えられる。

　次の世紀1420年代半ばになって、マザッチョ（Masaccio, 1401年–28年）がフィレンツェのブランカッチ礼拝堂壁画（1425年頃）において新たに行ったことは、数学的な根拠を明確にした透視図法だけでなく、前世紀のジョットが導入した陰影のシステムに、投影表現をも加えたことである。マザッチョは、それを板絵でも実現しようとした可能性が高い《ピサ祭壇画》（中央パネル、ロンドン・ナショナル・ギャラリー蔵、1426年）。マザッチョの早世後、もっぱら1430年代以降にフィレンツェで活躍したフラ・アンジェリコ（Fra Angelico, 1400年頃–55年）、フィリッポ・リッピ（Filippo Lippi, 1406年–69年）、およびドメニコ・ヴェネツィアーノ（Domenico Veneziano, 1410?年–61年）らは主要な祭壇画において、このシステマティックな陰影および投影表現を行っている。

　以上は、一言で言えば、14世紀から15世紀前半、つまり西洋美術史おいて一般にゴシック後期から初期ルネサンスとされる時期に、新たな自然主義の到来により、現実空間の模倣を絵画という二次元表面に実現するに当たり、錯視（optical illusion）を起こさせるための造形的手段としての陰影（キアロスクーロ）が導入されたことを整理した。ところが、絵画内部に光源自体が描き込まれた場合に様々な問題が起きてくる。そのような絵画に描き込まれた光源は、絵画外部に想定される光源から照射される光に基づく、造形的手段の一環としての陰影表現と時に矛盾す

る陰影を生み、光や影の持っている複雑なコノテーションを露呈してみせるだろう。同時期15世紀前半に見られるシエナの絵画には、そのような例が散見され、フィレンツェが生んだ錯視的なシステムの一環としての陰影のいわば裏の歴史というものが問えるのではないか。元より中世ヨーロッパ絵画において、光は金地や円光などに広範に用いられた金と同一視され、聖性の表出の役割を担ったと考えられる[5]。延いては15世紀以後に造形的な手段としての明暗表現にも、近代的な自然主義・模倣理論に隠れた影もしくは光の象徴的あり方が残存することを確認できるのではないか。

2　サッセッタと陰影

　サッセッタは、初期の作品から一貫した光と陰（shade）を用いてきた。《アルテ・デッラ・ラーナ祭壇画》（シエナ国立絵画館ほか各地に分蔵、1423–24）[6]では、現在知られているすべてのパネルが向かって左からの光を受けて陰が付けられている。《雪の聖母》（フィレンツェ、コンティーニ・ブオナコッシ・コレクション蔵、1430年–32年）（図2）では右から、すなわちこの場合は元の設置場所であるシエナ大聖堂において、大聖堂の入り口正面の方向からの光を受けるとして描かれている[7]。また元々グロッセート大聖堂において主祭壇に向かって右に位置していた《サクランボの聖母子》（グロッセート考古学教区博物館蔵、1435年頃）と、元コルトーナのサン・ドメニコ聖堂のために描かれた《コルトーナ多翼祭壇画》（コルトーナ教区美術館）は左から、すなわち主祭壇の方向から光を受けている。以上、祭壇画の場合、今日知られているパネルに限られるとはいえ、一つの祭壇画に属するすべてのパネルが一方向からの光を受けて陰影が付けられ、モデリングが成されていることわかる。そして、《サンセポルクロ両面祭壇画》も例外ではない（図3、4（再現図））。
　《サンセポルクロ両面祭壇画》は両面に絵が描かれているがゆえに複

図2　サッセッタ《雪の聖母祭壇画》
フィレンツェ、コンティーニ・ブオナコッシ・コレクション
ph: Machtelt Israëls, *Sassetta's Madonna della Neve: An Image of Patronage,*
Leiden, 2003.

雑であるが、バンカーの発見したドキュメントから判明した表裏のパネ
ル再構成によるならば[8]、表側（会衆に面した身廊側）は右から、そし
て裏側（内陣側）は左からの統一した光によって陰が施されていること
が分かるだろう。すなわち両面とも身廊から見て右からの光、南側から
の光によって造形されていることが判明する。《サンセポルクロ両面祭
壇画》は、主祭壇画である。セシル・グールドは、南側から光を受けて
描かれている主祭壇画が多いのではないかと示唆した[9]。もしこの示唆
が正しかったとするならば、同祭壇画はその原則を徹底したまれな例で
あることが確かめられる。というのも、今日知られている 21 の両面祭

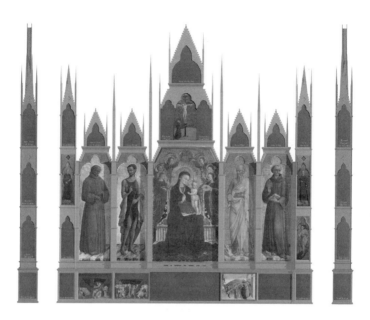

図3　サッセッタ《ボルゴ・サン・セポルクロ両面祭壇画》再構成図（表面）
図4　サッセッタ《ボルゴ・サン・セポルクロ両面祭壇画》再構成図（裏面）
phs: © Villa I Tatti, The Harvard University Center for Italian Renaissance Studies

壇画において[10]、主祭壇にあった可能性がある両面祭壇画でこの原則を守っている例は、ペルジーノの《サンタゴスティーノ両面祭壇画》（ペルージア、ウンブリア国立美術館、1502年）しかないことになるからである[11]。いずれにしても、サッセッタが一つの祭壇画において、知られている限りすべてのパネルについて一方向からの光を想定して陰を施していることが分かるであろう。だから、もし光の方向が両面において統一されていることが初めから分かっていたならば、これほど同祭壇画の再構成に問題が生じなかったに相違ない。

　さらに《サンセポルクロ両面祭壇画》において、サッセッタが初めて投影を描き込んだことを指摘しなければならない。それらの投影は、同祭壇画の裏面に位置していた〈聖フランチェスコ伝〉だけに見られる。〈聖痕〉の場面全体、〈会則の認可〉の最前景に掛けられた布、〈葬儀〉の場面の棺などである。特に、〈聖痕〉の場面が重要である（図1）。なぜならば、その場面全体のあちこちに投影が施されているだけでなく、聖痕を受ける聖フランチェスコという空間内に孤立した人物に明確な投影が与えられている点、そして投影および陰が、画面内右上に描き込まれたセラピムにして磔刑のキリストを光源として描かれているからである[12]。その結果、同祭壇画裏面において、他のすべての場面とは逆方向からの光をもとに陰影が施されていることになる。それはすなわち、一つの祭壇画においてはすべての場面が一方向からの光をもとに陰が施されるという、サッセッタが自らに課した原則から外れる唯一の例外的な場面であることを意味する。ルード・スクリーン（内陣障壁）を介して、位置的に離れた身廊から両面祭壇画の表側を望む一般信徒に比べて、比較的近くから裏面を臨む内陣内部に位置する観者——その大部分はフランチェスコ会修道士に相違ない——は、唯一異なる方向から光を受けた同場面に他とは異なる強い印象を受けたに違いない。

　そこで当然問題とすべき点は、なぜそれまで付けたことがなかった投影をこの期に及んで付けたのか、またそれがどうして聖痕の場面でなけ

ればならなかったのかという疑問である。

3　シエナと投影

　1420年代半ば、マザッチョが初めてシステマティックな投影を付した事実は常識であろう。ブランカッチ礼拝堂において、システマティックな線遠近法に基づいて担当する場面を描いただけでなく、礼拝堂奥の壁に開いた実際の窓からの光を想定して、一つの固定された光源からの光に基づき、マザッチョは担当する場面に投影を付した。すなわち、基本的にはスクロヴェーニ礼拝堂壁画において、ジョットが陰に用いた一貫した原則を、投影にまで適用したことになる（図5）。

図5　フィレンツェ、サンタ・マリア・デル・カルミネ聖堂、ブランカッチ礼拝堂

その後、フィレンツェの指導的な作家たちの間では、30年代になって、投影を付すことが一つの規範として確立していったことが知られる[13]。少し遅れてイタリア中部を活動の中心とする、いわゆる「光の絵画」(pittura di luce) とルチャーノ・ベッローシが命名した一群の画家たちが育っていった[14]。その中にあって、シエナの画家たちは投影に対してどのような態度で臨んだのか。

ここで、15世紀前半にシエナ派の画家たちが行った投影表現を敢えて二つに分類してみよう。

一つは、ジョヴァンニ・ディ・パオロ (Giovanni di Paolo, 1399? 年 –1482 年) の幾つかの作品に見られる非自然主義的な投影表現である。投影は、大抵夜か明け方の場面で、画面内に光源が描き込まれた場合に表された。そのような場面設定が可能ないくつかの場面に限定されると言う意味で、それらの投影は図像的 "Iconographic"[15] な投影であり（図6）、またその光源あるいは投影までもがテクストに明示されているという意味で、言説的 "discursive"[16] な投影であると言える（図7）。それはしたがって自然現象を再現しようとしたフィレンツェ的な自然主義にのっとってはいず、むしろ晩年のジェンティーレ・ダ・ファブリアーノ (Gentile da Fabriano, 1370 年頃–1427 年) の絵画に従っている。

もう一方は、ドメニコ・ディ・バルトロ (Domenico di Bartolo, active 1428 年 –47 年) やヴェッキエッタ (Vecchietta, 1412 年頃–80 年) が行ったより自然主義的な投影表現である。シエナのサンタ・マリア・デラ・スカーラ病院「巡礼者の間」壁画群に見られるように、部屋の実際の窓を光源として想定し、その方向から一貫した投影を付けられている。彼らのフィレンツェ経験を考えるならば、両者の姿勢はマザッチョあるいは、マザッチョから学んだマゾリーノ (Masolino da Panicale, 1383 年–1440 年頃) に基礎を置いていることは明らかである[17]。

今、シエナの画家たちによる投影を敢えて二つに分けてみたが、それぞれ一貫していたとは言い難い。ドメニコ・ディ・バルトロは、板絵の

図6　ジョヴァンニ・ディ・パオロ〈キリストの埋葬〉（1426年）ボルティモア、ウォータース・アート・ギャラリー　ph: Baltimore, Walters Art Gallery

図7　ジョヴァンニ・ディ・パオロ「アルゴ号の影に驚くネプトゥヌス」（1445年頃）ダンテ『神曲』天国篇33歌、ロンドン、大英図書館、Yates-Thompson codex, fol. 190r　ph: London, The British Library

図8　ドメニコ・ディ・バルトロ《ペルージア多翼祭壇画》一部（1438年）
ペルージア、ウンブリア国立美術館　ph: ©Sandro Bellu

場合《謙譲の聖母》（シエナ国立絵画館、1433年）[18] には投影を付さない一方で、プリンストン大学美術館の《玉座の聖母》[19] や《ペルージア多翼祭壇画》（ペルージア、ウンブリア国立美術館、1438年）には投影が見られる。しかし、その《ペルージア多翼祭壇画》においても、プレデッラのナラティヴな洗礼者聖ヨハネ伝にはより自然主義的な投影が見られるのに対し、メインパネルに描かれたアイコニックな聖母子と諸聖人には投影は見られず、唯一聖母子の玉座の下に置かれた巻物にのみに投影が付されているだろう（図8）。画家の署名が記されたその巻物だけが、明確な投影を投げているのだ[20]。このことは、この世にある生者のみが光を遮断し、己の影を地面に映ずることが許されたとダンテが『神曲』の中で歌った、現実に存在していることを裏付ける証拠としての影であると説明されるのだろうか。生と死、肉体と魂、存在と不在、肉体とイメージという二元論として説明できるのだろうか[21]。

　空間内に孤立した人物にサッセッタが投影を付した〈聖痕を受ける聖

フランチェスコ〉は、光源であるセラピムにして磔刑のキリストが画面内に描かれ、またその場面は『小さき花』Fioretti に記されているように夜、あるいは明け方であると考えられる[22]。また、後述するように多くの点をジェンティーレ・ダ・ファブリアーノによる同主題の先行作品に負っている。その意味で、ここに見られる投影は二つに分類された前者に属する。それでは、なぜサッセッタはこの晩年の大作において初めて投影を描くようになったのだろうか。

　先のドメニコ・ディ・バルトロの《ペルージア多翼祭壇画》は、ペルージアのサンタ・ジュリアーナ女子修道院付属の聖堂主祭壇画として1438 年に描かれた。その年、フラ・アンジェリコはコルトーナで記録されているが、前年 1437 年にはペルージアを訪れた 23 人のドメニコ会士の中に彼がいた可能性があるであろう。1440 年代になって完成し届けられた《サン・ドメニコ三連画》は、その時に依頼されたと考えたい[23]。そして、そのペルージアから、1438 年にドメニコ・ヴェネツィアーノはかの名高い自薦の手紙をピエロ・デ・メディチに送っている[24]。すなわち、「光の絵画」pittura di luce の初期の主要な作家たちは、トスカーナおよびウンブリアの地理的に狭い地域に同時期に滞在していた。そして、1437 年にサンセポルクロを実際に訪れて仕事を受注したサッセッタが、以前から仕事を受注した生まれ故郷のコルトーナや地理的に近いペルージアで、これらの画家たちが光や投影の問題に深い関心を寄せている状況を確認したのではないだろうか。機は熟していたのであろう。

　さらに別の問題もある。ペルージアの隣町であるアッシージのサン・フランチェスコ聖堂下堂には、1 世紀前の 14 世紀にピエトロ・ロレンツェッティがおそらく初めて投影を付した受難伝壁画群がある（図9）[25]。多くの画家が今や投影の問題について盛んに語っている中で、シエナの画家は同じシエナ出身のロレンツェッティ壁画に見られる自国の伝統を顧みる機会としたかもしれない。これらすべては推測に過ぎないが、そ

**図9　ピエトロ・ロレンツェッティ
〈最後の晩餐〉一部（1320 年頃）
アッシージ、サン・フランチェスコ聖堂
下堂壁画**
ph: Assisi, Sacro Convento, Archivio
Fotografico.

れでも地理的に極めて限定された狭い地域に、同じ関心を共有する複数の優れた画家が同時期に存在したことは確かである。サッセッタが初めて投影を自作に描きこむために、機は熟していた。

4　ジェンティーレ・ダ・ファブリアーノとの比較

すでに述べたように、少なくとも構図上の類似と、そして投影をもって聖なる光源、つまりセラピムにして磔刑のキリストの放つ光輝を表そうとする意図の点で、さらにジェンティーレが実際にシエナに滞在し、大きな影響力を発揮したという状況からみて、サッセッタはジェンティーレの《聖痕を受ける聖フランチェスコ》（パルマ近郊、マニャーニ゠ロッカ財団蔵、1420 年頃）を大いに参考にしたと思われる（図10）[26]。とはいえ、両者の作品の間にはいくつかの深刻な差異が見て取れる。

第一に、サッセッタは、セラピムにして磔刑のキリストと聖フランチェスコの聖痕の間をスケマテ

図 10　ジェンティーレ・ダ・ファブリアーノ《聖痕を受ける聖フランチェスコ》
（1420 年頃）、トラヴェルセートロ（パルマ近郊）、マニャーニ＝ロッカ財団
ph: ©Parma, Amoretti

ィック（schematic）な直線で結ぶという、ジョット以来の原則を廃し
た[27]。15 世紀後半に幾人かの作家（ピエロ・デッラ・フランチェスカ、
ジョヴァンニ・ベッリーニ、マルコ・ゾッポ、ヴィンチェンツォ・フォ
ッパ）[28] の間に見られるこの直線の排除は、しかし同世紀前半には珍し
かった。第二に、ジェンティーレが画面全体に広範にわたって使用した
金の代わりに、サッセッタは、金地を廃するだけでなく、ラヴェルナ山

周辺を黄色あるいは赤に染め上げた。これら二つの相違点は、サッセッタが『小さき花』の記述により忠実に、そして自然主義的に描こうとしたということから説明できよう。『小さき花』は、セラピムからの光を受けて、夜のラヴェルナ山が山火事のように明るくなったと述べていたのである[29]。

　第三の点は、サッセッタがブラザー・レオの傍らの岩の中にニッチを描いたことである。そのニッチに十字架が置かれているが、その十字架は、血を流している！　『小さき花』によればレオはフランチェスコに命じられて3度聖書を開いたところ、3度とも主の受難の頁が開かれた。開いた聖書を左手に持つレオは、面を上げて磔刑のキリストを確かめようとしたに違いない。しかしそこにキリストはいないのである。直前まで十字架上で血を流していたキリストは、今やセラピムとなって中空に昇り、自らが受けた傷と同じ傷を聖フランチェスコに与えている。中空に昇りセラピムと化したキリストは両手を広げるが、確かにその背後に十字架は欠けている。キリストは十字架を地上に残して来たのである。これは、ジェンティーレにはないばかりか、他のいずれの聖痕図にもない独創的な場面設定である。ここで強調されるのは、キリストを直前まで苦しめていた傷を、キリスト自ら直接フランチェスコに与えたという聖痕の直接性に他ならない。そこに、キリストとフランチェスコとの完全な一致（conformitas）を読み取ることは自然なことであろう。

　最後の相違点は、ジェンティーレがそのブラザー・レオに与えた強い光と投影を、むしろ聖フランチェスコとその周辺に与えたことである。確かに、はっきりとした投影が、聖フランチェスコの傍らの岩から背後の教会堂へ伸びている。また、フランチェスコの帯が衣服に影を落としている。そして、フランチェスコその人の影が背後の地面あるいは岩に投げられている。

　最近になってナショナル・ギャラリーが撮影した赤外線リフレクトグラムを確認した結果、驚くべき事実が明らかとなった（図11）[30]。サッセ

ッタが、当初より大きな聖人の投影を描こうと企てた事実である。画家
は、その影を最終的には小さくしたのだが、変化はその聖人の影の大き
さだけに留まらず、背後の山の影をもなくし、また小さな橋の位置を向
かって右へわずか動かしたことも分かった。画家は、影を含む聖人背後
の部分に対して完成以前に何度か変更を加えたことから、要するに、画
家がこの部分に神経質なほど関心を払っていたことがあきらかとなった
のだ。
　空間内に孤立した人物にまではっきりとした投影を大胆に描こうとす

る行為は、すでに述べた「光の絵画」（pittura di luce）の思潮に自分も遅れまいとする画家の意図によって説明できる。しかしその意図にもかかわらず、知られている限りそれまで一度も人物に影を付けたことがなかった画家自身にとって、それはあまりに大胆な姿勢だと感じられたのだろう。結果的に、彼は山の影と共に、聖人の影をも小さく改めることとなった。

　しかし、その時、肩の輪郭の上にわざわざ左手の指の影を残したことは注目に値する。よく見るならば、彼の左手の親指を除いた四本の指の投影が、彼の肩の影上にはっきりと確認されるだろう。指の影は残されたのに、聖人の頭部の影は肩の上に残されなかった。それは、画家による意図的な選択だったのではないだろうか。聖人の頭部は円光（ニンブス）によって囲われており、ニンブスそれ自体が聖なる光を発していると自覚したサッセッタは、聖人の頭部の投げる影を描くことを躊躇したのではないだろうか。熾天使にしてキリストの発する光を、聖人のニンブスの光が相殺する可能性を思って躊躇し、頭部の影だけ描かなかったのではないだろうか。

　その最終的な選択に、画家自身も聞いたと思われるシエナのベルナルディーノの説教や忠告を思い出してみたい。

5　聖ベルナルディーノによる
　　聖フランチェスコの聖痕理解とサッセッタ

　シエナで絶大な影響力を行使した聖ベルナルディーノ（1380 年 –1444 年、列聖 1450 年）は、「イエスの名」il Nome di Gesù の小絵を常に掲げながら説教したことが知られる。彼は、必要あらばシエナでよく知られた既存のイメージ、特に前世紀に描かれたイメージを引き合いに出して、聴衆の関心を具体的に導こうと努めた[31]。同時に聖人が画家サッセッタに注目していたことも知られている。聖ベルナルディーノは、自ら愛した画

家シモーネ・マルティーニの手になるカモッリア門の壁画《聖母被昇天》のコピーを、自身が寝起きするオッセルヴァンツァ修道院に付属する聖堂の主祭壇に描かせるために、サッセッタを登用した[32]。前世紀に制作された多くのイメージを愛した聖人は、そうした既存のイメージをコピーするために、同時代の画家たちの間から特にサッセッタを選んだのである。

　サッセッタはサンセポルクロにおいて契約を結んだあと、シエナで《サンセポルクロ両面祭壇画》を制作することとなった。画家はもしかしたならばシエナの多くの聴衆と共にベルナルディーノの説教を聞いていたかもしれない。聖フランチェスコ伝を描くに当たって、その説教を思い出し、あるいは直接説教者ベルナルディーノに助言を求めたならば、あるいは画家の依頼主であるサンセポルクロのフランチェスコ会士たちがベルナルディーノに助言を求めたならば、のちの聖人はどのように答えただろうか。

　確かに聖ベルナルディーノは、聖痕の場面に特別な関心を示していた。彼は、1427年カンポ広場での一連の説教の中で、『小さき花』を基本にして山火事のように明るくなったラヴェルナ山を描写したあと、聖痕を描いたある壁画に言及している。

　　おまえは彼らが一緒に話したと思うだろうか。おまえはあの司教座聖堂参事会会議室の建物にある、あれを見たことがあるだろうか。私は誰があれを描いたのか知らない。しかしあれを描いた者は、まちがいなく描く前に十分に熟考した。彼は、聖フランチェスコが茫然自失となり、すっかり神に変容したことがはっきりわかるようにこれを描いた。[33]

　このシエナのサン・フランチェスコ聖堂参事会ホールに描かれた壁画は、現在残っていない。そして、その作者については、聖ベルナルディ

ーノと同じく、我々にも探る手がかりが今のところ失われている。しかし、同じ参事会ホールに描かれたアンブロージョ・ロレンツェッティの壁画サイクルと同様に、おそらく14世紀に描かれた壁画であろうことは容易に推測できる。その逸名の作者による聖痕の場面を聖ベルナルディーノは優れた描写として推奨しているのである。14世紀のシモーネ・マルティーニによる壁画をサッセッタにコピーさせた聖ベルナルディーノは、サッセッタから助言を求められたならばこの壁画を見よとのみ答えたであろうか。

　ベルナルディーノは、聖フランチェスコについて次のように述べていた。

> "Caput autem eius, et capilli erant candidi tanquam lana alba et tanquam nix.
> El capo suo e' capelli erano candidi e bianchi come è la lana e come è la nieve"

　　その頭、その髪の毛は、白い羊毛に似て、雪のように白く…

（「黙示録」1:14）

　これは、ウルガタ聖書のラテン語およびトスカーナ方言の綴りによるイタリア語で示された黙示録第1章14節からの引用である。ベルナルディーノは、1427年夏にシエナのカンポ広場で行った一連の説教の中で、その黙示録第1章14節を何度となく引用して、聖フランチェスコの姿を述べたのである[34]。その箇所は、「人の子のような方」（「黙示録」1:13）を描写した箇所である。常にキリストと同一視されてきたこの名高い「人の子のような方」として聖フランチェスコの姿を記述するベルナルディーノの姿勢には、聖フランチェスコを「もう一人のキリスト」alter Christ とみなす考え方が根底にある。その黙示録の一節は「顔は照り輝く太陽のようであった」（1:15）という文章で閉じられる。彼は、聖なる肉体が、そして特に聖フランチェスコの頭部がこのように輝きを

持つことについて何度となく説教の中で言及しているのである。

6　聖ベルナルディーノと光

　聖ベルナルディーノは、自身の説教の原著として、*opera omnia* を執筆した。その中には彼自身による光の理解が多くの引用を通して示されている。彼の考え方は極めてアナロジカルである。すなわち、聖性は光の比喩を用いて語られた。聖なる肉体は輝いており、その輝きの強さは、魂の聖性いかんによって異なるというのである。

　　また、『命題集』の著者〔ペトルス・ロンバルドゥス〕が第 49 区分で述べたように、肉体の明るさは、魂の栄光の相違に応じて異なるものであろう。これはたしかに理に適っている。というのも、すでに述べたように、明るさは魂の幸いなる状態の明るさから肉体へと溢れ出るであろうから。それゆえ、キリストの魂の幸いなる状態が他の一切の魂の幸いなる状態に優るのに比例して、そのようにまたキリストの肉体の光は、いかなる幸いなる者に将来生じうる光をも凌駕し優っている。それゆえ、使徒の上述の言葉に、「キリストの肉体の明るさは、太陽の明るさに比肩しうる」とあるわけだ。これは、「わが名を恐れる者たちには義の太陽」——これ即ちキリストのことであるが——「が昇るであろう」という、かの「マラキ書」4:2 の言葉に沿ったものである。[35]

　ベルナルディーノによれば、祝福された肉体は、四つの賜物（*claritas, subtilitas, impassibilitas, agilitas*）を与えられており、その第一が *claritas*（輝き）であった。聖なる肉体は、輝いていなければならない。その肉体の輝きを説明するために、ベルナルディーノは、イスラームの大学者アヴィセンナ（イブン・スィーナー）によるその光の三区分を持ち出した。

だが、もし誰かが「先に持ち出されたグレゴリウスの言葉によると、祝福された肉体は通過可能な色ガラスとなり、それと同時に、その肉体は輝くものとなるだろう」と反論するならば、「それは奇妙に思える」と私は答えよう。というのも、アヴィセンナ『自然学』第4巻（『魂論』第3部第1章）にしたがえば、lumen と lux と color の受容体はそれぞれ異なっており、誰かあるいは何かが lux と lumen を受容することは、lux と color を受容することに劣らずありえないことである。というのも、lux を帯びるものは不透明であり、密なものである一方、lumen を帯びるものは通過可能なものであるからというのである。そしてそれゆえ、幸いなる者の肉体が輝くとしても、通過可能である必然性はないし、その肉体を通して何か物体が眺められる必然性もないと思われる。ところで、色を帯びるものは密なものである。なぜなら、色は画定された透明なものにおいてのみ存在するからである。それゆえ、幸いなる者の肉体は輝いて lumen を帯びている［luminosum］というより、輝いて色づいているという可能性の方がありそうである。[36]

　すなわち、光の種類は、それを受容する側の性質によって異なり、聖なる肉体は目に見えるが故に、つまり透明ではないが故に、*lux-lumen* ではなく、*lux-color* を受容するというのである。lux と lumen の相違は次のように理解されていた。

　　lux は本来、発光体の源泉においてある一方、lumen は、lumen を受容しうるディアファヌス即ち透明なもの——例えば空気——における明るさである。それゆえ、神性はその実体において lux である。[37]

　lux は、光源の中にある、あるいは光源そのものであり、したがって

聖性は、lumen ではなく lux でなければならない。さらに光の三区分に
ついては以下のように理解されていた。

> そこからして、アヴィセンナ『自然学』第 6 巻によれば、これら三
> 者、つまり lux と color と lumen は区別される。というのも、色は視
> 覚対象を画定し、画定された物体における以外は決して存在しない
> のであるし、lux は太陽のうちにあり、lumen は透明なものとして
> の媒体のうちにあるからである。[38]

lux は太陽の中にある、という以上の文章と、先に引用した文中の
「キリストの肉体の明るさは、太陽の明るさに比肩しうる」[39] という文章
を読み合わせるならば、論理的には、キリストの肉体は太陽のように輝
き、lux を発している、あるいは lux そのものだということになる。そ
して、ベルナルディーノはキリストの肉体が他のいずれの魂をもつ肉体
よりも明るく輝くと記していながら、同時に何度となく聖フランチェス
コについては「顔は照り輝く太陽のようであった」（「黙示録」1:15）と描
写するのである。

まだ暗いうちに太陽のように輝き、周囲のラヴェルナ山を山火事にあ
ったかのように明るく照らしたセラピムにして磔刑のキリストから発し
た lux を受けた聖フランチェスコの頭部は、同じく太陽のように輝いて
いた、と理解したならば、画家は円光に包まれた聖人の頭に影を与える
ことをためらったのではないか。それは、キリストと同じだけ明るく輝
くという、完璧なキリストとの一致を意味し、聖ベルナルディーノの
「もう一人のキリスト」alter Christus という思想の体現ではなかったか。
ちょうど血の痕も生々しい十字架を地上に残して中空に昇ったキリスト
を描いたように、ここには画家が理解した聖ベルナルディーノの思想が
表されていると思われてならない。

以上は、あくまでベルナルディーノのテクストを読み込み、画家の立場で考えたときに論理的に推論できることを記したに過ぎない。実際には、ベルナルディーノのテクストは一見極めて論理的な展開の中に、多くの矛盾や飛躍を含んでいる。彼はのちの科学につながる光学や視覚論自体を記述したのではない。あくまで宗教家らしく聖性を述べるために光の比喩を多用したのである。ここで重要なことは、第一に、ベルナルディーノの説教やそれをもとに彼自身がラテン語で編み直した著作の中に、今まで美術史家がほとんど利用してこなかった多くの光に関する記述が含まれていること。第二に、著作自体はラテン語であるが、そのもととなったのは俗語によって大衆の前で行った説教であり、大衆と共に画家もその内容を理解できたということである。

　そこに画家サッセッタが、なぜ晩年になって初めて明確な投影を描き、それが画面内に光源であるキリストが描かれた《聖痕を受ける聖フランチェスコ》でなければならなかったのか、という答えがあるのではないかと考えた。この場面にのみ投影を付した画家サッセッタにとって、投影があくまで忠実な自然観察の結果ないし、純粋な造形上の工夫ということにはならないことは明らかなのである。

注

1　拙論は、基本的に以下の書物に収録された英語による論文を翻訳し、さらに加筆・訂正を施したものである。Koichi Toyama, "Light and Shadow in Sassetta: The *Stigmatization of Saint Francis* and the Sermons of Bernardino da Siena," in *Sassetta, The Borgo San Sepolcro Altarpiece*, ed. Machtelt Israëls, Villa I Tatti, The Harvard University Center for Italian Renaissance Studies, Florence and Primavera Press, Leiden, 2009, pp. 305–318. さらに、サッセッタのサンセポルクロ両面祭壇画の再構成に関わるプロジェクトについては、以下に詳しく述べた、遠山公一「サッセッタ《サンセポルクロ両面祭壇画》」『イメージの探検学II　祭壇画の解体学、サッセッタからティントレットへ』遠山公一責任編集、ありな書房、2011年、7–57頁。

2　Julia Isabel Miller, *Major Florentine Altarpieces from 1430 to 1450*, Ph.D. dissertation, Columbia University, 1983. 同研究は、主要祭壇画におけるキアロスクーロのシステムについて纏めた重要な文献である。より全般的哲学的な総論としては、ヴォルフガング・シェーネ『絵画に現れた光について』下村耕二訳、中央公論美術出版（Wolfgang Schöne, *Über das Licht in der Malerei,* Berlin, 1954）を見よ。ここでシェーネは中世から 20 世紀美術に至る「絵画に現れた光」を「画中光 Bildlicht」とし、それが自発光 Eigenlicht から照明光 Beleuchtungslicht へと変化したと論ずる。

3　Miller, *op.cit,* p. 37.

4　すでに板絵でも、ジョットがパドヴァに旅立つ前に制作されたと一般に見なされている《聖フランチェスコの聖痕》（現ルーヴル美術館）および《バディア祭壇画》（現ウフィツィ美術館）において、前者が向かって右上からの光、後者が向かって左上からの光を想定して陰影がほぼシステマティックに描かれていることが確認出来る。スクロヴェーニ礼拝堂壁画においても、祭壇壁面や正面裏面壁面においては、かなり複雑な光の照射の方法が用いられている。

5　光の表出としての金の使用に関する文献を挙げておく。Dominic Janes, *God and Gold in late Antiquity*, Cambridge, 1998, in part., "The taste for brilliance," pp. 139–169; Louis Heidmann Shelton, *Gold in Altarpieces of the Early Italian Renaissance: A Theological and Art Historical Analysis of its Meaning and of the Reasons for its Disappearance,* Ph.D. dissertation, Yale University, 1987.

6　《アルテ・デッラ・ラーナ祭壇画》のオリジナルの設置場所に関しては、メヒテルト・イスラエルスが繰り返して、シエナのアルテ・デッラ・ラーナ（絹織物組合）・パラッツォ内部の架設のアルマーディオ（櫃）に収められていたと主張している、Machtelt Israëls, "Altars on the Street. The Wood Guild, the Carmelites and the Feast of Corpus Domini in Siena (1356–1456)," in *Beyond the Palio. Urbanism and Ritual in Renaissance Siena*, ed. by P. Jackson, F. Nevola, *Renaissance Studies* 20, no.2, 2006, pp. 180–200; id., "C. 17 Stefano di Giovanni detto il Sassetta," in *Da Jacopo della Quercia a Donatello: Le arti a Siena nel Primo Rinascimento,* catalogo della mostra tenutasi a Siena (2010), a cura di Max Seidel, Milano, 2010, pp. 222–31. この中でイスラエルスは、シエナのカルミネ聖堂内（Gordon Moran, "The Orginal Provenance of the Predella Panel by Stefano di Giovanni (Sassetta) in the National Gallery of Victoria – a Hypothesis," *Art Bulletin of Victoria* XXI, 1980, pp. 33–36）あるいはシエナのサン・ペッレグリーノ聖堂内（Creigton Gilbert, "Some Special Images for Carmelites, circa 1330–1430," in *Christianity and the Renaissance. Image and Religious Imagination in the Quattrocento,* ed. by T. Verdon, J. Henderson, New York, 1990, pp. 159–207）という従来の説を否定している。

7 このシエナ大聖堂のための祭壇画のオリジナルの設置場所に関しては、cf. Machtelt Israëls, *Sassetta's Madonna della Neve: An Image of Patronage*, Leiden, 2003, pp. 39–48.

8 James R. Banker, "The Program for the Sassetta Altarpiece in the Church of S. Francesco in Borgo San Sepolcro," *I Tatti Studies* IV (1991), pp. 11–58

9 Cecil Gould, "On the Direction of Light in Italian Renaissance Frescoes and Altarpieces," *Gazette des beaux-arts* xcvii (1981), pp. 21–25.

10 拙論「両面祭壇画」『伝統と象徴——美術史のマトリックス』前田富士男編、沖積舎、2003 年、23-53 頁。

11 ミラーは、フィレンツェにある両面祭壇画あるいはトスカーナ周辺出身の画家による両面祭壇画の大部分が、画面向かって左からの光を想定して両面とも陰影が付されていることを指摘していた。例えば、ドゥッチョ《マエスタ》(1308–11, シエナ大聖堂付属美術館ほか)、ジョット (工房)《ステファネスキ祭壇画》(1330 年代、ヴァチカン美術館)、ギルランダイオ《サンタ・マリア・ノヴェッラ祭壇画》(現ミュンヘン、アルテピナコテークほか蔵)、ペルジーノとフィリッピーノ・リッピ共作による《サンティッシマ・アヌンツィアータ主祭壇画》(現フィレンツェ、アカデミア美術館蔵) など、Miller, *op.cit.*, pp. 37–39. さらにミラーは、両面で反対側からの光、従って裏表を鑑みれば両面とも同一の南からの光を受けると想定して描かれている唯一の例としてサッセッタの《サンセポルクロ両面祭壇画》を挙げている、Miller, *op.cit.*, pp. 229–230. とはいえ、ペルジーノによる《サンタゴスティーノ両面祭壇画》に関する近年の複数の再構成の中で、マルチェッリの説に従うならば、この両面祭壇画も両面が南からの光を受けて造形されていることを述べなければならない、cf. Fabio Marcelli, "Pietro Perugino: il politico degli Agostiniani di Perugia : proposte per la ricomposizione e la lettura iconografica," *Commentari d'arte* IV (1998), pp. 111–116.

12 この点に関して、唯一指摘しているのは、やはりミラーである、cf. Miller, *op. cit.*, pp. 230–232. 彼女は、このように統一した造形的な陰影の方向を示した中で、例外的な箇所があるならば、そこには特に象徴性を与えられていると重要な指摘をしている.

13 特にフラ・アンジェリコについては、以下の拙論を参照されたい、Koichi Toyama, "Note on Fra Angelico's Rendering of Light and Shadow," *Series of Advanced Study of Logic and Sensibility*, vol. 2 (2008), pp. 331–340; 遠山公一「祭壇画の伝統と革新——フラ・アンジェリコ作《ペルージア祭壇画》」『イタリア学会誌』第 60 号 (2010): 135–153 頁 & 214–215 頁。

14 Lucciano Bellosi (a cura di), *Pittura di Luce: Giovanni di Francesco e l'arte fiorentina di metà*

Quattrocento, catalogo della mostra tanutasi a Casa Buonarroti, Firenze, Milano, 1990.

15 ジョヴァンニ・ディ・パオロが夜あるいは夕方、もしくは明け方と見なされうる場面を描いた《キリストの埋葬》(1426 年、ボルチモア、ウォータース美術館)、cf. Millard Meiss, "Some Remarkable Early Shadows in a Rare Type of Threnos," in Antje Kosegarten and Peter Tigler, eds., *Festschrift Urlich Middeldorf,* Berlin, 1968, pp. 112-118; Federico Zeri, *Italian Paintings in the Walters Art Gallery,* 2 vols. Baltimore, 1976, vol. I, pp. 118-121, pl. 61. および《エジプト逃避》(1436 年、シエナ国立絵画館蔵)、cf. Koichi Toyama, "La Fuga in Egitto di Giovanni di Paolo riesaminata: luce, ombre portate," *Bullettino senese di storia patria* CIII (1996), pp. 477-490；遠山公一「ジョヴァンニ・ディ・パオロ《エジプト逃避》(シエナ国立絵画館蔵) について」『女子美術大学紀要』第 25 号、17-30 頁、平成 7 (1995) 年 3 月。後者の作品の制作年代に関しては、異論が提出されている、cf. Dòra Sallay, "C. 13 Giovanni di Paolo," in *Da Jacopo della Quercia a Donatello: le arti a Siena nel primo Rinascimento,* Catalogo della mostra tenutasi a Siena (26 marzo –11 luglio 2010), a cura di Max Seidel, Milano, 2010, pp. 210-213.

16 ジョヴァンニ・ディ・パオロが言説 (テクスト) に従って例外的に影を描いたことは、ダンテの『神曲』挿絵 (Yates-Thompson 36, ロンドン大英博物館蔵) の二枚の挿絵に準拠する：fol. 132r「天国編 20」(月の影が地球に射す日食)、cf. John Pope-Hennessy, *Paradiso: The Illuminations to Dante's Divine Comedy by Giovanni di Paolo,* London, 1993, p. 75 及び fol. 190r「天国編 33」(アルゴ号の影)、cf. John Pope-Hennessy, *ibid.,* pp. 188-201.

17 ドメニコ・ディ・バルトロとヴェッキエッタに関しては、両者をシエナにおいて新たな写実主義的傾向をもった作家であるとポープ゠ヘネシーが見なして以来、二人のフィレンツェ経験が大いに議論されてきた、cf. John Pope-Hennessy, "The Development of Realistic Painting in Siena," *The Burlington Magazine* LXXXIV-LXXXV, 494 (1944), pp. 110-129; 495 (1944), pp. 139-145. ヴァザーリによれば、ドメニコは 1436 年頃にフィレンツェのサンタ・マリア・デル・カルミネ聖堂主祭壇画を制作した、cf. Giorgio Vasari, *Le Vite* [1568], ed. Gaetano Milanesi, Firenze, 1906, vol. II, p. 41. ヴェッキエッタに関しては、1430 年代にマゾリーノに伴われて、ブランダ・カスティリオーネ枢機卿のために北伊のカスティリオーネ・オローナでコッレジャータの内陣装飾および枢機卿館の装飾を行ったと考えられる、Keith Christiansen, Laurence B. Kanter, and Carl Brandon Strehlke, *Painting in Renaissance Siena: 1420–1500,* exh. cat. (The Metropolitan Museum of Art), New York, 1988, p. 15.

18 ドメニコ・ディ・バルトロ作《謙譲の聖母》については、Carl Brandon Strehlke, "La 'Madonna dell'Umiltà' di Domenico di Bartolo," *Arte cristiana* LXXII (1984), pp. 381-390.

19 この《玉座の聖母》に関しては、ヴァザーリの言うフィレンツェ、サンタ・マリア・デル・カルミネ聖堂の主祭壇画の一部であるとシュトレールケが推測している、Carl Brandon Strelke, *Italian Paintings 1250–1450, in the John G. Johnson Collection and the Philadelphia Museum of Art*, Philadelphia, 2004, p. 120. 筆者は、2003 年に所蔵場所であるプリンストン大学美術館において、同美術館のノーマン・ミュラー氏立ち会いの下で、詳細な調査を行った。その報告は、Koichi Toyama, "Cast Shadows in Siena: The Case of Domenico di Bartolo I", *CARLS Series of Advanced Study of Logic and Sensibility*, vol. 3 (2009), pp. 235–247 を見よ。

20 ドメニコ・ディ・バルトロの投影表現全般に関しては、*Ibid,* Koichi Toyama さらに同画家がシエナ大聖堂聖具室内に描いたシエナ守護聖人伝壁画における投影表現については、Koichi Toyama, "Cast Shadows in Siena: The Case of Domenico di Bartolo II," *CARLS Series of Advanced Study of Logic and Sensibility*, vol. 4 (2010), pp. 289–302.

21 ダンテ『神曲』に表明された影についての考えは、美術史研究においては、次の二著において的確に論じられている、ヴィクトル・I・ストイキッツァ『影の歴史』岡田温司・西田兼訳、平凡社、2008 年、57–59 頁（Victor I. Stoichita, A Short History of the Shadow, London, 1997, pp. 44–46）およびハンス・ベルティンク、「イメージと影──ダンテのイメージ論とその芸術論への変容」『イメージ人類学』所収、仲間裕子訳、平凡社、2014、243–271 頁。これらの議論は、肉体を持たない霊魂（ウェルギリウス）が影を投じず、半透明の存在（diaphanous）と規定している。換言すれば、影は生命の証しであり、物理的な存在である肉体のみが影を生じる事実を歌っている。これは、エティエンヌ・ジルソンの研究を基礎とする：Étienne Gilson, "Qu'est-ce qu'une ombre? (Dante, Purg. XXV)," *Archives d'histoire doctrinal et littéraire du Moyen-Age*, Librairie Philosophique J. Vrin, t. XXXI (1965), Paris, pp. 71–93, ripr. in *Dante et Béatrice: Études dantesques*, Paris, 1974, pp. 23–45. ダンテの光学についての広範な議論については、藤谷道夫「『神曲』における光学から神学への変容──浄罪篇第 15 歌」所収『イタリア学会誌』第 49 号 (1999)、36–64 頁; Simon A. Gilson, *Medieval Optics and Theories of Light in the Works of Dante*, Lewiston-Queenston-Lampeter, 2000 を参照。

22 "I Fioretti di S. Francesco, Della terza consultazione delle sacre sante Istimate," in *Fonti Francescane,* ed. by E. Caroli, 4th ed. Padua, 1990, p. 1593. これは『聖フランシスの小さき花』に含まれる「聖痕に関する第三の考察」の冒頭、「第三の考察では、セラフ（熾天使）の現われと、聖痕の印刻が語られます。この考察は、九月十四日の、十字架の称賛の祝日が近づいたある夜、兄弟レオがいつものように、聖フランシスコと一緒に「朝の祈り」を唱えようと、自分の住まいから出かけるところから

始まります。」石井健吾編訳『聖フランシスの小さき花』あかし書房、昭和57年、186頁。

23 遠山公一「祭壇画の伝統と革新——フラ・アンジェリコ作《ペルージア祭壇画》」前掲書（注13）。

24 Cf. André Chastel, "La conjuncture des années 1438–1440 à Florence: Domenico Veneziano et Piero della Francesca," chap. III in *Chronique de la peinture italienne à la Renaissance 1280–1580*, Paris, 1983, pp. 70–85.

25 H.B.J. Maginnis, "Cast Shadow in the Passion Cycle at San Francesco, Assisi: A Note," *Gazette des beaux-Arts* 77 (1971), pp. 63–64.

26 ジェンティーレ・ダ・ファブリアーノがシエナに滞在したのは、カンポ広場に位置する公証人の館外壁の《聖母子と諸聖人》（失）制作のためにシエナに家を借りたことが分かっている1425年とされてきたが、1423年6月から8月にかけてすでにシエナに滞在していたことが判明した。Cf. Gabriele Fattorini, "Gentile da Fabriano, Jacopo della Quercia and Siena: the 'Madonna dei banchetti'," *The Burlington Magazine* CLII (March 2010), pp. 152–161. ジェンティーレの《聖痕を受ける聖フランチェスコ》に関しては、現在ゲッティ美術館が所蔵する《聖母被昇天》と共に行列用の聖旗の表裏をなすと見なされているが、クリスチャンセンは1420年から滞在しているフィレンツェで制作された可能性を主張している、cf. Keith Christiansen, *Gentile da Fabriano,* Ithaca, N. Y., 1982, pp. 93–96. もっともアントーニオ・ダ・ファブリアーノによる忠実なコピーの存在から、ファブリアーノで制作された可能性もある。

27 熾天使にして磔刑のキリストと聖フランチェスコの聖痕を繋げる光線の表現に関しては、Chiara Frugoni, *Francesco e l'invenzione delle stimmate: una storia per parole e immagini fino a Bonaventura e Giotto,* Torino, 1993, pp. 203–232. 次の文献も見よ、佐々木英也『聖痕印刻　ジョットの後期壁画をめぐって』中央公論美術出版社、1995年。

28 ピエロ・デッラ・フランチェスカ《聖アントニウス祭壇画》（ペルージア、ウンブリア国立美術館）、ジョヴァンニ・ベッリーニ《ペーザロ祭壇画》（ペーザロ市立美術館）、マルコ・ゾッポ《ペーザロ祭壇画》（ボルティモア、ウォータース美術館）、ヴィンツェンツォ・フォッパ《サンタ・マリア・デッレ・グラツィエ祭壇画》（ミラノ、ブレラ絵画館）などにも見られる。サッセッタは完全にキリストと聖フランチェスコの間を結ぶ光線を排除したのではなく、両者の傷には光線の先端だけがわずかに印されている。

29 "I Fioretti di S. Francesco, Della terza considerazione delle sacre sante Istimate," in *Fonti Francescane,* ed. by E. Caroli, 4th ed. Padua, 1990, pp. 1597–98. 問題の箇所の和訳は、「こ

のふしぎな現れの間、近くの山や谷はむろんのこと、そこにあるどんな小さな物も明らかにせずにおかない、真昼の陽光よりも明るい、強烈な炎の輝きによって、アベルナ山の全容が、夜目にもあざやかに浮き上がり、まるで大火事のように眺められました。」石井健吾訳、前掲書、192 頁。

30 Rachel Billinge, "The Stigmatization of Saint Francis," in ed. Machtelt Israëls, *op.cit.*, pp. 505–509 (注 1)；id., "Some Panels from Sassetta's Sansepolcro Altarpiece' revisited," *National Gallery Technical Bulletin*, vol. 30 (30th Anniversary volume), 2009, pp. 8–25, in part., p. 14.

31 Enzo Carlì, "Luoghi ed opera d'arte senesi nelle prediche di Bernardino del 1427," in *Bernardino predicatore nella società del suo tempo: XVI Convegno internazionale di studi*, Todi, Accademia Tudertina, 9–12 ottobre 1975 (Todi, 1976), pp. 153–182; Lina Bolzoni, *The Web of Images: Vernacular Preaching from Its Origins to St. Bernardino da Siena,* Aldershot, 2004, pp. 117–195 (リナ・ボルツォーニ『イメージの網　起源からシエナの聖ベルナルディーノまでの俗語による説教』石井朗・伊藤博明・大歳剛史訳、ありな書房、2010 年、161–267 頁)。

32 この現在失われたサッセッタによる《聖母被昇天》(ベルリン、元カイザー゠フリードリヒ美術館、1945 年消失) については、cf. Machtelt Israëls, "Painting for a Preacher: Sassetta and Bernardino da Siena," in ed. M. Israraëls, *op.cit.*, pp. 121–139 (注 1).

33 原文 "Ha'lo tu veduto colà a casa in Capitolo? Io non so chi vel dipinse; ma chi 'l dipinse, per certo elli speculò prima molto bene innanzi che elli il dipegnesse. Elli il fece per modo che apare bene, che elli sia fuore di sé e tutto in Dio transformato"; Bernardino da Siena, *Prediche volgari sul Campo di Siena: 1427,* ed. Carlo Delcorno, 2 vols, Milano, 1989, vol. II, p. 929 (predica XXXII), 訳文は、リナ・ボルツォーニ、前掲書、187 頁。

34 Bernardino da Siena, *op.cit.* ed. C. Delcorno, vol. II, pp. 1317, 1330, 1343. 同様の考えは、説教の原本として自ら纏めたテクストの中でも確かめられる。id. *Opera Omnia*, eds. P. Pacifini, M. Perantoni & PP. Collegii S. Bonaventurae, Firenze, 1950–65, vol. V, 1956, p. 192; vol. IX, 1965, p. 40.

35 原文 "Sicut etiam dicit Magister Sententiarum, dist. 49, erit claritas corporum differens secundum differentiam gloriae animarum. Quod quidem rationabile est ; nam ex claritate beatitudinis animae in corpus claritas redundabit, sicut iam dictum est. Propterea secundum proportionem qua beatitudo animae Christi excedit cuiuslibet alterius animae beatitudinem, sic et lux corporis Christi lucem futuram in quocumque beato superat et excedit. Unde in praedicto Apostoli verbo […] claritas corporis Christi claritati solari assimilatur, iuxta illud Mal. 4, 2 : Vobis timentibus nomen meum orietur Sol iustitiae, id est Christus" ; *Opera Omnia, opus.cit.*, vol. II. 1950, pp. 425–426. このベルナルディーノの文章の典拠は、13 世紀のスコラ哲学

者ミドルトンのリチャード（Richardus de Mediavilla, ca.1249–ca.1308）の *Questiones in libros Sententiae*（IV : 4, dist. 49, p. 6）である。翻訳に際して、オックスフォードの古典学者ホルフォード＝スティーヴンス氏及び元同僚の堀江聡氏のお世話になった。ここに記して感謝する。以下のベルナルディーノによるテクストとサッセッタの絵画の関係については、Koichi Toyama, "The Headless Cast Shadow: Cast Shadows in 15th Century Sienese Painting and the Case of Sassetta's Stigmatization of St. Francis," *Zeitschrift für Kunstgeschichte* 69, no.4（2006）, pp. 531–540.

36 原文 "Si quis autem obstet quod, secundum dictum Gregorii superius allegatum, corpus beatum pervium erit et coloratum vitrum, et cum hoc corpus illud erit lucidum, dico quod mirabile videtur. Nam, secundum Avicennam, VI Naturalium（De Anima, pars 3, c. 1）, lumen, lux, et color habent diversa receptiva, et minus potest aliquis vel aliquid esse receptivum lucis et luminis quam lucis et coloris, quia susceptivum lucis est opacum et densum, susceptivum autem luminis est pervium. Et ideo si corpora beatorum lucida sunt, non videtur quod pervia esse debeant, neque quod per illa videri possit aliquod corpus. Susceptivum autem coloris est desum, quia color non est nisi in perspicuo terminato. Ideo magis videtur possibile quod corpus beati lucidum sit et coloratum quam sit lucidum et luninosum"; Bernardino da Siena, *ibid*, vol. II 1950, p. 411. 翻訳は、堀江聡氏。

37 原文 "Lux proprie est in fonte corporis luminosi, lumen vero est claritas in perspicuo diaphano luminis riceptivo ut aëre. Divinitas ergo est lux in sbstantia sua"; Bernardino da Siena, *ibid*, vol. IV 1959, p. 159. 翻訳は、堀江聡氏。

38 原文 "Unde, secundum Avicennam, VI Naturalium, ista tria distincta sunt: lux, color et lumen. Color enim teminat visum et numquam est nisi in corpore terminato. Lux enim est in sole et lumen in medio, ut in perspicuo; " Bernardino da Siena, *ibid,* vol, II, 1950, p. 411. 翻訳は、堀江聡氏。

39 注 35 参照。

第 Ⅲ 部

伝統の継承と刷新

東方キリスト教圏の光に関する
体験的言説とその特質

谷　寿美

はじめに

　キリスト教世界で光が神的な実在に伴っての欠くべからざるメタファーであり続けてきたことは言うまでもないが、同じキリスト教圏でも西方教会で伝えられてきたその表象の様式と、東方で語り継がれてきたものとでは、同一面を備えつつもまた相違が微妙にあることは想像に難くない。教理面の差異から分裂状態を継続してきた両教会ではある。一方のカトリック、プロテスタントの西方の諸教会においては、各時代に輩出してきた神秘家たちの光の体験について、従来から多くの資料文献が整えられてきており、既に綿密な研究も蓄積されてきている。しかし東方については、師から弟子へ、直に個々に伝えられる内的体験を重視してきたその霊性からすれば、外部世界に向けての発信量はやはり西方に比せば圧倒的に少ないと言わざるをえない。本稿では、従って、東方の諸教会の中でも、単性論の諸教会以外の、西方と同様キリスト両性説を奉じてきた東方正教会における光の経験の伝承と、その継承下に19世紀において尚ロシアで語り出されてきた言説を含め、古今にわたる数例を挙げて、そこに底流として流れ続ける特質を検証することを試みてみ

たい。

　具体的にはギリシア正教会については、10世紀後半にストゥディオ
ス修道院を経て聖ママス修道院長として修道士たちを指導した新神学者
シメオン、そのビザンティンの伝統を11世紀以降継承したロシアにつ
いては、その地で最も敬愛される聖人の一人、サロフの聖セラフィム
(1759年–1833年)、彼らを抜きにしては東方の光の霊性について語ること
はまず不可能である。その二者に典型的に見られる正教会の神学的伝統
を踏まえた上で、そこからは若干それるものの、先人との同質性は否め
ない19世紀末の哲学者ウラジーミル・ソロヴィヨフやパーヴェル・フ
ロレンスキー（1882年–1937年）らの光に関する言明を幾つか紹介するこ
とでその特徴を見ていきたいと考えている。

1　新神学者シメオン（949年頃–1022年）

　「神学者」の尊称で呼ばれるのは、まずは福音書記者のヨハネ、続く
四世紀のナジアンゾスのグレゴリオス、そして新神学者シメオンの三者
のみと東方正教会はみなしてきた。そのギリシア語圏の伝統で理解され
てきたテオロギア、神学は、啓示を理論的に解釈し表現する知的営為と
いうより、むしろ知解に先立っての心身の修練を通し、その極みに会得
された境地が祈りの実践と共に伝えられていった神秘思想としてのテオ
ロギアといえる。全身全霊をもって体得されるしかなく一般的に共有さ
れることが困難な地平のゆえに、最後の神学者とみなされるシメオンに
ついても、彼の霊性の具体について語り残されてきたのは彼自身のわず
かな証言と弟子による伝記の中の記述のみである。それでも、20世紀
に入って仏語圏を中心にテクスト・クリティークが進み、ワシーリー・
クリヴォシェイヌ（1900年–85年)[1]らによる批判校訂本の出版や研究が
進んできている[2]。本章ではそのような仏語訳に依拠して、まずは『教
理講話』の中で、一修道士の体験として新神学者シメオン自身が語った

「光の中の法悦」の第16章の一部を見ていく。

　　私が師から聞いていたのは、奮闘努力する人々に天から遣わされる
　　神的な照明のこと、また光が満ち溢れ、それを介して人が神にまみ
　　えることについてでした。しばしばそのことが語られるのを聞きな
　　がら私は驚嘆していました。それで私の欲求と情熱はそうした善き
　　ものへと向けられ、〔…〕食べ物も飲み物も、身体を満足させるあ
　　りとあらゆる種類のことまでも忘れ去るようになっていました。[3]

　師というのは十代半ばにストゥディオス修道院で出会った敬虔者シメ
オン（987没）のことで、その「聖人にも等しい尊敬すべき師父」に導か
れて、神の不可視の事柄を観想することへの願いに生きるようになって
いた若きシメオンにやがて想像を絶する体験が訪れる。

　　私はそれ故いつも祈りを捧げる場所に入り、« Agios o Theos » と唱え
　　始めました。聖者〔敬虔者シメオン〕の言葉を思い起こした時、突然
　　涙が溢れ出し、神の愛が爆発するように示されました。その時私が
　　得た歓びと喜悦は言葉では言い表せません。即座に地にひれ伏した
　　私が見たものは、一つの巨大な輝く光であり、それは知的に私を照
　　らし、同時に私の知性全体と魂をそれへと引き寄せていました。思
　　いもかけない驚くべきその出来事は私を驚愕させ打ちのめし、我を
　　忘れさせるかのようでした。茫然自失としていただけではなく、自
　　分のいる場所もどのような局面にいるのかも忘れて « Kyrie eleison »
　　と叫んでいました。気を取り直した時、自分がそれを繰り返してい
　　ることに驚いたのです。が、語った者が誰であったのか、父よ、あ
　　るいは私の口を動かしてくれたのが誰であったか私は知りません。
　　そのことは神がご存知です。そう、身体の内であれ、外であれ、私
　　がこの光とまみえ語らったことは光自身が知るところです。[4]

新神学者シメオンには主要な神秘体験が二度あったと伝えられるが、上の証言は修道院に入る前の経験に関するものとみなされている。修道生活に入る前からここに見られるような圧倒的な光の体験に参入させるきっかけとなったのが先の同名の師父の言葉であったとすれば、師に対する深い敬愛の念、尊崇の念が終生続いたことは容易に想像できるが、そのことを裏付けるようなエピソードが新神学者シメオンの弟子ニケタス・ステタトス（1005年頃–90年頃）の手になる伝記中に伝えられている。

　　ある夜、彼〔シメオン〕が祈りの内にあって、その純化された知性が原初の英知と一体化していた時のこと、天の高みから突然明るく射し込まれた一つの光を彼は見た。それは巨大で純粋な光であり、全てを照らし出し、太陽のごとく輝きを放っていた。その光に照らされて彼の僧房も住まいの全体も消え失せ、瞬く間に無と化したかのようであった。〔…〕この光の中で彼は見る力を受け取ったのであるが、そこで彼が目にしたものは、天の高みの方に現れた密雲のようなもの、形なく輪郭もないが光り輝く熱い雲であって、それは神のえも言われぬ光輝に満ち満ちていた。この雲の右の方にストゥディオスの師父シメオンが普段身に着ける習慣としていた衣服を着て立っていることに彼は気づいた。師父はこの光をじっと見つめ、いささかも気をそらすことなくその光に祈りを向けていた。後に彼が語ったことによれば、このように法悦の内にかなりの時が経っていたが、自分がその時身体の内にあったのか、外にあったのかわからなかったという。[5]

　新神学者シメオンが照明体験に際し、ただ一人で光にまみえたのではなく、師父もまたその場にあることを視野に容れつつ光を感得していることは留意すべき点かと思われる。それは弟子がシメオンから聞かされ

た事柄であるが、シメオン自身の『教理講話』の前述の文章に続く内容からは、一人が視野に入るというより、光の内に「全被造物」が、「全て」が現れ示されたことが伝えられている。

　　それは顕現すると人を喜ばせ、隠れると傷つけます。それは私に近しいものとなって、私を諸天の内に運びます。それは真珠です。私が包まれる光であり、輝く巨星のように私に出現しますが、また全ての人に不可知のまま留まっています。それは太陽のように光を放ち、そこに私は神の全被造物が含まれていることを、つまりそれが内容としているもの全てを私に示すのです。そして、それは私に私の固有な限界を大切にするよう命じます。私は屋根の下にあって壁の中に閉じ込められていますが、それは私に諸々の天界を開いてみせます。私は目を上げて、かしこの高みの諸々の実在を感覚でわかるほどにもはっきりと見つめます。すると、全ては最初からあったかのように私に現れるのです。[6]

　シメオンを包み込んだその光が「そこに神の全被造物が含まれていることを」彼に示すべく「出現し」つつも、また「全ての人に不可知のまま留まっている」とされている点は興味深い。つまり何らか現象し顕現するその光がまた現象性を超えて全くの不可知であり超越的であるという逆説的事態が語られているからである。太陽のように輝いて「それが内容としている全て」を彼に示すものが、また人には不可知のまま留まるという二律背反は、「全」と超越的「一者」の問題とも言い換えられようが、それはヘブライ的精神の支柱にギリシア的思惟の結実が豊かにまとめ上げられての初期キリスト教以来、ギリシア教父及び彼らに連なる神学的追究、ことにディオニュシオス・アレオパギテースにおいては顕著に論じられた問題であったといえる。それはまた 14 世紀に東方で改めて顕在化した神学的論点とも連なるものであろう。つまり神のエネ

ルゲイアが被造世界において内在的に働く側面と、不可知で超越的なウシアとしての神の側面を見分けて、前者のエネルゲイアとしての神のこの世界での働きに人は触れ得るとする視座である。語るべき事柄の多いこの方面には今踏み込むことができないが、その問題は19世紀以降のロシアの宗教哲学者たちがこぞって問題としてきた「全一性」のテーマとも直接関わるため、後で 某 かでも触れることができればと思う。

　今はただ新神学者シメオンが自らに顕現した神的全一的な「それ」について、キリスト等の何らか限定的な呼称で呼びかけたり名づけたりはしていないということ、光が一義的にキリストとのみ断定されていない[7]ことにのみ留意しておきたい。前述のディオニュシオス文書に代表されるような東方に際立つ否定神学的姿勢の尊重と理解してもよいのかもしれないが、ともあれ、名付け難くも現出した神的なそれをただ「光」として語り出すことは可能であったとすれば、「光とまみえ語らったことは光自身が知るところ」と語ってなんら迷いのないシメオンは、やはり東方の光の形而上学の代表的表出者といえるのかもしれない。彼は自身の『讃歌』でも次のような文言の呼びかけを残している。彼のこの言葉は現代ロシアでも版を重ねてよく親しまれている。

　　来たれ、まことの光よ！　来たれ、永遠の命！　来たれ、隠されたる神秘よ！〔…〕
　　来たれ、黄昏ざる光よ！　来たれ、救いを求める者全ての真の希望！　来たれ、横たわる者の目覚めよ！　来たれ、死者たちの蘇りよ！　来たれ、ただ一つの意志の働きで全てを常に造り、造り変え、変容させる力あるものよ！　来たれ、私の息吹と命よ！　来たれ、へりくだる私の魂を慰めるものよ！[8]

　「黄昏ざる」、つまり朽ちることのない永遠の光は、東方正教会ではキリストのタボル山における変容時の眩いばかりの非創造の光として尊ば

れてきた表現である。そのような神的な光が、この世的な被造世界の光とは異なる次元の超越的な光でありながら、それがこの被造世界に確かに現前することが待ち望まれている。その光の到来の時は、「死者たちの蘇り」の時でもあり、「全てを造り変え、変容させる」時、即ちアポカタスタシス、万物再興の時と信じられての讃歌であり、更にそれは神の息吹、プネウマ、「慰めるもの」と同一視されていて、神の霊、パラクレーシス（慰め手）への呼びかけともなっている。

　ヨハネ福音書でのみ語られるパラクレーシスが聖霊と同一視されていることは改めて指摘するまでもないが、この讃歌において到来と顕現が請い願われている光が、新神学者において聖霊の第三位格をのみ想定して重ね合わされているかというと、それも、そうとはいえない。キリストの子なるペルソナのみが言挙げされ、光に同定されることがなかったのと同様である。キリスト教教理において神は三位一体であり、後に触れるロシア正教会の神学者フロレンスキーの言葉を借りれば、「神の栄光を見るとき、私たちは単一で連続的で不可分の光を見ている」[9]に違いないからである。しかし、それでも、こうした讃歌における光が、万物の完成の霊、終結の霊としての聖霊の第三位格を特に念頭に置いて語り出されているように推測されることは否定できない。

　聖霊に対する東方の独得な感性の源泉は、第一ニカイア公会議（325年）に続く第一コンスタンティノポリス公会議（381年）に遡り得る。三位一体論の形成途上において、聖霊が父から出て父と子と共に礼拝されると、聖霊の神性に関する言及を信経に入れるに貢献したのは、神学者グレゴリオス、つまり前述のナジアンゾスのグレゴリオスと、ニュッサのグレゴリオスら、四世紀のカッパドキアの教父たちであった。彼らギリシア教父に対する敬愛の念が深く浸透する東方正教会にあっては、父から生まれた子キリストに対する信仰と共に、父から発出する聖霊、ないしヨハネ福音書におけるパラクレーシスに対する注視傾向が深められてきたことは事実である。父なる神から生まれたロゴス・キリストを父

と同一本性として信仰するまでは東西教会のそれぞれ多数派としての正統派が同意してきた。しかるに、聖霊をその父と共に、「子からも（filioque）」発出するものとして、子なる位格に対して何らか従属的に捉えてきたのが西方教会である。それに対し、「filioque」の付加をかつて定められた信経に反するものとして厳に戒め、聖霊も唯一の源としての父から発出するとしてきた元来の信仰条項を守り抜いてきているのが東方である。聖霊に対する感受性が西方とは異なることは当然のことである。父と子と聖霊の三位が一致しての神の愛の働きと理解されるとしても、聖霊の発出に関し、父からのみとする根源性の理解の相違は、一切の源たる父の永遠不変不可視不顕現の側面と、その唯一の源から生まれた第二位格及び発出する第三位格の顕現し働き出る側面の対照を際立たせてきたように思われる。つまり父から直接発出する聖霊は、同じく父から生まれた先在のロゴスの肉化としてのイエス・キリストと共に、その一なる神の息吹（pneuma）、唯一の神的有機体の生命的な働きとして互いに補完し合う両手のようにもして考えられてきた。そのことを明言してきたエイレナイオスのような初期キリスト教会以来の精神性を変えることなく継承してきた東方教会にとって、ペルソナの第三位格たる聖霊は、父と子の間の白鳩のごとき単なる表象観念ではありえなかったのであろう。神の愛の具現としての子なるキリスト同様、現実的で具体的なその同一の神の生命の顕れ、刻々の息吹、霊（pneuma）として、多様な形での到来が待ち望まれ、眼差しが向け続けられてきたように思われる。

　となると、そうした聖霊（神の霊）の働き、神のエネルゲイアを恩恵として注視する人の側の姿勢についても当然相違があるはずで、東西教会でのそれぞれについて簡単に指摘しておく必要があるかもしれない。

　西方教会については、アウグスティヌス以降、恩恵はただ神の選びに依るもので、人はただそれを待ち望むのみという受動的な姿勢がカトリック教会の思考様式を大枠として規定していったことはよく知られてい

る。善への意志が人に欠けているわけではないとしても、第一のアダム
の犯した原罪性は根深く生まれたばかりの赤子にまで及び、善を為そう
と望んでも為し得ぬ人類はただ洗礼を受け、キリストのからだである教
会に連なって救済を願うばかりとする姿勢が、その後勃興したプロテス
タント諸教会を含む西方教会の、差異は様々あれ基本的な特徴となって
いる。それに対し、初期キリスト教会から伝えられてきた精神をそのま
ま継承し続けてきた東方教会では、恩恵と共に人の側から求め続ける能
動性がなければ、その恩恵を受けることも不可と理解されてきた点で、
西方と姿勢が相当に異なるとはいえる。神の側からの恩恵が先行するこ
とは、つまり人々の救済のために受肉した神、イエス・キリストの教え
とその存在そのものを人類に対する決定的な恵みとして理解する点では
変わりないとしても、既に与えられてあるその恩恵への信仰に立脚し、
その揺るがぬ岩に立ち「後ろを振り向かず、ひたすら前を目指す」、つ
まり恩恵に支えられつつ、その恩恵の源泉そのものを目指して止むこと
のない人の側からの志向の能動性が、東方では教父の頃から「エペクタ
シス」等の表現で言い表されてきている。その意志的志向性の必要につ
いては、ロシア正教会の諸聖人の語り口の中にもいかんなく表明されて
いる。次に紹介するのは、帝政末期に列聖されたサロフの隠修士、聖セ
ラフィム（1759 年 –1833 年）[10] であるが、彼が或る信徒との関わりの中で語
り残している「聖霊の獲得」といった表現もまたまさにそうした人間の
意志的能動性を求める方向性において際だつものといえる。

2　隠修士セラフィムと彼によって瀕死の重病から癒された
地方貴族モトヴィーロフの光体験

　新神学者シメオンが活動した時期に東方正教会のその伝統を継承した
ロシア（キエフ・ルーシのキリスト教化は 988 年）であるが、14 世紀のモス
クワ・ロシアの展開期にタタールの軛からの解放に寄与した聖セルギー

と共に、最も敬愛されてきた聖人がサロフの聖セラフィムであり、彼については強烈な光の体験の証言が残されている。その場合、10世紀のビザンティンの修道院での新神学者シメオンの体験には師と弟子の密接な関係性が反映されていたのに対し、隠修士セラフィムの場合には、一人の俗信徒との関わりにおいての体験が証言されている。

　南ロシアに生まれた青年プローホルがサロフの修道院で修道名セラフィムを受けて隠修士としての生活を送るなか賊の襲撃に遭い、抗い得たにもかかわらず斧を捨て瀕死の重傷を負ったこと、終生続いた障害を負って尚隠棲苦行を続け、あるいはやむなく居を移した修道院内でも沈黙の行を貫き、聖母の示現に従って人々を迎え入れるようになり、森の庵室で訪れ来る病者を癒し、苦しむ者に寄り添って導いたことなどについては既に別稿で紹介したことがあるのでここでは省略する[11]。ただその数知れず癒された人々のなかにモトヴィーロフという地方貴族がいた。彼もまた重病の軛から解放されて感謝の念からセラフィムのところを訪れるようになっていた一人で、或る冬の日、深々と降りしきる雪の森の草地で、亡くなる一年前の聖人と交わした会話を記録している。キリスト者として生きる目的を知りたいとのモトヴィーロフの願いを汲み取り、セラフィムが穏やかに、しかし断固として語ったことは「祈り、斎戒、徹夜祷やキリスト教の善き行い一切はそれ自体として確かに善いことであっても、その行いにキリスト教徒の生活の目的があるわけではなく、それらはただ目的に達するために必要な手段にすぎない。我々キリスト教徒の生活の真の目的は、聖なる神の霊を得ること（стяжание Духа Святого Божия）」ということであった。

　聖霊の獲得というと、いかにも自分の意志で目指しているものが獲得されるような印象を与えるかもしれないが、そうではない。その語に含意されているのは、それを手にする、受けるための準備を人の側で整える、「得ようとして全力を尽くす」ことの自発性であり積極性である。そのことを聖セラフィムはイエス自身が語ったという灯心の油をきらす

ことのなかった賢い乙女の譬え話（「マタイ」25章1–13節）で説明している。油は聖霊の恵みであり、夜半に遅れて訪れた花婿を迎える際に、油を蓄え（獲得と訳される露語 стяжание には蓄えの意もある）ておかず、あわてて買いに出た愚かな乙女たちはその間に戸が閉められ（人生の終焉）、天の婚姻の宴の永遠の喜びから締め出されてしまったという譬えである。

　ロシアの聖人の次の表現もまた、ギリシア教父がエペクタシス等の言葉で語り継いできた絶えまなく志し、求め続ける精神をそのままに伝えている。

　　　聖霊御自らが私たちの魂に宿り住みたもうこと、全能者である神が
　　　私の魂に宿り住まうこと、至聖三者が私の霊に留まられることが
　　　我々に贈られるのは、ただ我々の側から聖霊を得ようとして全力を
　　　尽くすことを通してのみであって、そのことは、我々の魂と肉体の
　　　内に神に玉座を用意するのである。全ての造り主である神は我らの
　　　霊と共にそこにまします。そのことは神の不変のことばに従うもの
　　　である。[12]

　俗人モトヴィーロフはそのようにも聖霊の恵みを獲得することの大切さを伝えられるのであるが、当然、腑におちるはずもない。セラフィムに一体全体どのように、どこで聖霊を見ることができるのかと問う。その問いかけに対して聖人が答え、かつモトヴィーロフにもたらした状態というのは、なかなか稀有な照明体験ではないかと思われる。少し長くなるが、モトヴィーロフの残した証言を引用しておきたい。

　〔神父が言うに〕「既にあなたに話した通りで、それはとても単純なことなのだ。人々が神の霊の内にいかにあり、その現れをいかに理解すべきであるかも詳しく話した。友よ、一体更に何があなたに必要

なのか？」私が「必要なのは、このことをよくよくわかることなのですが……」と答えると、セラフィム神父は私の肩を堅くしっかりと摑んで言った。「私たちは今二人とも神の霊の内にいる。どうして目を伏せるのか。なぜ私の顔を見ないのか？」 私は答えた。「できないのです。神父さま、見ることができません、稲妻があなたの目から放たれています。あなたの顔は太陽よりも輝いているので、私の目は痛くてたまらないのです。」セラフィム神父は言った。「怖がってはならない。神を愛する者よ、あなたも今光り輝いている。私自身と同じように。あなた自身が今神の霊が満ち溢れる中にあるのだ。さもなければ、あなたは私をこのようにして見ることはできなかった。」そして私の方へ頭を寄せて、静かに私の耳にささやきかけた。

　「あなたに名状しがたい憐れみをかけてくださった主なる神に感謝しなさい！　見ていたね。私は十字すら切らなかった。ただ心で思い、主なる神に祈り、心の内で語りかけたばかりだ、"主よ、あなたがあなたの僕に壮麗な栄光の輝きの内に現れてくださる時、僕を浴させてくださいますあなたの聖なる霊の降臨を、彼にはっきりと肉の目で見る光栄に浴させてください"と。なのに、ほら、主はすぐにこの哀れなセラフィムの慎ましい願いをお聞き入れになった。私たち二人に賜ったこの名状しがたい贈り物を、神にどんなに感謝せずにいられよう。このように主がその憐れみを示されることは、最も偉大な隠修士たちに対してさえ滅多にないことなのだ。この神の恵みは、神の御母ご自身の庇護により、子を慈しむ母のように、嘆き悲しむあなたの心をなぐさめてくださったのだ。友よ、どうして私の目を見ないのか。単純に、恐れずに見てごらん。主が私たちと共におられるのだ！」

　これらの言葉を聞いて、私は彼の顔を見た。すると私はいっそう敬虔な畏怖の念にとらわれた。想像してほしい。太陽の中心に、

燦々と輝く太陽光の真昼の明るさのただ中にあなたと語りあう人の顔がある。その唇の動き、目の表情が変わるのもわかるし、声も聞こえる、また誰かが手であなたの肩を摑んでいるのも感じられる。しかし、これらの手も、自分自身も、彼の姿も見えないのだ。ただ一つの光が、目もくらむばかりに遠く何サージェン〔長さの単位〕にも周辺に広がる一つの光が、雪に覆われた草原を、私にも、偉大な長老にも降り積もる雪あられをその明るい輝きで照らし出している。

　禁欲的修道の経験も希望もないまま、ただ普通に暮らしてきていたモトヴィーロフに訪れた光の経験は、セラフィムがキリスト教創成の初期からのプネウマトフォロス、まず隣り人に、他者に「神の霊を携え、もたらす人」であったからであろう。20世紀の神学者フロレンスキーも、この「霊をもたらす」ことに、美そのもの（それは彼の著作においてパラクレートス即ち聖霊と同一視されている）、つまり永遠の美それ自体の次位にあってそこに通ずるようなあり方を見ており、単に霊的であることよりも遥かに高いあり方とみなしている。サロフのセラフィムのような修道士出身でその聖性が広く認められた人に対する尊称プレパドーブニィ（преподобный）は、パトービエ（подобие）、つまり似姿、人間の創造に際して「我々にかたどり、我々に似せて、つくろう」（新共同訳「創世記」1：26）と聖書に記されている、その「似せて」に対応する露語を語根としている。ギリシア語聖書でその語にあたるホモイオーシスを日本正教会では「肖」として、「かたどり：像：エイコーン：образ」とは訳し分けているが、それは基本的には人の後天的自発的努力によって獲得されるものと理解されている。ロシア語のプレパドーブニィは神の似姿に近づこうと、つまり神化をその身に実現しようと「全力を尽くす」人に、その聖性が人々に深く感化を与えてきたことが認められる場合に、その尊称が付されてきた。ドストエフスキーが描いたゾシマ長老もロシア正教会で尊ばれてきたそうした人のあり方を伝える好例といえ

るが、ゾシマのモデルとされた長老が暮らしていたオプチナ修道院と共に、ロシアを温める二本の松明とみなされてきたサロフ修道院の長老セラフィムの方は実在の長老であり、先述のような体験をモトヴィーロフにもたらしたあと、次のように語り残している。

> さあ、友よ、私たちの仕事は、働きに働いて力を尽くし、キリストが示された成熟ほどにも達していくことだ。〔…〕私たちに今ささやかで短いながらも現れている喜びは、その時には全て満ち満ちたものとして現れ、誰もそれを取り去ることはなく、天国の前触れのような名状しがたい喜悦に満たされることだろう。[13]

　セラフィムの言葉が依拠しているのは「ついには、わたしたちは皆、〔…〕成熟した人間になり、キリストの満ちあふれる豊かさになるまで成長する」との「エフェソの信徒への手紙」（4：13）に見られる表現である。パウロのこの言葉も神化の聖書的根拠の一つとみなされてきているが、まさにそのように、キリストにおいて示されたような「成熟した人間」に「私たち皆」がなるという、キリストの神人性の普遍的具体化を明確な指標として語り出し、指さし続けたのが、19世紀末の宗教哲学者、ウラジーミル・ソロヴィヨフ（1853-1900）であった。神人性の哲学者と呼ばれたソロヴィヨフの中心的理念について、語るべき事柄、紹介したい事柄は数多くあり、また光に関連して語っている表現も少なくはない。しかしながら、本稿で先に見てきた事柄に連なるポイントに絞り込むならば、即ち、新神学者シメオンで指摘された光の経験における他者性、またその光が伝えてきた全一性の問題、更に、サロフの聖セラフィムで語り出された人の光への変容の問題に関わる表明というなら、小品ながら佳作とみなされる『愛の意味』（1892年-94年）の内容が最も興味深いと思われる。

3 ソロヴィヨフの『愛の意味』から

　この作品は愛の諸相の中でも、自己犠牲的な愛や母性愛等の一方的依存にもとづく関係ではなく、人が対等に関わり得る異性間の愛、自立した個人間の愛に「個人の生が最も開花する状態」の可能性を見て、従来の「本能による愛」の不完全さも含め、今後に可能な「信仰による愛」の形を自由にエッセー風に語り出している小品である。

> 　或る人に絶対的な意義を認め、その人を信ずる（それなくしては真の愛はありえない）ことができるのは、ただその人が神の内にあると信じ、したがって、神そのものを信じ、自らがその存在の根と中心を神の内に持つ者として信じる時のみである。この三一的な信仰は、既に或る内的な行為であって、その行為が、人とその人の他者を真に結びつけることへの最初の礎となり、その他者（あるいは複数の他者）の内に三位一体なる神の像が再興されることの基礎となるのである。時と場所という現実的な諸条件の中での信仰の行為とは、祈りである（技法としてではなく、この言葉の根本的な意味で）。祈りというこの点での自己と他者の不可分の結びつきは、現実的な一致への最初の一歩であり、それなくしては更に遠く進むことは不可能である。[14]

　「他者の内に〔…〕神の像が再興される」という時の神であるが、哲学者がここで理解している神は「全一としての神」である。『神人論』ではそうした「全一としての神の三位一体性」について繰り返し論じられているが、一般に知られる三位一体論では当然「全一としての」というような形容はつかず、そこから汎神論との嫌疑を蒙るなど、とかく批判を浴びてきた神概念である。しかし、神学的伝統の古層では、例えば

ディオニュシオス文書などにはこの神の一と全の問題は当たり前のように論じられてきていたはずである。『神名論』の中には「神は一であるといわれるのは、神がその優れた唯一の単一性によって一でありながら一切のものであり、自らの単一性の外に歩み出ることなく、万物の原因となるからである」[15] とか、三位一体の神について語られたあとに「かかる神は全体として一であり豊かに溢れて分かつことのできぬものであるから、この一の中に万物は一つに総合統一されて超越的な形で現存している」[16] といった表現が見られる。ディオニュシオスの伝統を直に汲む先の新神学者シメオンの照明体験もまた「不可知のまま留まる」「太陽のように光を放つ」ものの内に「全て」が、「神の全被造物が含まれている」ことを確信するものであった。

　新神学者シメオンからほぼ9世紀後に生まれたソロヴィヨフであるが、最晩年の長編詩の中で自身の三度にわたる「永遠の友」の訪れを語っている。初め九歳の折の奉神礼のさなかに突如視野に広がった光り輝く瑠璃光の中の神的女性と再度まみえることを願う内に、テーバイ砂漠で最終的に開示されたのは、その一なる神的な女性像の中に全被造物が浸透し合いながら調和しているさまであった。全一性（всеединство）はこの時から哲学者の畢生の課題となり、前述のように『神人論』では「一」と「全」の二極性から見ての神概念を展開し、更に十数年を経た『愛の意味』の中でも次のように語るのである。

　　永遠で分割されざる神にとっては、全てが共に同時にあり、全てが
　　一の内にある。故に、神の内に何らかの個的なものを確認するとい
　　うことは、それを個々別々に認めることではなく、全ての内におい
　　て、より正確には、全てのものとの一体性の内に認めることであ
　　る。[17]

　個を「全てのものとの一体性」において捉えようとする感覚と意識は、

ソロヴィヨフ以前には、初期スラブ派によって表明されていたソボール
ノスチなる理念にも顕在化していたものである。アレクセイ・ホミヤコ
フら初期スラブ派によれば、その語は普遍性（カトリコス）を意味し教会
共同体を指し示す言葉ながら、ローマ・カトリックのような教皇を頂点
としてのヒエラルキーが外的にも統率されての共同体ではなく、構成員
がそれぞれ自立的でありつつ自由に愛をもって一致する全一的な共同体
を指し示すものであった。往時のロシア正教会の現実とはかけ離れた単
なる理想に過ぎなかったとはいえ、各々の個がその普遍的全体に連なっ
ての多なるものの一致の理念は、やがてドストエフスキーがゾシマ長老
に語らせたような「一切は海のようなものであり、全ては流れつつ触れ
合っており、一つのところに触れれば、世界の端にまで響く」といった
表現にもつながっていったと思われる。一人一人が他の全ての存在に対
して道徳的責務を負うことを文学的筆致で見事に描き出したドストエフ
スキーであったが、その作家の最後の大作『カラマーゾフの兄弟』の成
立に抜き差しならぬ関わりを持った青年哲学者ソロヴィヨフは、この個
と普遍的全体との問題に関し、より大胆にというか、一層ラディカルな
形而上学的解説を行うのである。前述の引用には次のように続けられて
いる。

　　しかし、現実においては、この個的な存在は全てと一体であること
　　はなく、物質的にそれぞれ独自の現象として別個に存在している。
　　それゆえ、信仰による愛の対象は、本能による愛の経験的客体とは
　　必然的に区別される。とはいえ、分かち難く結びつけられているの
　　である。それは、二つの異なる様相、ないし、二つの異なる存在、
　　理想的存在と現実的存在のそれぞれの領域のものとはいいながら、
　　同一の人（лицо 人格、顔）なのである。理想的な存在は今のとこ
　　ろは理念（идея イデア）にすぎない。が、真の信仰に立って物事
　　がよく見える愛の内では、その理念が私たちの恣意的なねつ造では

なく、ただ外的な現実の諸現象の域ではまだ実現されてはいない愛の対象の真実を表しているのだということがわかる。[18]

　成り行く途上の「現実的な存在」と、完成された「理想的存在」、あるいは、可視的な人間の域と不可視の信仰に依るしかない域が「区別」されるとはいえ、不可分に結び付けられているという「区別」と「一体性（一致）」の視点は、類似する思考様式を辿れば、キリスト教教理の根幹となった神人性の問題が浮かびあがってくる。即ち、キリストの神性と人性の関係について451年のカルケドン公会議で両本性が混同されることなく分離されることなくと定められていった視点と響き合うものがある。ソロヴィヨフのこうした視点については既に別の機会に論じてきた事柄であるので、ここでは深入りしないが、そうした「区別」と「一致」、王道ないし中道の視座が哲学者の若い頃からの立脚点であったことは事実である。愛の対象としての他者の内にそうした不可視の理想的存在を見ようとする際にも、そのような対極的な一致を語っていることは興味深い。しかし更に注目すべきは、その超越的存在と現実存在のいわば神人的な一致が、以下に述べられるように、光源と光線の関係で説明される点である。

　　超越的世界のこちら側にある私にとって、或る理想的な対象が私の単なる想像の産物に過ぎないとしても、そのことは、存在の他の高次の圏においてそれが完全な現実であるということを妨げるものではない。私たちの現実生活はこの高次の圏の外にあるとはいえ、私たちの知性はそれと全く無縁であることはなく、その高次の存在法則について思弁を通しての一定の理解は持っている。そして、その最初の根本法則とは以下のことである。即ち、たとえ私たちの世界では個々ばらばらで孤立したあり方が事実であり現実であって一体であることは単なる概念や理念にすぎないとしても、彼方〔の超越

世界〕では、反対に統一性が、より正確には全一性が現実であって、分離や孤立は単なる可能的主観的に存在するものにすぎない。ここから帰結されることは、この人という〔人格的〕存在が、超越的な領域ではこの世の現実的な存在という意味での個別的なものではないということである。かしこでは、つまり真理の中では、個々の人格はただ生命的で現実的とはいえ分割されない一なる理想的な光を放つ巨星〔светило〕、即ち全一的な本質存在の光線に過ぎない。[19]

　巨星と訳したが、太陽のように万物を超える高みで輝く本質存在と、そこから放たれる光線としての個々の人格という表現はどのように理解したらよいのか。その光はひたすら彼岸の形而上学的な光であって、ただ比喩として光源と光線といった言い方がされているにすぎないのだろうか。

　聖書に記されているタボル山でキリストが三人の弟子たちの前で太陽のように白く光り輝いてモーセとエリアと語らう姿を見せたという逸話（「マタイ」17:1-8, マルコ 9:2-8, ルカ 9:28-37）が東方教会の人々にとりわけ大きな意味を持つのは、キリストというまねびの対象を追ってテオーシス（神化）を実現していこうとする際の究極に見出されるはずの変容の姿が、範型としてそこに示されていると考えられているからであろう。キリストの全身を輝かせたその光が特に「創られざる光」と呼ばれてきたのは、自然的な光とは次元の異なる永遠不変の光への変容に向けた願いがその世界では強力に継承されてきたからに違いない。前述のようなサロフの聖セラフィムと信徒モトヴィーロフの体験の証言が 20 世紀になっても掘り起こされるというのも（1903 年のセラフィムの列聖に際してモトヴィーロフの手稿が発表された）、やはりそうした光の変容への、秘められつつも保持され続けてきた神化への志向性の表れといえるのかもしれない。

　自然世界の内に顕現した超越的な光に人がまみえる事態については、

キリスト教世界の東西を問わずしばしば語り継がれてきていることではある。が、そうした超越的な「創られざる」太陽のごとき光にこの地上世界で人が成る事態を目撃した証言例はやはり東方であればこそであろうか。セラフィムの時代から半世紀ほどを経て、ソロヴィヨフが『愛の意味』で哲学者として語ったことも、「個人の女性存在を、永遠の神の女性性の光り輝く光源と不可分のものに変容させること」であった。先に引用した「理想的な光を放つ巨星」に続いて語られている「永遠の神の女性性」の問題は、全一的神的女性との彼自身の邂逅体験に由来する独特なソフィア論と直結するもので、興味深い問題ではある。しかしその方向に踏み込むと、残念ながら光という本稿のテーマから外れることになってしまうため、ここではただ彼が或る時、現実の「個人の女性存在」の内に「明るい太陽のような光を見」、その光の中に「一人の非常に美しい女性の形象が私に俯きかけているのを見た」[20] と創作上ながらも何かしら披瀝せざるを得ないような経験があったと考えられていることのみ紹介しておきたい。

　しかし、なぜ個々に分かたれたものが光源に近いものに変わり得る、成り得ると信じられるのだろうか。なぜ光を単に見て照明されて終わるのではなく、人自らその光源と「不可分のもの」に成って、（モトヴィーロフのような）他者を照らすことすら可能と考えられるのか。それは仮にこの地上的な光と超越的な光がまったく別物であり分断されるものと信じられていたならまったく不可能であろう。そうではなく、光源と光線の関係のように、存在性としては異なるあり方ながら、光という点で分離されることのない関係に双方があると考えられるとすれば、つまり、区別されつつも一体性を保つ前述のような関係性が光にも考えられるなら、異なるものが異なりつつも連なり連続性を保つことの意義が改めて問われるべきかもしれない。この点で、新神学者シメオンの視点もわずかながら付言しておくと、『認識と神学に関する二十五の他の諸章』の中で、シメオンは、神がその初めに可視的な世界と不可視の世界の両

界を造り、感受できる可視的太陽と、不可視の知性的な太陽を配したことを語っている[21]。そしてその後者の不可視の知性的太陽については、「その輝きが宇宙の全体において完全な総体を包むとはいえ、宇宙の全体に包まれるものではない」[22]と、つまりその不可視の知性的太陽は「被造物から分かたれているが、隔たりがそこにあるわけではなく」、その太陽は「可視的被造物全てにおける完全な総体であるが、被造的全てを超えた完全な総体である」ことが語られている[23]。

　古の人々が、被造ではない、造られたのではない光として、キリストが変容した際の光を被造的な光と区別してきたのは当然である。とはいえ、区別は単に人が立てる概念境界に過ぎず、区別されるものがその概念境界に従って分離しているわけではない。ちなみに、聖書にはキリストの変容に関し、ただ「光」と書かれるばかりである。イエスの弟子たちはその「光」を直接、視覚を通して見て圧倒され地に倒れ伏したのであった。先にも引用したフロレンスキーの言葉の続きをもう少し紹介しておくなら、

　　　《 神は光である 》、神は光であるというこのことは、説教としての意味においてではなく、感受されての判断として、神の栄光の精神的な、しかし具体的で直接的な感受の判断として光なのである。神の栄光を観るとき、われわれは単一で連続的な不可分の光を見ている。[24]

　物理・数学の探究者から神学に転じたフロレンスキーをして言い切らせていることは、「光、闇、色彩、物質といった言葉を語る場合は、感覚的なものから感覚を超えるものへの移行における連続性は漸進的であるので、今どの程度物理的なものに関わり、どの程度形而上学的なものに関わっているのかは自分でもわからない」[25]ということであった。どこからが感覚によって知覚された光で、どこからが超感覚的な光なのか、

いずれも直接的な知覚によって感受されての光であって、そのとき、確かに「光は分割することができず、とぎれることがない、連続性そのものである」[26] といえるのだろう。「単一で連続的な不可分の光」、その分割不可能性、連続的一性は、あるいは、ロシアの全一的把握とも関わるものかもしれない。

　全一性の哲学を展開したソロヴィヨフの光に関しての言説をこの点でもう少し紹介しておくなら、彼は『自然における美』(1889) の中で、金剛石の美を「物質と光線が、溶け合うのでもなく、分離するのでもない結びつきにおいて、双方が自分の本性を保ちつつ、とはいえそれとこれが別ものとは見えず、ただ光を携えた (светоносная) 物質と具体的な形となった (воплощенный) 光が、──光と化した炭と、石となった虹彩が見える」[27] ことにあると論じている。先ほど見たような、二が区別されつつも一致しているところに美が成立するとされている点は興味深いが、それはさておき、炭素という物質、固体に透過してくる光はもちろん自然的な可視光線のことに違いない。しかるに、また続く別文脈では「光はどのような場合にも物質を超えるイデア的な働き手」とも語られている。「イデア的」という表現に彼は「全浸透的であり全一的である」との意味合いを考えており、それとは正反対の物質は、ただ光の中でのみ「不活性と不浸透性から開放される」という。かくして、金剛石の美は、「光線を自らの内に抑え込み、分散（展開）させる物質の光明化 (просветление) にかかっている」[28] と語られるのであるが、この「光明化」、光に浸透される際の光とは単に物質に働きかけてくる自然的な光なのか、はたまた「物質を超えるイデア的な働き手」としての光なのか、ソロヴィヨフにおいても境界は明確ではない。意図的にどこからが物理的でどこからが形而上の光なのかを不明瞭にしているのか、あるいは無意識なのかはわかりにくいが、いずれにしても光が形而下と形而上の両界をつなぐものとして一元的連続的に捉えられていることは、フロレンスキーと傾向を同じくしており、彼らの分断を許さぬ全一的視点

は今後に更に考えるべき問題かと思われる。

おわりに

　東方キリスト教圏の光に関する体験的証言と、関連しての考察を見て
きた。三者三様それぞれ相違もあるが、大きく見ての特徴としては、ま
ず照明体験の中でも他者（全て）が意識されているという点、更に、光
が全一的で連続的であることの自覚、そしてそのような光、超越的な彼
方からの光と一つと成ってその光源と同化するほどにも、人が光に変容
し他者を照らす可能性が示されているという点が指摘された。

　私的内的経験の最たるものである神秘体験においても、照明を受ける
自身と共に他者が意識されているという第一点については、彼らの場合
には、他者性が先行しての光の到来とみなされてもよいのかもしれない。
新神学者シメオンは師父である敬虔者シメオンの存在がなければおそら
くその全一的な光にまみえることはなかったろうし、サロフの聖セラフ
ィムもモトヴィーロフという具体的な聞き手、受け手に対してこそ神の
霊（聖霊）をもたらす「霊の担い手」となったのであって、自分のみが
光を見て得心するような単なる霊的人間ではあり得なかった。関わる一
人の内に全てに連なる神的全一性の反映を見ようとしたソロヴィヨフの
場合は、光の内に三度邂逅した「永遠の女性」については長編詩がそれ
を証言しているが、実際の愛の具体的な対象にどう関わったか、私的な
事柄については口が閉ざされている。ただ現実の女性にその永遠の女性
性の理想を説いてそっぽを向かれ、あるいは翻弄されて尚自身が最初に
抱いた理想に対して忠実にあり続けていたらしいことは確かである。少
なくとも二十代に決定的な恋愛感情を抱いた三人の子持ち、年上のソフ
ィア・ヒトロヴォに対してはイコンを礼拝するがごとく関わり、婚姻の
不可を告げられて尚彼女とその子供達との信頼関係を最後まで保ち続け
たことは事実である。

ただ一人神に向かうのではなく、他者と共に、他者の内に本来そのように造られたはずの神の像を見、その確かさを信じ具体化することに、神化（神成）に心を砕いた人々が、一人、二人とたとえごくわずかとはいいながら出現してきているというのは、光への変容を心に留め、それへと近づき成ることを重視してきた東方の霊性下であったこととおそらく深い関わりがあるに違いない。その一部を分離したり、切り離したりすることができない光の本質を東方の人々が鋭敏に察知してきたことと、自分と他者が否応なく連なり全体を成していることを一息で感受してしまうような感性の連鎖とは何かしらの関係があったのではないかと思われる。あったと断定することはできないが、少なくとも、ビザンティンからキリスト教が入って一千年以上にわたり東方の宗教的涵養下にあった正教ロシアには、自分たちには生きた総体を把握する知のあり方が保たれてきていると主張する人々が 19 世紀前半に輩出している。先に少し触れた初期スラブ派のことであるが、その領袖の一人イワン・キレエフスキー（1806 年 –56 年）は西欧に留学し一旦はその思潮の側に立つも、やがて世界を分析し概念で切り分けて彼我の分裂を生じさせて留まることのない西欧的理性の専横を批判するに至り、翻ってロシアにはそのような抽象性と個の分断に陥ることのない具体的な全体を捉える英知があることを主張した。その源を辿ってギリシア教父の教えに出会ったキレエフスキーは、オプチナ修道院の長老たちと協力してその方面の出版に尽力したあと亡くなるが、葬られたその修道院にドストエフスキーと共に 22 年後訪れたソロヴィヨフであった。その頃既に評判となっていた彼の『西欧哲学の危機』（1874 年）、『抽象原理批判』（1877 年 –79 年）は、スラブ派の評論の域を脱してより緻密に西欧哲学に顕著に見られる抽象概念の実体視を指摘するものであり、返す指で指し示されたのは、先に見たような『神人論』の「全一としての神」概念に始まる全一的な形而上学的世界観であった。

　本来分割することができず一つであるもの、具体的な全一態を言表化

しようとしたのはフロレンスキーも同様である。ソロヴィヨフに多大な関心を持ってコーカサスからモスクワに出てきた彼は、1900年の哲学者の急逝で直接面識を得ることはできなかったが、やがて「具体的形而上学」を構想しようとしたその思考様式は明らかに先行する人々の志を継ぐものである。但し時代の違いといえば相違はあり、ソロヴィヨフは物質と光は別もの、物質は質量をもち可量的だが光は質量を持たないとの古典物理学のパラダイムの中で、前述のような物質と光線の二原理の区別と一致を思索するのみであったのに対し、フロレンスキーは、光が連続的でありつつ、光が伝えられる媒体としては粒子、「それ自身が他の粒子を含む」微細な粒子であることを、断片的な考察ながら語り残してもいる。彼がスターリン期の37年に粛清されることがなければ、20世紀に展開された物質と光を統一的に把捉しようとする諸理論をも視野に入れて、自然科学者として、また神学者として、独自の連続的全一的観点から光に関する論を展開していたかもしれない。

　東方キリスト教圏の光の形而上学の特質をより明晰に指摘するためには、東方のみならず西方教会におけるそれとの比較が不可欠であろう。例えば、ボナヴェントゥラの『魂の神への歴程』に見られるような照明と上昇の階梯など、西方教会の光に関する考察とのより広範で緻密な比較検証も当然必要かと思われる。本稿は東方圏の限られた事例を紹介することに終わったため、その課題に対しては別の機会を待ちたいと思う。

注

1　最終的な位階として、ブリュッセルとベルギーの大主教としてその活動を終えた Basil Krivochéine は、俗名をフセヴォロド・アレクサンドロヴィチ・クリヴォシェイン（Всеволод Александрович Кривошеин）といい、ペテルブルグに 1900 年に生まれた。帝政末期ロシアでストルィピンの盟友として農業相を務めた父親と共に革命後は白軍に投ずるも負傷して 20 歳の時フランスに亡命。ソルボンヌ大

で学業を終えたあとアトスに巡礼したことをきっかけに修道生活に入り、パンテレイモン修道院でワシーリーの名を受け、以後22年間を聖山で修道生活を送る。第二次大戦後のギリシア政府の意向で、パンテレイモン修道院で共同生活を送っていたロシア人修道士の多くがアトスを離れた折に、ワシーリー司祭もギリシア教父辞典の編集者としてオックスフォード大学に移った。アトスに脈々と息づく東方キリスト教の伝統を長年にわたって体得した上で、その霊性を積極的に発信し続けた大主教は、新神学者シメオンについてもそれまでの一面的な解釈を斥け、従来の理解を超える解釈の地平を指し示している。

2　その出自や辿った道のりについて日本語で読めるものとして、『中世思想原典集成 3 後期ギリシア教父・ビザンティン思想』やルイ・ブイエ『キリスト教神秘思想史 1 教父と東方の霊性』（いずれも平凡社）がある。但し、後者の Histoire de spiritualité chrétienne, Paris, 1960–65 の翻訳の中で、クリヴォシェィヌの位階が総主教とされている点は疑問が残る。

3　Syméon le Nouveau Théologien, Catéchèses T. II Introduction, text critique et note par Mgr Basile Krivochéine, Tradition par Joseph Paramelle, s.j. SC 96. 1965; Paris, Cat.16, pp. 237–239.

4　Ibid., pp. 245–247 La lumière et l'extase.

5　Vie de Siméon le Nouveau Théologien par Nicétas Stéthatos, Texte Grec inédit. par Le P. Irénée Hausherr S. I., P. Gabriel Horn S. I., Orientalia Christiana vol. XII, No.45, 1928, pp. 9–11.

6　Syméon le Nouveau Théologien, Ibid., p. 24. La jouissance d'une telle lumière 3.

7　この部分で引用した自らの体験を語る 16 章全体でも、キリストという名が挙げられているのは、最後の部分で「キリストにおける兄弟たちよ」（p. 251）との呼びかけと「われらが主キリストにおいて、私たちに近しい人々の益になるように」（p. 253）との言葉のみである。

8　Преподобный Симон Новый Богослов, Прийти, Свет Истинный Избранные нимны, Алетейя, Санкт - Петербург, 2004, стр. 50.

9　П. А. Флоренский, Небесные знамения (Размышления о символике светов), статья написана в 1919 и опубликована в : Маковец, 2 (1922), 14–14, Сочине - ния в четырёх томах. Т.2, c.416.

10　Преподобный Серафим Саробский, Житие и Наставления, Москва, 2009, стр. 121–126, О цели христианской жизни.『サロフの聖セラフィム、生涯と教え』の中の「キリスト教徒の生活の目的について」。

11　谷寿美『ソロヴィヨフ　生の変容を求めて』慶應義塾大学出版会、2015 年。

12　Ibid., c.95. この部分の聖書の言葉は「イザヤ」57：15 の「永遠なる方は玉座に君臨され、その名は聖と唱えられる。しかし、彼は身を低くし、へりくだった思い

を持った者と共に住み給う〔Shechina〕等が想定されているのではないかと思われる。

13 Ibid., c.121–125.

14 Смысл любви, Собрание соч. Владимира Сергеевича Соловьеа том 7, Санкт - Петербург с.44.

15 『キリスト教神秘主義著作集　第 1 巻　ギリシア教父の神秘主義』教文館、1992 年所収『神名論』439 頁。

16 同上 447 頁。

17 Смысл любви, Собрание соч. Владимира Сергеевича Соловьеа том 7, Санкт - Петербург с.44

18 Ibid., c.44.

19 Ibid., c.44–45.

20 自伝的小説の体裁をとった『霧かかる青春の朝やけに』(*На заре туманной юности*, 1892) という小品に次のような描写があり、実体験との重なりが想定されている。ハリコフに向かう汽車の中で気を失い、連結部に落ちそうになるのを助けられた「私」は、「意識が戻るその時、明るい太陽のような光と青い天空の広がりを見ていた。そしてこの光の中に、この天空の只中に、一人の非常に美しい女性の形象が私に俯きかけているのを見ていた。彼女は私のよく知っている素晴らしい眼で私を見つめ、私に何事か静かに囁きかけていた。疑いもなくそれはジュリーであった。それは彼女の眼であった。が、後の一切は何と変わってしまっていたことか！　何というバラ色の光にその頬は燃え輝き、何と彼女は高く荘厳な存在になってしまったことか！　……私の内部で何か奇跡的なことが起こった。一切の思惟や感覚や意欲を備えた自分の存在全体があたかも融解し、一つの無限に甘美で明澄な、苦しみのない感覚の内に一つに合わさったかのようだった。そしてこの感覚の内に、澄んだ鏡のような中に、突然一つの絶妙な形象が映った。私はこの一つの中に全てがあると感じ、知った。私は新しい全てを抱擁する限りない愛を愛し、その愛の内に初めて生命の一切の完全さと意義を感じたのだ。」(Соч. XII c.299)

21 Syméon le Nouveau Théologien, Chapitres Théologiques Gnostiques et Pratiques, Introduction, text critique, traduction et notes de Jean Darrouzès, a.a. SC 51bis, 1980; Paris, p. 115.

22 Ibid., p. 119.

23 Ibid., p. 119.

24 П. А. Флоренский, Небесные знамения (Размышления о символике светов), Сочинения в четырёх томах. Т.2, c.416. 神の栄光を「観る」の方は観照洞察の

созерцатьが使われ、光を「見る」の方は視力で見るзретьで使い分けられてい
る。

25 Ibid., c.415–416.

26 Ibid., c.414.

27 Красота в природе, Собрание соч. Владимира Сергеевича Соловьеа том 6, С.-
Петербург, c.39.

28 Ibid., c.41.

弾む御言、差し込める光
中世ドイツの宗教と世俗文学に現れた光をめぐる言説

香田芳樹

はじめに

　ゲーテの最後の言葉は「もっと光を」（"Mehr Licht"）であったと伝えられている。大文豪の最後の言葉に彼の人生の集大成を見るのは感傷過多かもしれないが、それはさまざまな解釈を受けてきた。「光」が啓蒙主義的理性への力強い遺言のようにとられることも、あるいは闇を照らすヘルメス的光を希求するものと解釈されたり、あるいは終生死を怖れつづけた作家の最後の抵抗のようにも、あるいは単に部屋が暗かっただけだとする説まで、多種多様に解釈されてきた。彼の真意を測ることはもはやできない。しかしこのどのようにでもとれる言葉が大作家の最後を飾るのにふさわしいのは、それが「光」だったからである。他のどのような言葉であっても、何かが不足していた。光が永遠不変のものであり、かつ、捉えることができないものであるからこそ、この言葉が永遠の命を得たのである。

　終着点だけではなく、「光」は出発点でもある。旧約聖書では神の言葉、「光あれ」（「創世紀」1：3）によって世界創造は始まるが、この唐突

な命令の真意も汲みつくせない。なぜなら世界創造以前に神以外の何者かがあったはずはなく、だとすれば、名指された光とは何なのかという疑問が当然生じるからである。わたしが暗闇で電気をつけたら、部屋の中が見えるようになった、というような意味でこの一節は記されたのではない。原初に世界を造りだした「光」とは自然光ではあり得ない。さしずめ永遠の光とも名づけられそうだが、それが自然光とどのように違っているのか、さらには、永遠であるのならなぜ「あれ」と命じられなければならなかったのかという疑問は残る。

　光が宗教において重要な役割を果たすことは、世界の宗教のほとんどがそれを世界の始原、生命の象徴として捉えていることからも明らかであろう。エジプトのファラオたちは太陽神を崇拝したし、南米ペルーのインカ（Inca）も「太陽の子」を意味している[1]。拝火教と呼ばれるゾロアスター教は言うまでもなく、光のエネルギーの中に神性の発現を見る土着信仰に由来しているし、禅仏教では仏への道が開けることを「照悟」とし、光のイメージを伴っている。先の「光あれ」の大号令で天地創造を始めた旧約の神は、「神は光を見て、良しとされた。神は光と闇を分け、光を昼と呼び、闇を夜とされた」が、光を世界と生命の根源とする見解は言うまでもなく新約聖書にも受け継がれる。「ヨハネの手紙一」では「神は光であり、神には闇が全くないということです」（1：5）とされ、これをイエスの言葉として聞いたとされる。

　こうした世界を創造する光は存在論的と言えようが、これは西欧精神史においてはプラトンと新プラトン派によって哲学的形姿を与えられ、アウグスティヌスによってキリスト教神学に引き継がれた。究極の光源があり、可感的な事物はその反照によって存在するという、いわゆる彼の「照明論」はプロティノスやプロクロスの神秘哲学の影響の元に作られた。究極の光源は叡智的光であり、それが照らす叡智界はプラトンのイデア界に等しいが、アウグスティヌスの照明論は、叡智界に対し可感世界に下位を強いるのではなく、むしろ被造物の叡智界への帰還が照明

によって可能となることを主眼としている[2]。これは、中世における新プラトン主義の代弁者アルベルトゥス・マグヌスによってスコラ神学にもたらされ、さらには後述するように、マイスター・エックハルトの「魂の火」という主張にも引き継がれた。

　こうしたプラトンの光解釈の系譜と並んで、アリストテレスの光に関する考察も中世に大きな影響を与えた。彼は『魂について』（第3巻第5章430a 15ff.）で、光を理性と等置し、存在する限りの能動であるものと定義した。魂（ヌース）とロゴスとイデアの位置関係は光学的図式の中で説明される。光は認識の前提であり、かつ理性同様、非分離である（つまり、存在する限り全体として存在する）ので、それは無謬である[3]。こうした認識論的な光は、理性の光（lux intelligibilis）としてドミニコ会神学に、さらには神秘思想に受け継がれていった。アリストテレスの自然学としての光研究はアラビア哲学を経由して、ラテン語文化圏に光学として輸入された。もちろんそれ以前にもこの分野ではプラトンの『ティマイオス』が長らく参照され、新プラトン主義の著作もあったが、12世紀の後半にユークリッドやプトレマイオスやアル・キンディの著作がラテン語に翻訳され、さらにアリストテレスの光学がアヴィセンナ（イブン・スィーナー）やアヴェロエス（イブン・ルシュド）やアルハザン（イブン・アル・ハイサム）の註釈によって西洋世界に紹介されることで、中世の光は一気に物理的・数学的に整理された[4]。

　アリストテレス的認識論的光が大学を中心とする高等機関で大きな影響力を得たのに対して、光の象徴主義的解釈が神秘思想家たちの間で支持された。彼らが読んだのは、ディオニュシオス・アレオパギテース（5、6世紀頃）の『神秘神学』である。そこで描かれる光（φῶς）は、原初の〈一〉のもつ合一の象徴であり、創造者と被造物との間にある境界を消し去るものである。光とはすべてを一つにする善（ἀγαθόν）の現れなのである。完全性の象徴であり、存在と生命の創造者としての光の肯定的側面とは別に、ディオニュシオスは光の超越的側面、すなわち神

があらゆる理性判断と言語を超えた存在であることの象徴だとするのである[5]。こうした光のアンビヴァレンスは西欧の光の形而上学者に絶えざる緊張を強いつづけたのである。

1　ディオニュシオス『神秘神学』——光り輝く闇

　ディオニュシオス・アレオパギテースの『神秘神学』なくして、中世神秘思想の光の隠喩を語ることはできないだろう。5世紀に生きて使徒ディオニュシオスを名乗った人物の著作は、9世紀にヨハネス・エリウゲナがラテン語に翻訳して以来、西ヨーロッパの思想界に不断の影響力をもつようになった。ディオニュシオスの影響として重要なものの一つは、アウグスティヌスと並んで、新プラトン主義、とりわけプロクロスの思想に精通していた彼が、結果として文書を通して、西欧に新プラトン主義を紹介したことが挙げられる[6]。そしてそれと並んで彼の西欧思想への大きな貢献は「否定神学」であろう。

　「存在を超え、神を超え、善を超えている、三一なるものよ」という呼び掛けで始まる『神秘神学』を貫く精神は、神の属性の徹底否定である。神は名づけることも、思惟することもできない存在であり、神について語る言葉は必然的に否定形（「でない」）にならざるを得ない。これは中世後期の神学者、とりわけマイスター・エックハルトに受け継がれ、ドイツ神秘思想の基調となっていく。『神秘神学』が与えたインパクトは、神の否定性をめぐる議論に「光」の隠喩が用いられていることである。これもディオニュシオスがその後の中世の思想や文学に残した足跡といえる。

　　このうえない暗闇で
　　このうえなく光を超えているものを
　　輝くことを超えて輝かせ

触れることも

見ることも

まったくできないところで

目の見えなくなった知性を

美しさを超えている美しさで

充たすことを超えて充たす[7]

　先にも述べたが、神を光源、すなわち世界を照らす光として捉える表現は聖書には多く登場するが、ここではそれは「光を超えたもの」へと引き上げられ、それゆえ不可触、不可視の存在である。それどころかディオニュシオスはこの超越者を「神」と名づけることすら避け、「キリスト教徒の指揮者」とだけ名指されていることも注目すべきである。光は存在を明らしめるものではなく、むしろ闇の中に隠すものである。光と闇の相関関係を考察する前に、否定神学についていま少しディオニュシオスの言説を見てみよう。

　それは魂でも知性でもなく、想像も臆断も理性も知性ももたず、理性でも知性でもなく、語られも考えられもせず、数でも秩序でもなく、大でも小でもなく、等も不等もなく、類似性でも不類似性でもなく、静止しているのでも働いているのでも何もなさずにいるのでもなく、力をもっているのでも力であるのでも光であるのでもなく、生きているのでも生命であるのでもなく、存在でも永遠でも時間でもなく、それを知性で捉えることのできる接触でも認識でもなく、真理でも主権でも知恵でもなく、一者でも一性でもなく、神性でも善性でもなく、われわれが知っているような霊でもなく、子性でも父性でもなく、われわれやほかの人に認められる存在のなかの何かほかのものでもなく、存在しないもののうちのあるものでもなく、存在するもののうちにあるものでもなく、存在するものはそれ

をそれとして知ることもなく、それは存在するものを存在するものとして知ることもなく、それには言葉も名称も知識もなく、それは闇でも光でもなく、偽でも真でもなく、それには付与も除去もまったくなく、われわれはそれの後に続くものには付与も除去も行うが、それ自身を付与も除去もしない。（『神秘神学』第5章1048A、邦訳455頁）。

　この徹底した否定（除去）は――最後に言われるように――、「それ」から属性を取り除くためではなく、逆説的にそれがいかなる条件下でも間違いなく「在る」ということの証明なのである。存在しないものを否定することはできない。延々と続く「ない」は、むしろそれが超越的な在り方で存在することを述べている。「輝く闇」もこうした否定神学の伝統で理解されるべき逆説である。それは修辞学の「形容矛盾」（Oxymoron）ではなく、神の実在を表す唯一の事実なのである。

　神を知るのに肯定的な道と否定的な道が存在することをディオニュシオスは認める。神は『神名論』では、善、存在、生命、知恵、力などといった肯定的な名称で呼ばれ讃えられるが、『神秘神学』では一転してこうしたあらゆる属性は否定され、「語られない、考えられない」ものとされる。神は言ってみれば究極の肯定と否定であるのだ。ディオニュシオスはこの肯定神学と否定神学の交点をシナイ山を登るモーセに求めた。「十戒」という神の真理の石版上への言語化、あるいは神の言葉の聴取自体は「肯定」であるが、これはまずモーセの自己「否定」の上に成り立つ。「善なる原因は〔…〕万物の彼方にある方が真に存在しているところの「闇の中に」入っていった人びとにのみ、曇りなく明らかに真に開示されるのである」（同450頁）。ここでの「闇の中」とは、「出エジプト記」が繰りかえし強調するシナイ山山頂を覆っていた密雲のことである（20：21）。モーセは自己を否定し、次に彼につき従った民衆を置き去りにすることで彼らを否定し、密雲の闇の中へと登っていく。この

過程にディオニュシオスは光と闇の合一を見る。「モーセは目に見える事物と〔彼を〕見ている人びとそのものから離れて、真に神秘なる無知の闇に入っていく。この闇の中で彼はあらゆる認識による把握をやめて、まったく触れることもできず見ることもできないものに関わり、彼の全体は、あらゆるものの彼方のものであってしかも何ものでもないものに属して、自分自身にも他のものにも属さないこととなり、あらゆる知識を無知により完全に静止させることでより高度な意味で一つになり、何も知らないことによって知性を超えて知ることになるのである」（451頁）。山上での啓示を可能にしたのは、彼が思考を無知によって完全に停止させたからだとディオニュシオスは言う。モーセが山を下り、民に十戒を示すと、「雷鳴がとどろき、稲妻が光り、角笛の音が鳴り響」くが、ここにも彼は光のメタファーを見て、「清らかに閃くさまざまな光とさまざまに発散される光線」（450頁）が神の言葉を表現しているとする。そしてさらに聖なる掟の盤をもって山を下りたモーセの顔の肌は光を放っていた。人びとは怖れる。彼はその光のなかで彼らに、神の言葉を伝え、それが終わると顔を布で覆った。ディオニュシオスはモーセのシナイ山登攀に、彼が『神秘神学』の冒頭で歌った「神の闇の光」の奥義が語られていることを証明してみせたのである。

2 マイスター・エックハルト『説教第七一番』──無光の果実

　神の「輝く闇」を思惟したもう一人の思想家がいる。マイスター・エックハルト（1260年頃–1328年）は『説教七一番』で同様に闇と光のシンボリズムについて論じている。そこでエックハルトはディオニュシオスの教説が単なる「神秘神学」、すなわち知性によっては捉えられない奥義なのではなく、哲学的に説明可能なものとする。それはこの説教が、ハーゼブリンクの言うように、彼が1303年にパリ大学から帰り、故郷エルフルトで修道院長に就任した時期にもたれたという成立事情とも関

係しているのかもしれない[8]。新進気鋭の修道士として期待されたエックハルトは、若い弟子たちに学問の府パリの最新情報を伝えるために、数多くの権威を引用して説教を組み立てている[9]。その中心にあるのがディオニュシオスであることはいうまでもない。まずはこの説教の構成を見てみよう[10]。

『使徒言行録』（9：8）からの聖書抜粋「サウロは地から起き上がって、目を開けたが、何も見えなかった」は、パウロの回心を伝える重要な場面からとられている。彼はまだサウロと呼ばれていたころ、エルサレムで多くのキリスト者を迫害していた。ある日彼はダマスコに向かう途中、突然天の光に照らされ、目が眩んで落馬すると、「サウル、サウル、なぜ、わたしを迫害するのか」と呼びかけるイエスの声を聞く。この逸話の「天からの光がサウロを照らした」と「サウロは何も見えなかった」にエックハルトは四つの意味が隠されているとする。第一の意味は、パウロ（サウロ）は何も見なかったのではなく、《無》（daz niht）を見たこと、そしてその《無》は神であったこと、第二は、彼が神以外の何ものをも見なかったこと、第三は、すべてのもののなかに神のみを見たこと、第四は、神を見たとき、すべてを一つの《無》と見たということである。

まずパウロを照らした光は、一方では人間の感覚では捉えられないものなので、これに包まれて彼は盲目となったが、他方この光のなかで神が認識される。これは「探求する知性」が光のなかで盲目となり、より高次の「探求しない知性」に変わったことを意味する。神は、あらゆる被造物から解放された探求しない知性によってのみ捉えられるのである。「何も見なかった」ことに、パウロが《無》を、すなわち神を見たということが示されている。神は《無》であるがゆえに、名づけ得ないのであり、この「様態なき様態」「存在なき存在」を捉えるためには、いかなる媒介も像ももたない認識によるしかないことが強調される。

このエックハルトの聖書解釈に、ディオニュシオスの『神名論』が下

敷きにあることは疑いないことは以下の記述からもわかる。

　　　真理に目覚めたディオニュシオスは、神について述べるときいつ
　　も、神は有を超えた超有（über wesen）であり、超生命（über leben）
　　であり、超光（über lieht）であると言う。ディオニュシオスは神に
　　「これ」とか「あれ」とかを付け加えず、それによって、神が――
　　何であるか知らないが――何であれ、それをはるかに超えたもので
　　あることを示唆しているのである[11]。

　エックハルトはパウロの失明とディオニュシオスの輝く闇の教説を結
びつける視点を、おそらく師アルベルトゥス・マグヌスの『神秘神学註
解』から学んだのであろう。そこで彼は次のように述べている。「太陽
には暗いものがないにもかかわらず、その余りにまばゆい輝きで、眼が
眩むように、「神の中には闇がない」にもかかわらず、その余りに大き
い輝きで、神の神秘はわれわれには隠されている」[12]。新プラトン主義
の優れた理解者であり、紹介者だった師から学んだのは、しかし神の不
可能性だけではない。エックハルトが説教で神を「無の果実」（diu vruht
des nihtes）と呼んだことは、それがただの否定性の無産物だけではなく、
生むものでもあることを示している。彼はディオニュシオスでは補足的
な意味しかもたない、新プラトン主義の重要な主張に注目する。それは
後期の新プラトン主義者プロクロスが提唱した、三相構造、すなわち、
存在がそれ自身に留まっている相と、それ自身から出て結果を生み出す
相と、自分の出てきた源に回帰する相の三つの相からなるという説であ
る[13]。エックハルトにとっての神の《無》は、第三のそれへの回帰を促
す契機としての動力であり、それゆえ説教の後半は、『雅歌』の婚約者
を探しまわる花嫁の歌が引かれ、神の探求のためにはあらゆる被造性を
放棄しなければならないことが説かれるのである。

3 魂の熾火（Seelenfünklein）

　神の「光のなかの光」によって照らし出され、存在を得る被造物はそれゆえ、「ろうそくの火」に喩えられる。これは魂に光があり、それは太陽や星や天の宇宙的な原初光を模倣すると考えた、古代やストアの哲学者に由来するが[14]、ろうそくの火を神と人間の通底路として最大限に強調したのが、やはりエックハルトである。彼が 1329 年に異端者として断罪された理由の一つに、「魂のなかには造られたものでない何かがある」という命題がある。エックハルトはこの「何か」をさまざまな隠喩で表現しているが、その一つに「魂の熾火」がある[15]。「造られたものではない」とは神に由来する、あるいは神と同等だということである。永遠の光が魂に宿っているのは、それによって神（真理）を認識するためである。光のもつ叡智的な双方向性は新プラトン主義の主張であり、例えばアウグスティヌスは、神の御言が光のなかの光として、魂の根底にイデアを語り入れた瞬間、魂は神への帰還を始めるとした[16]。魂を叡智を映す鏡と考える思想は神秘思想に典型的であるが、エックハルトはこれを「魂における神の誕生」（Gottesgeburt in der Seele）という表現で新たな次元にもたらした。神を認識する力が非被造的である、すなわち神のものであるがゆえに、知性とは神の子イエス・キリスト自身であり、彼がロゴスとして魂に誕生するのである。

　私は折にふれて、魂の内にある被造れずまた被造れえない光について語ってきた。説教のうちで私はいつもこの光のことに触れるのを常としている。この光は神を、媒介なしに、被いなく裸のままに、神が神自身においてあるように受け取る。それは、神を参入の現作用において、すなわち神が神自身を現に生み込むその働きにおいて、受け取ることである。ここにおいて私は真に言うことができる。

その光は、魂の諸力のどれかとよりも神とのより一層大きな一性を
もつと。(クヴィント版全集説教第48番、『ドイツ語説教集』上田訳、82頁)

4 『シュヴァルツヴァルト説教集』——光のシンボリズム

　民間信仰に由来する魂のなかの炎が、キリスト教においてロゴスと同
一視され、中世の思弁神秘主義者によって人間理性の称賛へと高められ
たことを見てきた。ここでしばらく、民衆説教における炎の象徴的機能
について考察してみよう。13世紀後半にフランシスコ会士によって書
かれ、中世後期の三大ドイツ語説教集の一つとされる『シュヴァルツヴ
ァルト説教集』(*Schwarzwälder Predigten*) は聖人伝説を扱ったものが多いが、
そのなかの『聖母マリアの清めの祝日の説教』(第13番) は、俗に「聖
燭祭」と呼ばれる、聖母マリアを讃えて、ろうそくの明かりを手にして
行列する祭りの意味を説いたものである[17]。エックハルトが高度な思弁
で論じた「魂における神(の子)の誕生」が、民衆の信仰レベルではシ
ンボル化され、典礼として具体的に執り行われたことがわかる。
　説教はこの聖燭祭の五つの意味を説くことから始まる。ろうそくの明
かりを手にする第一の意味は、ルカによる福音書が伝える、幼子イエス
を腕に抱いたシメオンの物語 (「ルカによる福音書」2：22以下) を再現する
ためである。エルサレムの神殿にシメオンという名の善人がいた。彼は
高齢だったが、真の神の子が現れるまで死なないというお告げを受けて
いた。神殿にマリアに連れられて捧げ物をしに来たイエスを見て、彼は
彼が救い主であることを知り、歓喜する。説教は言う。「さて、シメオ
ンが取り上げた光とは誰であろうか。それはほかならぬ幼子イエス・キ
リストである。彼こそ永遠の光である。そんな光を取り上げることがで
きた人間はどんなに心地よかったことだろう。〔…〕シメオンが永遠の
光をその日手に取ったのと同じように、われわれも今日この蠟燭の明か
りを手に取り、神が天も地も照らす永遠の光であることを知ろう」(邦

訳 143 頁)。

　第二の意味は、ローマ人がキリスト教に改宗する以前に女神フェブル
アを讃えるために、ローマ中を松明をもって行進した習慣を改めさせる
ため、同様の祭りで代替させたことだとする。

　第三の意味は、聖母マリアの純潔を赤々と燃える炎が象徴しているこ
とである。「それゆえ愛する皆さん、あなた方も聖母のようにイエス・
キリストという光を手にしたければ、明るいランプと器に神の愛を入れ
ておかなければならない。もし神の愛の油を心に入れているのなら、あ
なたは神、つまり永遠の光をもっている。心に神の幼子をもっているの
だ」（144 頁）。花嫁神秘思想のウニオ・ミュスティカ（神的合―）の響
きがある、この説教は、聞き手に修道女を想定していた可能性がある。
手元の光が、マリアが経験した受胎、妊娠、出産を同じく体験する契機
となるのである。

　第四の意味は、「炎をもつ者が知恵を得て、ものを理解できるように
なるため」である。光とは善き行いであり、その輝きで他者を感化する
ことが求められる。また蠟燭が短くなっていくのを見て、この世の命の
儚さに思いを馳せ、永遠の命を希求することが求められる。

　第五の意味は、ろうそくの明かりのなかに永遠の光の意味を見ること
である。説教者は『詩篇』の言葉「あなたの光の中でわれわれは光を見
る」（36：10）を解釈してこれが、「あなたの光、つまりあなたの神の国
の中でわれわれは永遠の光を見る」ことだとする。神の国に入れば、永
遠の光に照らされて、すべてがありのままに認識できることを象徴的に
体験することが、聖燭祭に参加する最大の意味なのである。こうした象
徴的解釈に続いて、説教はある高貴な婦人の聖燭祭にまつわる幻視体験
を紹介し、聖母マリア礼賛が病気の治癒にも効能があることを述べて終
わる。光をめぐる高度な神学的内容を扱いながら、それが教会典礼、さ
らには信仰生活へと具体化されていく過程で超自然的幻視が重要な意味
をもつ点に注意すべきである。女子修道者、あるいは女性の聴衆を想定

した内容から、説教がいわゆる婦女子訓育（cura monialium）を目的としていることは容易に想像でき、ここで女性神秘思想と光の形而上学との関わりがどのようなものであったかを再度考察する必要が出てくる。

5 『神性の流れる光』──朝露のプリズム

　前章で見たように、光のシンボリズムはマリア信仰と深く結びついている。神の永遠の光が人間の乙女に宿るという奇跡は、ディオニュシオスの否定神学とは真っ向から対立するが、修道女たちにとっては同性の聖女の存在は自分たちの信仰生活の支えとしてより意味深いものだったろう。13世紀に大都市マクデブルクで半俗のベギン修道女として生きた、メヒティルト（1208年頃-82年）にとってもそれは同様だった。女性神秘思想の珠玉の作品とされる『神性の流れる光』の第5巻23章でメヒティルトは、聖母マリアの受胎告知から出産、ヘロデの迫害を逃れてエジプトへ避難するまでを、幻視物語として描いている[18]。それは神の母であり、女性であるマリアへの深い共感と敬意に満ちている。メヒティルトは一人の乙女の魂が永遠の神性に向かってまっしぐらに昇っていくのを見る。魂は甘い声で神に呼びかけ、全身全霊をかけて神に仕えるので、自分を神の母にしてほしいと願う。

　　すると、天使ガブリエルが天の光に包まれて降りてきたのです。光は乙女を包み込みました。天使はこの世では見られないようなまぶしい衣装を身につけていました。乙女はこの光を肉の眼で見たので、驚いて立ち上がりました。天使を見て、その顔に純潔の徴を見いだしたのです。失礼にならないように目を伏せて、耳を澄ませました。天使は彼女に挨拶をし、神の御意を伝えました。その声は彼女には心地よく、感覚が満ちて、魂は炎のように燃え上がりました。（邦訳161頁）。

ルカによる福音書は受胎告知を最も劇的に描いているが、天使ガブリエルを光として描いてはおらず、これはメヒティルトの創作である。エックハルトの思弁神秘思想においては永遠の光は究極の神認識であったが、女性神秘家のなかでは「無原罪のお宿り」という人間主義の次元に移されていることに注意すべきである。

　さらに第3巻第4章でメヒティルトは、「聖母マリアは人間として罪を犯さなかったのか」という問いをたてる。神を宿す体が罪に汚れているはずはない。当然罪を犯していないという結論になるが、議論はマリアにとって肉体とは何かという議論に進む。父なる神は彼女の少女時代を加護し、聖霊は受胎の体を調え、そこにイエスは「花に降りる朝露のように」宿った。イエスが朝露なのに対して、神の神性は強い陽光である。光と朝露と花の関係は、神とイエスとマリアの関係に相応する。

　　永遠の叡智は〔…〕強い神性の陽のもとでも〔あなたマリアが〕人間としての花を散らさないですむように、日陰を作って下さったのです。その日陰であなたはイエスを人間としてはらみ、母として彼を育てました。しかし、奥方さま、父が現れ、聖霊が宿り、御子が語った時、神の炎と聖霊の光と御子の叡智は強烈すぎて、ほとんど蔭も消えるほどでした。そのせいで、あなたは貧しさと苦悩と心痛で、あなたの体の火照りを冷まさなければなりませんでした。しかし、神の善きお宿りで心の中の火照りは続きます。それは始めもなく、人手もかりず、それ自体で燃え続ける炎なのです。奥方さま、この炎はあなたの肉の壁を貫いて照らし、あなたの家の暗がりを追い払うのです。(73頁以下)。

　永遠の叡智のおかげで人間マリアは強い神性の光に焼かれずにすむが、同時にマリアという花に降りた「朝露」イエスも蒸発せずに、実となっ

てマリアに宿る。そして「神の善きお宿り」自身も、人間マリアの肉の
壁を貫いて、彼女の母胎の暗がりを照らす炎なのである。イエスを宿し
たマリア自身も輝くが、それは月の反射のようなものであり、彼女自身
が太陽であるはずはない。しかし女性神秘家としてメヒティルトは、聖
母マリアをどうしても三位の神に近づけたい。第6巻39章では、三つ
のペルソナは一本の奔流となって滔々とマリアの 顔 に流れ込み、「つ
つましい愛の器」（すなわち母胎）を満たす。すると三位一体の素晴ら
しい直射は聖母の顔を照らし、彼女は光り輝く。この時点でマリアは神
に等しく、「命令」を下すことができたはずであるが、神が人間にへり
下ったように、彼女も臣下の礼をつくしてへり下る。しかし光り輝く聖
母にメヒティルトは神性の光を見る。

　　　聖母の光は神から受けた穢れなき恵みで清められています。また
　　完全な徳で飾られて、最高位の冠を受け取ります。こうして、マリ
　　アは優美さをたたえて、神へと還流するのです。（同）

　ここには、光の奔流に満たされた魂が、再び光の源に還流するという
新プラトン主義の図式がはっきり読み取れる。確かに聖母が神の永遠の
光と同一であることはできない。しかしそれが人の世に差す珠玉の光で
あることは明らかである。永遠の光を、いわばプリズムのように分光す
るものが先ほどから何度も登場している「朝露」である[19]。大地を豊穣
にすると信じられた朝露は神的存在の降下を表現する恰好の自然現象だ
った。澄んで純粋であり、早朝に密やかに降り、涼を与え、大地を潤し、
草花に生気を与え、果実を実らせ、蜜蜂を喜ばせるというさまざまな特
性が、マリアの受胎に結びつけられた[20]。

　　　知恵をそなえた全能の神、人の真理をそなえた永遠の御子、子供
　　のあどけなさをそなえた聖霊がマリアの体の壁を痛みもなく快感の

うちに貫きました。それは、まるで太陽が愛の静けさの中で、甘い
朝露に光を差し込める時のような一瞬の出来事でした。(162頁)

太陽と朝露が生む光の変化が処女懐妊という奇跡を表現するのである。

6　聖杯の騎士パルチヴァールと弾む神の言葉

　光のシンボリズムをめぐる論考を締めくくるのは中世の世俗文学であ
る。ヴォルフラム・フォン・エッシェンバハの『パルチヴァール』
(1210年頃成立) は、聖杯の騎士パルチヴァールの成長の物語である。愚
鈍な少年時代を送り、無知ゆえに三つの罪を犯したまま気づかず、聖杯
を求めて諸国を放浪する青年騎士が、真の信仰に目覚め、聖杯城への道
を歩み始める転換点となるのが、森に住む隠者トレフリツェントとの出
会いである。戦闘に明け暮れ、神を呪い、自分の不運を嘆くだけの騎士
に、森の隠者は、人間の罪深さを説き、その上で神が人の子となってこ
の世を救おうとされたこと、人の罪を贖って十字架にかけられ、死後地
獄に降りて罪人を救われたことを教える。パルチヴァールに罪を自覚さ
せ贖わせる教説に、トレフリツェントは「光の隠喩」を用いる。

　　このまことの愛をご存じの方については、これら予言者の美しい
　言葉が伝えている。この方はくまなく照らす光 (ein durchliuhtec
　lieht) で、愛において揺らぐことはない、この方の愛のみ手が差し
　伸ばされれば、いかなる人も愛を得て幸いを得るのだ。しかしこの
　ことは二つに分かれ、世のすべての人に神のミンネとともに憎悪も
　差し出されるのだ。さあ、どちらがそなたの助けになるか考えてみ
　るがいい。罪を犯して悔い改めない者は、尊い恩寵にあずかろうと
　して奉仕する。この恩寵をもっておられるのは、人の考えの中にお
　入りになれるお方だ。人の考えはもともと日の光を寄せ付けない。

人の考えは錠がないのに堅く閉じており、どんな被造物も中をうかがうことができない。また人の考えは暗闇で、覗き見ることができない。しかし神だけは明るく輝き、暗黒の壁をも通して差し込み、声もたてず、音もなく胸から出て跳び込んで来られる。それゆえどんな逃げ足の速い考えでも、神の目をかいくぐって、胸から皮膚の前に跳び出ることはできぬのだ。そして神は常に慎み深い考えに好意をお持ちだ。神はこのように人間の考えをお見通しだから、我々の壊れ易い行為にどのように悩まれていることだろう (466)[21]。

　この説教がイエスが受難した聖金曜日にもたれたことは重要である。御子を人の世に遣わした神こそ愛を知る方であり、またイエス・キリストも地獄巡りの間に改悛した罪人たちを愛によって連れ戻した。復活祭までの三日間はそれゆえ贖罪の時であり、トレフリツェントはパルチヴァールに心に光を当てて（胸に手を当てて）考えるように命じるのである。さもなくば永遠の地獄が待っている、と。こうした司牧的教化的性格だけではなく、この一節は作家が十分な神学的素養を身につけていたことを表している。神が「くまなく照らす光」であるのに対して、人の考えが日の光を寄せ付けない「暗闇」であるとする説はプラトンの洞窟の比喩を思わせるし──事実引用冒頭の予言者の一人はプラトンである──、存在者が神の光にあずかって命を得るという思考は、同じくプラトンの分有説を彷彿とさせる[22]。神が与える光であるというのも、聖書にたびたび登場する表現である。「よい贈り物、完全な賜物はみな、上から、光の源である御父から来るのです」（「ヤコブの手紙」1：17）。さらに重要なのは、その暗闇に光が差し込むという思想である。パルチヴァールの罪の隠れる暗闇はいち早く神の知るところとなり、過去の罪過が白日の下にさらされる。神は自らつくり給うた被造物のすべてを知り尽くしている。「心とはらわたを調べる方／神は正しくいます」（「詩篇」7：10）。聖金曜日の主題は正義であり、裁く神と赦す神が同じ光として

照り輝く。

　人の考え（gedanke）に差す光と、先に見た女性神秘家の、マリアの胎に差し込む光とは共通点がある。ドイツ文学者のハースはこの箇所の「跳ぶ」（springen）という動詞に注目する。聖書において神の言葉、神の愛、神の光は「発出」し、「跳びはね」、「湧き出る」という一連の跳躍動詞群で表現される。例えば男女の恋愛観を歌って、聖書の中でも特異な位置を占める『雅歌』は、恋人を「かもしか」、「若い牡鹿」に喩え、「恋しい人の声が聞こえます。山を越え、丘を跳んでやって来ます」（2：8）と歌う。魂が聞く声の主はもちろん神であり、神が魂に「跳びはねて」入ってくる描写は、その後の幻視文学に影響を与えた。雅歌を註解した韻文詩『ザンクト・トルートペルトの雅歌』（1150年–60年成立）はこの一節を聖母マリアの受胎と関連づけて、次のように歌う。「わたしの魂のために、彼は跳んだ／天から乙女の胎に／胎から飼葉桶に／飼葉桶から洗礼盤に／洗礼盤から十字架へ／十字架から墓所へ／墓所から地獄へ／地獄から復活へ／復活から天へ昇った。」[23] 神の言葉（イエス）がマリアの胎に跳びこむという表現は、ヒポリュトスやアンブロシウスやグレゴリウスといった教父が好んで使った。また神の言葉の発現を歌った『知恵の書』（18：14-15）の次のよく知られた一節にも、やはり同様の表現が見いだされる。「沈黙の静けさがすべてを包み、／夜が速やかな歩みで半ばに達したとき、／あなたの全能の言葉は天の王座から、／情け容赦のないつわもののように、／この滅びの地に下った」（新共同訳）。「下った」と訳されている prosilivit は「跳び出る」という意味であり、神の言葉が躍動として理解されていることがわかる[24]。音もなく光が心に跳びこんでくると、罪過はあわてて胸から跳び出ようとする。それを神の光は見逃さない。雅歌や聖書外典のいう「弾む神の言葉」をふまえて、ヴォルフラムは隠者トレフリツェントに、心の闇を照らす光について語らせているのである。

　以上、中世ドイツの宗教と世俗文学に現れた光をめぐる言説を考察し

てきた。そこに描かれた存在論的、認識論的、マリア学的、司牧的、人間学的視点はプリズムを通した光線のようにさまざまな彩りをみせて西欧思想を照らしてきた。それらは相互に対立するもののように見えつつも、究極に存在する永遠の光への憧れ、それへの帰還を、視る人に促すという点では共通している。神としての光はそれゆえレトリックではなく、その現実相を示す実在なのである。

注

1　Klaus Hedwig, „Forschungsübersicht: Arbeiten zur scholastischen Lichtspekulation. Allegorie-Metaphysik-Optik", in: *Philosophisches Jahrbuch*, 84（1977）, pp. 102–126.

2　ヘトヴィヒは光と新プラトン主義の関係を次のように要約する。「神の御言は「光の中の光」として精神の根底にイデアを「語り入れ」、自由な振り向き（conversio）としての帰還を認める。それによって人間は認識の遂行においてすべての存在者の原初的な統一体（conformitatio）を始原ともに見る。」Hedwig（1977）, p. 107.

3　「覆いなく自らを示す世界の「無隠蔽性」（ἀλήθεια）の内的構造としての光は、存在者の意味が叡智によって自由に、知的に、根本的に統べられていることを、古代と中世の哲学的伝統に示す、模範的例である。」Klaus Hedwig, „Neuere Arbeiten zur Mittelalterlichen Lichttheorie", in: *Zeitschrift für philosophische Forschung* 33（1979）, pp. 602–615, here S. 602.

4　David C. Lindberg, *The Beginnings of Western Science. The European Scientific Tradition in Philosophical, Religious, and Institutional Context, 600. B.C. to A.D. 1450*, Chicago/London 1992, p. 312ff. もちろん中世スコラ学における光学の代表的論客としてオックスフォード学派のグローステストが挙げられる。

5　Dionysius, *De div. nom.* I, §5–6, PG 3, 593 u. 596. Cf. Josef Koch, „Über die Lichtsymbolik im Bereich der Philosophie und der Mystik des Mittelalters", in: ders, *Kleine Schriften* Bd. I, Rom 1973, pp. 27–67.

6　Herwig（1977）, p. 106. ヘルヴィヒの研究はスコラ神学が受容した光のシンボリズムの来歴を西欧精神の枠内で広範囲に調査している。

7　ディオニュシオス・アレオパギテス『神秘神学』（今義博訳、『中世思想原典集成

第 3 巻　後期ギリシア教父・ビザンティン思想』平凡社、1994 年収録）、448 頁以下。

8　Burkhard Hasebrink, „Predigt Nr. 71 'Surrexit autem Saulus'", in: *Lectura Eckhardi. Predigten Meister Eckharts von Fachgelehrten gelesen und gedeutet*, Georg Steer/ Loris Sturlese（edd.）, vol. I, Stuttgart/ Berlin/ Köln 1998, pp. 219–245.

9　一例を挙げれば、モーゼス・マイモニデス「魂の偏在」（『迷える者たちの導師』）、アリストテレス「上の存在は下位の存在から影響を受けない」（『原因論』）、また「眼の純粋性」（『魂について』）、アルベルトゥス・マグヌス「新プラトン主義」（『天界論』）、トマス・アクィナス「純粋知性」（『神学大全』）、アウグスティヌス「神の言表不可能性」（『三位一体論』）、フライベルクのディートリヒ「至福直観」（『能動知性論』）、クレルヴォのベルナール「尺度なき神認識」（『雅歌説教』）。

10　以下記述は、筆者自身の以下の翻訳書につけた註の記述によっている。『エックハルト説教集』（上田閑照・香田芳樹訳註、創文社、2006 年）、199 頁以下。エックハルトからの引用は断りがない限り、本書による。

11　前掲書 104 頁。

12　Albertus Magnus, *Super Dionysii Mysticam theologiam*（*S. Alberti Magni Opera omnia*, Tomus 37/ 2）, Paulus Simon（ed.）, Aschendorff 1978, p. 457. Cf. Kurt Ruh, *Geschichte der abendländischen Mystik*, vol. 3: Die Mystik des deutschen Predigerordens und ihre Grundlegung durch die Hochscholastik, München（C. H. Beck）1996, pp. 113–124.

13　ディオニュシオス・アレオパギテス『天上位階論』（今義博訳「解説」、『中世思想原典集成　第 3 巻　後期ギリシア教父・ビザンティン思想』収録）、346 頁以下。

14　「天、つまりエーテルを仰ぎ見れば、そこには何千もの星が輝くのが見て取れた。死んでエーテルのなかに消えていった何千もの人たちの魂がどこにあるのかと聞かれれば、星を指させばよかった。天の川の無数に輝く星群は、無数の死者の魂なのだ。そこには大きな星も小さな星も輝いている。それをアリストファネスは彼なりのやり方で解釈してみせた。それはアナクサゴラスが物質的に示してみせた、エーテルはその性格から火が点きやすく、それが高速で動いて岩塊を揺らし、火をつけて星にする、という説と同じだった。魂が星になるという言い伝えは、ストアの教説に支持された。なぜならそこでは魂の一部は理性と同じものだとされる火でできており、この部分が肉体から離れて、その根源、すなわち天空に最もよく見える原初の火（Urfeuer）へと帰っていくと考えられたからである。」Martin P. Nilsson, „Die astrale Unsterblichkeit und die kosmische Mystik", in: *Numen* 1（1954）, pp. 106–119, here p. 114. また Hedwig（1977）, p. 108 も参照。ストア哲学における原初の火と良知（Synderesis）の関係については以下の書を参照。Hans Hof,

Scintilla Animae. Eine Studie zu einem Grundbegriff in Meister Eckharts Philosophie, Lund 1952, here p. 196ff.

15 エックハルトの異端審問については、香田芳樹『マイスター・エックハルト　生涯と著作』（創文社、2011 年）、309 頁以下参照。Seelenfünklein、あるいは Fünklein der Seele はエックハルト研究では伝統的に「魂の火花」と訳されてきた。これはドイツ語の Fünklein が Funke（炎）の縮小形だからであるが、以下で解説するようにこの名詞はことの大小を問題にしているわけではなく、神の火の輝きを反照する炎が人の魂に宿っていることを表している。よって本稿では試験的に「魂の熾火（おきび）」という訳語を当てる。魂のなかの炎という隠喩の歴史的由来については、『エックハルト　ドイツ語説教集』の拙註（7）、155 頁を参照。

16 「神の御言は、「光のなかの光」として精神の根底にイデアを「語り入れ」、自由な方向転換（conversio）としての帰還を認める。それによって人間は認識の遂行において、すべての存在者の原初的な一体（conformatio）を始原とともに見る」（Hedwig（1977）, p. 107）。

17 『シュヴァルツヴァルト説教集』（香田芳樹訳、『中世思想原典集成　第 16 巻　ドイツ神秘思想』木村直司監修、平凡社、2001 年）、137–149 頁。

18 マクデブルクのメヒティルト『神性の流れる光』（香田芳樹訳、創文社、1999 年）。

19 「朝露」の隠喩の神秘思想における文学的伝統については、前掲の翻訳『神性の流れる光』訳註 11（298 頁以下）を参照。

20 朝露について詳しくは次の研究を参照。Paul Michel, „durch die bilde über die bilde. Zur Bildgestaltung bei Mechthild von Magdeburg“, in: Kurt Ruh (ed.), *Abendländische Mystik im Mittelalter*, Stuttgart 1986, pp. 509–526.

21 ヴォルフラム・フォン・エッシェンバハ『パルチヴァール』（加倉井粛之・伊東泰治・馬場勝弥・小栗友一訳、郁文堂、1974 年）、248 頁。一部改訳した。Wolfram von Eschenbach, *Parzival*, vol. 2, Karl Lachmann u. Wolfgang Spiewok (edd.), Stuttgart 1981.

22 Alois M. Haas, „Wolfram von Eschenbach. Der Lichtsprung der Gottheit (Parz. 466)“, in: *Sermo mysticus. Studien zu Theologie und Sprache der deutschen Mystik*, Freiburg/ Schweiz 1979, pp. 37–66, here p. 54.

23 *Das St. Trudperter Hohelied. Eine Lehre der liebenden Gotteserkenntnis*, Friedrich Ohly (ed.), Frankfurt a. M. 1998, 31, 11–19, pp. 84–85.『ザンクト・トルートペルトの雅歌』については、前出の『中世思想原典集成　第 16 巻　ドイツ神秘思想』の筆者による同名の翻訳と解説（23–39 頁）を参照。

24 この章句をマイスター・エックハルトも説教 58 番で解釈し、神の声が「略奪者の風貌」で訪れるとしている。それが略奪者であるのは、魂にすべての我を取り

除いた《無》に戻ることを要求するからである。神の言葉の力動性が神秘家たち
に好んで取り上げられたことは興味深い。そしてさらに興味深いのは、この説教
がタウラーのものとして流布し、それをマルティン・ルターが読んだということ
である。これについては拙著『魂深き人びと』（青灯社、2016 年）、147–156 頁を
参照。

神の光、そして預言者とイマームたちの光

イスマーイール派によるクルアーン「光の節」の解釈
（スィジスターニー『神的王領の鍵の書』第 52 章の翻訳と解題）

野元　晋

解　題

はじめに

　光は闇をはらい、人間を含む動物に視界を与え、またそれが太陽から発せられた陽光であれば、熱を与え、植物に光合成を起こすなど様々な働きで生命の活動を可能とする。そこで光は太古より世界の諸宗教において神性を始め、多くの肯定的な属性を帯びた存在とされてきた[1]。また光の肯定的属性と対になるように闇が否定的な属性を帯びるが、やがて善悪を明暗に重ねる倫理的な二元論が前 1000 年頃以降、中東を中心とする地域の諸宗教に現れるようになる。その過程で光は善とともに叡智、または知識と結び付けられ、また闇は悪や無知や愚かしさと結び付けられ、もちろんその二元性は自らの宗教共同体の成員であることとも結び付けられる[2]。

　この光は善、叡智、または知識と、闇は悪、無知や愚かしさに結び付けられるという二元論的傾向はユダヤ教・キリスト教・イスラームというアブラハムに淵源すると信じられる三大一神教に共有され、本論の主題であるシーア派イスラームの有力な派の一つであり、シーア派的預言

者論とメシア思想からなる教義体系に新プラトン主義宇宙論を組み込み、ヒジュラ暦4世紀/西暦10世紀から7/13世紀[3]にかけて中東で大きな政治的・知的影響力を持ったイスマーイール派にも見られる。本論で紹介するのは4/10世紀の同派の著名な思想家アブー・ヤアクーブ・イスハーク・イブン・アフマド・スィジスターニー（Abū Ya'qūb Isḥāq ibn Aḥmad al-Sijistānī, 361/971年歿）による聖典クルアーン中「光の章」（Sūrat al-Nūr）と題された第24章から、ことに有名な第35節の解釈である[4]。そのため、この節における「光」の解釈を論じた『神的王領の鍵の書』（Kitāb al-Maqālīd al-Malakūtīya）——以下『鍵の書』と略記——から第52章「啓示と解釈の間の相違について」（Fī al-Farq bayn al-Tanzīl wa-al-Ta'wīl）の翻訳を、同書のイスマーイール・プーナワーラー（Ismail K. Poonawala）による批判的校訂版を底本として試みたい[5]。そこで明らかになるのは、光を神からの知識のみならず、神の救いの時間の次元での実現という救済史の展開の証しとして捉える解釈である。

1 クルアーン第24章第35節について

このスィジスターニーが論ずるクルアーン第24章第35節は、上でも少し触れたようにクルアーンにおいて「光」が言及された箇所のうち、ことに有名なもので「光の節」（Āyat al-Nūr）とも呼ばれている[6]。以下に井筒俊彦訳による「光の節」の全文を掲げる。

　　　アッラーは天と地の光り。この光りをものの譬えで説こうなら、まず御堂の壁龕に置いた燈明か。燈明は玻璃に包まれ、玻璃はきらめく星とまごうばかり。その火を点すはいとも目出度い橄欖樹で、これは東国の産でもなく、西国の産でもなく、その油は火に触れずとも自らにして燃え出さんばかり。（火をつければ）光りの上に光りを加えて照りまさる。アッラーは御心のままに人々をその光りの

ところまで導き給う。

　アッラーはこうして人間のためいろいろな譬えを引き給う。アッラーは全てに通暁し給う[7]。

　以上の第24章第35節については、クルアーン注釈（tafsīr）の歴史のかなり早い段階に預言者の教友でもあった注釈家イブン・アッバース（Ibn ʿAbbās, d. c. 68/687–8年歿）が「光」を神が授ける知識（maʿrifa）と結び付けて解釈したと、後に記録されたことは注目すべきであろう[8]。

　なおこの「光の節」をめぐって哲学の伝統において幾つかの重要な著作が著されている。まず挙げられるのは「頭領たる師」、イスラーム思想におけるアリストテレス主義的哲学の完成者イブン・スィーナー（アヴィセンナ 370/980年 –428/1037年）による小品『預言の証明』（Ithbāt al-Nubūwāt）である[9]。ここではイブン・スィーナーは知性を光に結び付ける解釈を示し、「光の節」に挙げられている象徴的事物（壁龕、灯り〔「燈明」〕、玻璃、輝く星〔「きらめく星」〕、橄欖樹）のそれぞれを知性の発達段階の比喩と解釈し、最後の知性に影響するであろう「火」は普遍的知性（al-ʿaql al-kullī）とされる[10]。

　またスーフィズムの理論的正統化に大きく寄与し、神学の立場からのイブン・スィーナーの批判者でもあった、アブー・ハーミド・ガザーリー（Abū Ḥāmid al-Ghazālī, 450/1058年 –505/1111年）にはまさにこの「光の節」の中から題名をとった『光の壁龕』（Mishkāt al-Anwār）という著作がある。ガザーリーはその第1章と第2章で「光の節」の様々な象徴を知性の認識論と、光と闇の存在論と宇宙論の文脈において解釈している[11]。

　なお近世における、イルファーン（ʿIrfān）と呼ばれる、スーフィズム、哲学、シーア派思想を綜合した神秘哲学の代表的思想家モッラー・サドラー（Mullā Ṣadrā）、正式にはサドルッディーン・ムハンマド・イブン・イブラーヒーム・シーラーズィー（Ṣadr al-Dīn Muḥammad ibn Ibrāhīm al-Shīrāzī, ca. 979–80/1571–2年 –1050/1640年）による「光の節注釈」（Tafsīr Āyat al-Nur）が、

その著書『聖クルアーン注釈』(*Tafsīr al-Qur'ān al-Karīm*) の一部としてある[12]。

2　イスマーイール派とスィジスターニー

イスマーイール派は現在のシーア派中最大宗派である十二イマーム派と共通の母体イマーム派 (Imāmīya) から分かれ、第六代イマーム (Imām)、ジャアファル・サーディク (Ja'far al-Ṣādiq, 83/702 年（または 80/699 年 – 86/705 年の間か）–148/765 年) の後継をめぐって、その子イスマーイール (Ismā'īl) を支持した一派に遡る[13]。3/9 世紀末には、イスマーイールの子ムハンマド（ムハンマド・イブン・イスマーイール Muḥammad ibn Ismā'īl) の、メシア的人物、マフディー (Mahdī, 正しく導かれる人）またはカーイム (Qā'im, 起てる人、立つ人）としての差し迫った出現を説く運動が現れ、シリア、イラク、アラビア半島東部、イエメンなど各地で宣教員たち (du'āt, 単数形 dā'ī) がその教えを人々に広めた。やがてこの派の運動から現在のチュニジアにファーティマ朝（297/909 年 –567/1171 年）が建国され、4/10 世紀は「シーア派の世紀」と呼ばれるほどに、シーア派が中東世界で大きな力を得ることになる。

イスマーイール派運動の原動力となったのがメシア主義であるが、それを理論的に支えたのは、預言者の働きが歴史的次元で展開し、さらにそれがメシア的人物の来臨でさらに新たな段階に至るという救済史観である[14]。それによればムハンマド (Muḥammad) に至る 6 人の「告知者」(nāṭiq, 複数形 nuṭaiqā')、大預言者が次々と現われ、前の告知者の聖法 (sharī'a, 複数形 sharā'i') を廃棄し、次の聖法をもたらし、やがて 7 人目のメシア的人物、カーイムが現われ、以前の聖法の内面 (bāṭin) に秘められていた諸真理 (ḥaqā'iq) を開示 (kashf) する。

さらにこの預言者論と救済史観に、4/10 世紀前半より、恐らくペルシア語圏の思想家たちによる力が大きかったが、新プラトン主義の影響

による要素がイスマーイール派の思想に加わることになる。その傾向は宇宙論の領域において大きく、プロティノスの一者・知性・魂の三つの位格、「三つの原理」の宇宙論的枠組みと流出論は、一神教的な創造の教義による改変を経つつ、受容されることになる。すなわち、神自身が知性（al-ʿaql）（とそれが含む全存在者）を創造の御言葉（kalima）または「命令」（amr）により「一気に」（dafʿatan wāḥidatan）「創出した」（abdaʿa.動名詞形 ibdāʿ）後は、知性から魂（al-nafs）が、魂から自然（ṭabīʿa）が「ほとばしり出る」（inbajasa）、「発出する」（inbaʿatha）と言う形で、宇宙形成の発端を与える役割は神が果たし、創造の教義が保持されているのである。この改変された三つの位格による宇宙論は、ペルシア語圏のイスマーイール派によってその諸拠点がモンゴルに 13 世紀中頃に征圧されて以降もしばらく維持されることになる。

　イスマーイール派の新プラトン主義の受容に関しては、アブー・ヤアクーブ・スィジスターニーは、本格的に最初にその思想の影響を受けたと考えられるムハンマド・イブン・アフマド・ナサフィー（Muḥammad ibn Aḥmad al-Nasafī, 332/943 年歿）やアブー・ハーティム・ラーズィー（Abū Ḥātim al-Rāzī, 322/934 年歿）に続く世代であった。スィジスターニーはその残された著作から、ナサフィーの著作で現存しているものは少なく、殆どが断片的であり、またラーズィーの著作で体系的にイスマーイール派思想を伝えるものは現存していない現状では、イスマーイール派中、宇宙論と預言者論を体系的に纏った形で遺すことが出来た最初の思想家と言えよう。彼の生涯について断片的にでもわかるものは宣教員としての側面のみであり、生歿年も伝わっていない。またイスラームの教義では到底受け入れられないが、魂の輪廻（tanāsukh）の説を唱えたという報告があり、これはイスマーイール派内部でも問題となったようである[15]。このようにスィジスターニーの思想は異端的と言えるものは含んでいたにせよ、その著作はイスマーイール派内部で筆写され現在まで伝えられた

のである。

3 『鍵の書』とスィジスターニーの「光の節」の解釈

『鍵の書』は量的に規模が他の著作に対して大きく、70 の章（iqlīd
「鍵」と呼ばれる）によって構成される[16]。この書は「創出者（al-Mubdiʿ
＝神）の称名（dhikr）について」と題する章で始まり、まず神の威光
（ʿaẓama）や限りない力（qudra）について説き、創出者など神の名や属
性の検討を通してのその唯一性の考察、神の創造行為とその命令
（Amr）などの考察を通じて、神について否定神学的な思索を展開する。
そして知性、魂、自然、魂の可能態から現実態への変化、無始の時間と
永遠、魂と身体、魂の輪廻説の誤り、天使、魂への罰、預言、聖法、啓
示とその解釈、人間の他の被造物への優越、信仰、非難すべき行為、告
知者たちとその死後の共同体の不和、義とされる宗教生活など論題には
一つ一つに一章が割かれて論じられる。このように『鍵の書』は神から
知性、魂など宇宙の上位の存在から人間の宗教生活まで、位階秩序を上
から下へと宇宙の諸存在者や宗教制度を広範囲に扱い、当時のイスマー
イール派の思想書としては総合性が高い[17]。そのためスィジスターニー
の主著とも呼びうるものである。

この『鍵の書』はファーティマ朝系イスマーイール派のハムダーニー
（Hamdānī）家に伝えられ、かつてはインドのスーラトにあった唯一の写
本（unique manuscript）によって知られてきた[18]。しかし本翻訳の底本の
校訂者イスマーイール・プーナワーラーが、1990 年代初頭に、やはり
ファーティマ朝系の同派の著名な学者ザーヒド・アリー（Zāhid ʿAlī）の遺
児アービド・アリー博士（Dr. ʿĀbid ʿAlī）の知遇を得て、インドのハイデ
ラーバードにあるザーヒド・アリーの所蔵本であった第二の写本の存在
を知り、その写真版を譲り受けた[19]。そして研究を始め、ハムダーニー
家写本とザーヒド・アリー写本は共通の写本を元としていると考えたの

である。そしてより完全なハムダーニー写本を元とし、それをザーヒド・アリー写本で補うことで校訂作業を進めたと報告している。このようにして二つの写本により本翻訳の底本の批判校訂版が成立した。

さてここに訳出した『鍵の書』の第52章（「鍵」）「啓示と解釈の相違について」であるが、まずはこの「解釈」（ta'wīl）については説明を要するであろう。これは聖典や聖法を宗教の外的側面（ẓāhir）として、そこから隠れた内面（bāṭin）を明るみに出す「解釈」（ta'wīl）、あるいは特別な教育を受けた者のみが許される秘教的解釈と考えられるものである[20]。「啓示」と訳したタンズィール（tanzīl）は上から「下すこと」を意味するが、「解釈」と訳したタアウィールは「起源」「最初のもの」へとあるものを返すことにある。スィジスターニーは啓示を「自然的諸事物」（al-ashyā' al-ṭabī'īya）、つまり自然界からの材料にたとえ、解釈を「技術による諸事物」（al-ashyā' al-ṭanā'īya）、つまり人の手が加わった生産物にたとえている。そして前者の価値は後者によらずしては現れないという。

　　啓示と解釈の間の相違とは、啓示は自然的諸事物（al-ashyā' al-ṭabī'īya）に似ているが、解釈は技術による諸事物（al-ashyā' al-ṣanā'īya）に似ていることである。その〔ような〕諸事物は諸性質の高い価値（sharaf）が現れるために、それら自然的事物のうちに、職人たち〔の手〕により現れ、かつ目的とされた利益を達成する。その例としては、様々な材木の類があり、それらは自然が現したものだが、もしも職人たちの〔手による〕技術の作用[21]を受けず、火で焼かれた道具だけを持つとすれば、それらは高い価値を持たず、利益が現れることもない。かくしてそれらは職人たちの技術の作用を受ける時に〔…〕、その高い価値と利益が現れる。木材に働く技術はあらゆるものにその場所を定めるからである[22]。

つまりスィジスターニーは解釈こそが啓示を真に活かすのだと主張しているのである。

　次いでスィジスターニーは、技術者が材料となる諸事物に加工を加えて、様々に組み合わせるように、解釈者はテクストのうちの喩え（mathal）と喩えられるもの（mamthūl）の関係を考え、かつ言葉が示す事物同士の和合と反発を考えて、それらのつながりから個々の言葉の真の意味を特定していくとする、と考えられる一節を書いている[23]。この後に「光の節」でいう「光」の持つ含意（al-maʿānī al-muḍammana）を探るが、それは太陽や星々や火が発する自然の光（al-nūr al-ṭabīʿī）ではなく、神が与える、また普遍的知性や普遍的魂からの「知による光」（al-nūr al-ʿilmī）を指すという。なぜ自然の光ではこの節の「光」の意味とならないかというと、まず自然の光は「信仰者も不信仰者も」誰にでも降り注ぐもので、それは同じ「光の節」の「神はお望みの者は誰でも御自身の光へと導く」（Q 24：35）にある、神がその光で特別な人々に恩寵を与えるということと齟齬するからである[24]。また太陽などの自然の光によって人が事物を見分けることが出来るように、

　　　　真の知識（al-ʿilm al-ḥaqīqī）によって、真実（ḥaqq）と虚偽（bāṭil）の間を、また導き（hudā）と迷い（ḍalāla）の間を、光の意味は知的な光に他ならないとの示唆があり、弁別することが出来るからである[25]。

　そしてスィジスターニーは「壁龕」は壁に穿たれた穴であり、そこに「灯り」が置かれる場所であるから、それは神からの啓示の光を受ける告知者の喩えであるという。そして「光の節」にある「壁龕のようなもの」（ka-mishkāt）はアラビア文字で K-M-Sh-K-A-T の 6 文字から成るので、この節の「壁龕」は第 6 代告知者である預言者ムハンマドを意味するとしている[26]。さらにスィジスターニーはそれ以降の「光の節」にあ

240

る様々な象徴、つまり「灯り」（miṣbāḥ）、「燦めく星」（kawkab durrī）、「祝福を受けた橄欖樹」（al-shajara al-mubāraka al-zaytūna）、「油」（zayt）、「火」（nār）は、ムハンマド以降にその預言の教えを受け継ぐ、それぞれアリー・イブン・アビー・ターリブ（ʿAlī ibn Abī Ṭālib）とそれ以降のイマームたち（4/10 世紀のイスマーイール派では時に「完成者」〔mutimm、複数は atimmāʾ〕と呼ばれる）の一人一人を示すものと解釈される[27]。こうしてこれら「光の節」の象徴はイスマーイール派の救済史の一部を明らかにするものとされる。

またクルアーンの諸節には二種類あり、それは意味が明白な「明確なもの」（maḥkam）と意味が難解な「曖昧なもの」（mutashābih）があるとし[28]、それはまた四元素の「構成」（tarkīb）の原理が支配する場、つまり自然世界にも見出せるという。

　　　また〔他に〕問う人がいて言うとする、〔自然的な〕原初的性質のうちに、我々が述べたクルアーン〔を構成するところ〕の種類、明確なものと曖昧なものの証明となるものはあるのかと。彼に対しては次のように言われる、〔自然界の〕構成の原因（ʿillat al-tarkīb）とクルアーンの原因は、原因としては一つであり、それら二つの源泉（yanbūʿu-humā）は源泉としては一つであると。そしてあなたは、構成は二つの種類において成り立つとわかるのだ[29]。

そして自然世界においては、「明確なもの」とは鉱物、植物、動物の何れかの存在者である。それらの「その名前、属性、性質、活動、そして特性、さらにはどの物によって良い状態になるか、どの物に入るか、どの物と適合するか、どの物から異なるか」は一般的な人々にも識別可能だからである。しかし「曖昧なもの」はそれら「構成」の原理が働く存在者についての学問、つまり「星占い（tanjīm）の学、また諸天体の運動、それらの合一、それらが離れること、などから生ずるものについ

ての学」である。これらは一般の人々には理解出来ず、算術（ḥisāb）と幾何学（handasa）の基礎を確り身につけた人々、「知識と弁別の人々」（ahl al-ʻilm wa-al-tamyīz）によってのみ理解出来るという[30]。ここでスィジスターニーが述べていることは、聖典クルアーンと自然世界の間に類推、アナロジー（qiyās）が成立するということである。彼はそれら二つの領域は、それぞれにおいてパラレルな役割を果たす存在者を有しており、それら二者の間に働く原理を認識出来れば、それはまた聖典の解釈への道を開くと示唆している[31]。このよう類推的思考が働くために、スィジスターニーにおいては上で見たように、自然世界の光と光に関係する事物と、宗教の世界の救済史上の指導的人物とがパラレルな関係を持ちうることになるのであろう。

翻　訳

アブー・ヤアクーブ・スィジスターニー著
『神的王領の鍵の書』より

（P. 236）[32]
　第52の鍵：啓示（tanzīl）と解釈（taʼwīl）の相違について

　啓示と解釈の間の相違とは、啓示は自然的諸事物（al-ashyāʼ al-ṭabīʻīya）に似ているが、解釈は技術による諸事物（al-ashyāʼ al-ṣanāʻīya）に似ていることである。その〔ような〕諸事物は諸性質の高い価値（sharaf）[33]が現れるために、それら自然的事物のうちに、職人たち〔の手〕により現れ、かつ目的とされた利益を達成する。その例としては、様々な材木の類があり、それらは自然が現したものだが、もしも職人たちの〔手による〕技術の作用[34]を受けず、火で焼かれた道具だけを持つとすれば、それらは

高い価値を持たず、利益が現れることもない。かくしてそれらは職人たちの技術の作用を受ける時に——その一つが門となったり、寝台の枠になったり、箱になったり、説教壇になったり、椅子になったり、矢になったり、矛になったり、ドームになったりすることで——、その高い価値と利益が現れる。木材に働く技術はあらゆるものにその場所を定めるからである。

　同様に自然が引き出してくる鉄も、その高い価値と効用は、もしも自然が職人たちからその技術を受けねば現れることはないのだ。そこで、〔鉄の〕一部が何本かの鉄棒（mawāʾil）や ṣill (?)[35] のようなものになり、さらに一部が幾つかの錠前（maghāliq）とか掛け金（afqāl）になり、何本かの剣（suyūf）やナイフ（sakākīn）になり、一部が何着かの 鎖 帷子（jawāshin）や何領かの 鎧 兜（durūʿ）など、鉄が受けるその他のものども（p. 237）になることで、鉄が技術の作用を受け止めた際に、鉄はそれら技術の一つの作用を受けることになる。同じように、自然の羊毛（al-ṣūf al-ṭabīʿī）も、もしも、その一部が何枚かの敷物（busuṭ）や何個かの枕（wasd[36]）になり、何個かのクッション（wasāʾid）になり、何本かの腰バンド（tikak）や何着かの上着（aksiya）になることで、諸技術の一つの作用を受けることがなければ、その高い価値と効用が現れることはない。また同様に黄金や白銀や鉛や銅、その他の自然の事物についても、その高い価値と効用はひとえにそれら技術の一つの作用を受けることによって現れるのである。同様に啓示は定められた事柄、限定された言葉である——そこには宝として秘蔵の様々な意味（maʿānin maknūza）がある。解釈はそれを扱う者から出て、啓示のすべてのことにその場所を与え、言葉一つ一つからその意とするところを引き出す。このような違いが啓示と解釈の間にある。

　自然の事物に働く技術は、恰もそれら諸事物の一部のように秘められている。しかし、その技術は職人（ṣāniʿ）の動きによってのみ、姿を現すのである。つまり技術を出現させるために職人がそれら諸事物の一つ

を取り上げ、一つをもう一つへと広げ、また一つを熱し、一つを薄くし、一つを捻り、別のものを織り、また一つをもう一つへと加え、一つのものをもう一つのものから取り除くことによって、そうなるのである。啓示も同様であるが、解釈は隠れて姿を現さないので、解釈者が動き、それについて熟考することによってのみ現れるのである。そのことが起こるのは、様々な意味の一つが別のものと一つになり、そこから意図が導き出されるために、解釈者が喩え（mathal）を喩えられるもの（mamthūl）の表現とし、また喩えられるものを喩えに結びつけ、形をその形となっているものへと近づけ、ものをそれに敵対する存在から遠ざけることによってである。このことは諸々の魂にとっては安定すること（qarār）であり、それら魂にはその安定性によって、創造主が御準備下さる豊かな報償を得るようにするために、聖法（sharī'a）の受容が義務とされている。かくして啓示とは言葉なのであり、解釈とは言葉のうちに含まれた意味なのである。

(P. 238)

　その啓示の一つとして以下の　神 ——至高なれ——の御言葉がある、「神は諸天と大地の光（nūr）である。その光は喩えれば壁龕（mishkāt）のようなもの」〔以下本節後略〕（クルアーン 24：35[37]）。この節の言葉の明白な意味は啓示の引用のためであるが、その言葉には含意（al-maʿānī al-muḍammana）がある。その節についての解釈があるが、解釈者（ṣāḥib al-taʾwīl）はこの節の言葉の一つ一つ〔の意味〕を求め、そこから秘められ意図された意味——私が今まさにその注釈や説明に着手しようとしているように——を引き出すのである。そこで私は言おう、〔その節でいう〕「光」の解釈は太陽や星々や火から生み出された自然の光（al-nūr al-ṭabīʿī）〔という意味〕では、神——至高なれ——からの、また先行者（al-sābiq ＝普遍的知性）や後続者（al-tālī ＝普遍的魂）からの燦めく、知による光（al-nūr al-ʿilmī）を除いては、充分ではない。というのもその節の始まりであるが、至高なる神がおられ、かつ神は〔御自らを〕その光

244

によって喩えをしておられるので、神に結びつく光は知による光、かつ知性的〔な光〕（al-nūr al-ʻilmī wa-al-ʻaqlī）に他ならないからである。

　あなたはその節の最後に神がどのように〔節を〕締めくくっているか見ないのか？　そこでは〔次のように〕神が言われている、「神はお望みの者は誰でも御自身の光へと導く」（Q 24：35）と。つまり神はお望みになる者は誰でも御自身の知識へと導かれるということである。もしもそこで求められるものが、太陽や星々や火から生じた自然の光であるとすれば、神は他のものを差し置いて、あるものを特別のものとしなかったであろう。自然の光は、敬虔な者も不道徳な者も、信仰者も不信仰者も、共に受けるものなのだから。また知識を光に喩えることは、ひとえに次の理由による。ちょうど、太陽と星々と火から生ずる光によって、あなたは色を見るようになり、かつ姿形の間を見分けられるように、真の知識（al-ʻilm al-ḥaqīqī）によって、真実（ḥaqq）と虚偽（bāṭil）の間を、また導き（hudā）と迷い（ḍalāla）の間を、光の意味は知的な光に他ならぬという示唆によって、弁別することが出来るからである。次の彼のお方の御言葉〔のように〕[38]、「さすればあなたたちは神とその使徒と、彼のお方が下された光を信ぜよ」と（Q 64：8）。また我々は自然の光を信じなくともよいのである。また次の彼のお方の御言葉〔のように〕[39]、「〔その者は〕(p. 239) 神がその胸を広げてイスラームを受け入れるようにして下さった、また主からの光によってある者ではないか」（Q 39：22）。つまり、彼は知識と叡智の獲得によって、弁別力と認識力によって立つのではないか、ということである。これが光の意味であり、光についての解釈の実践（ʻamal al-taʼwīl）なのである。

　では「壁龕」の解釈はといえば、〔まず考えてみるのは〕その〔壁に穿たれた〕穴（kūwa）──そこに灯りが置かれる──という言葉の釈義で、神──至高なれ──と穴との間にはどのつながりがあるのか？　その穴であるが、それが神の光の喩えであるという解釈の余地などはない。また

もしもある人が太陽の光は穴の喩えであると言ったのなら、それは良い喩えではないし、それを喩えるものは喩えとしては深い印象を与えない。解釈がその〔穴という〕喩えに〔適切な〕場所を定めた時には、穴を告知者（nāṭiq）とした。告知者は地上にあっては、彼に下された神の光を受けることの喩えであり、またその落ち着く先でもあった。また彼から、適法化や違法化、命令と禁止などから成る、〔彼に〕依拠する聖法上の様々な信従（al-taqlīdāt al-sharʿiya）が生ずる。「壁龕のようなもの」（ka-mishkāt）は6文字[40]から成るが、それはこの周期の主が第6代の告知者[41]だからである。そのうち一つの文字は繰り返すが、それはカーフ（kāf）である。繰り返さない五つ〔の残りの文字〕は、告知者は6人であることを示す。それゆえ一人は聖法の主（ṣāḥib al-sharīʿa）ではないが、その者は数が繰り返されるものに他ならないのだ。

　また「灯り」（miṣbāḥ）（Q 24：35）についての解釈であるが、それは知識の灯りの謂である。つまり共同体中に知識を伝播することにおいて、彼（預言者ムハンマド、または預言者一般）の後にその地位を代行する者である。それは人々が神の道に入るまで知識の光に従い、疑いと不一致という闇の諸状態から解放されるためである。この点から、学者たち（ʿulamāʾ）に対しては、知識の灯りとなる人々（maṣābīḥ[42] al-ʿilm）と言われる。また星々は灯りとも言われる。以下の彼のお方の御言葉〔のように〕[43]、「また我らは現世の天を幾つもの灯り（maṣābīḥ）で飾った」（Q 39：22）とある。「幾つもの灯り」は（p.240）5文字[44]である。彼は基礎者中の5人目（khāmis al-usus）[45]なのであるから。そして彼のお方は、次の御言葉においてのみ、「灯り」を「壁龕」に結びつけたのである。すなわち、「そこには灯りがある」（Q 24：35）である。というのも基礎者職（asāsīya）は告知者の心のうちに秘められているからである。それはすべての告知者は基礎者であるが、すべての基礎者は告知者ではないからである。

　また「灯りは玻璃（はり）のうちにあり」（Q 24：35）という彼のお方の御言葉

にある「玻璃」（zujāja）の解釈であるが、それは、その等級に立つ最初の新芽〔たる者〕（al-farkh al-awwal）を指す、つまり初代の完成者（awwal al-atimmā’）[46]である。というのも解釈は、「玻璃」が研究された際には、それは脆く弱い実体であると見出し、またすぐに壊れ、すぐに切り取られ、すぐに接合にほど遠くなるものと見出したのである。それゆえ解釈者は最初の新芽〔たる者〕をよく見ると、この性質によって、それを敵の手にあっては弱さにおいて、その和解を求める素早さ、また彼の党派の分裂ぶり、彼の子孫たちがイマーム職の継承から遠く離れていること、などにおいて玻璃に似たものと見做すのである[47]。それゆえに彼を、その中で灯りが創られる玻璃——とはつまり、そのうちに基礎者がイマーム職を定めた初代の完成者についてである——によって喩えとなるものとした。これが「玻璃」についての解釈の実践［の結果］である。

　さて「燦めく星」（kawkab durrī）（Q 24：35）という彼のお方の御言葉にある「星々」（kawākib）[48]についてであるが、こちらは第二代完成者の位に立つ、第二代の新芽〔たる者〕[49]を指す。というのも、解釈であるが、「星」について調べると、それを高みにあり、光を放ち、上昇と下降の間を何度も行き来する実体である——それは沈む時はいつも〔次に〕上昇する——と見出すためである。そこで解釈者がそれをよく見て、このような性質をもって第二の新芽〔たる者〕を見出したのは、彼の叡智の高みのうちに、その〔イマームとしての〕彼の旗幟の現われのうちに、彼の叡智の輝きのうちに、また彼がイマームに到達し、彼の後もまた一人、一人と〔到達〕したことのうちにであった。彼の裔から彼に代わって立つ者が立ち上がるのは、彼らのうちのかの一人の者が（p. 241）世界の外に出た時なのである。

　「祝福を受けた橄欖樹」（al-shajara al-mubāraka al-zaytūna）についての解釈である。その樹は彼のお方の御言葉、「東のものでも西のものでもない、祝福を受けた橄欖樹に火を灯せば」（Q 24：35）にあるように東のものでも西のものでもない。この樹木に伴う象徴言語についての解釈であ

るが、樹それ自体を、〔つまり〕植物としてはそれのみを、大地はそこから実をとり出すために育てたのである。それゆえに我々は見出すのである、神——至高なれ——は既にその——至高なれ——御言葉、「神は汝らを大地から植物のように萌え出でせしめた」（Q 71：17）において、既に人間を植物になぞらえていると。またイムラーン（'Imrān）——彼に平安あれ——の女性[50] の物語についての彼のお方—至高なれ—の御言葉、「神は彼女を良きやり方で養育した」（Q 3：37）がある。これら二つの節は示している、そこで樹木が意味するものは、その僕たちの利益のために神の宗教の中で育つ男——彼らに利益を与える、その男の諸学問の果実の利益を受けるためである——であると。また祝福されたものの言及はそのことを確認している。というのも純粋な諸魂（al-nufūs al-zakiya）は人類の間に真理を広げるために任ぜられた[51] のだが、それら魂と接合した諸々の恩寵（barakāt）については、ノアの物語についての神——至高なれ——の次の御言葉がそのことを確かなものとしている、「次のように言われた、ノアよ、我らの平安によって降りて行くがよい、また汝と、汝とともにいる者たちに発する諸共同体への恩寵とともに。幾つかの共同体を我らは楽しませよう」（Q 11：48）と。

　恩寵とは、それ自体は少ないが、効用の多いものを示す、しるしとなるもの（sima）である。また「橄欖」とは油分の多い、きつい味のする木の実である。また「西方と東方」とは二つの方角のことであり、その一つは光が昇るためのもので、もう一つは没するためのものである。解釈により深くそれ（「橄欖」）を考察すると、それは僕たちの首長たる者（sayyid al-'ābidīn）——その者は宗教の諸科目の修学とその実践の後に育った——の喩え[52] (p. 242) であり、彼から諸々の恩寵が〔人々の魂に〕接し、世界は彼の子孫で公然とまた密かに満ちていったのである。橄欖の油分の多さとは彼が〔行った〕創造主への儀礼実践と服従の力強い集中性であり、味のきつさとは生涯、圧政の不正から彼が隠れていたことの謂である。またその樹が東でもなければ西でもないという性質を特に有

していたことは、「燦めく星」に降りかかったことへの報復として長い間、彼の属僚（lawāḥiqu-hu）のみに〔指導が〕限られた宣教の使命の謂なのである。また宣教の使命の最後には、彼は彼らに宣教の全てを自由にさせなかった。だが「東方」と「西方」についての解釈は多くの側面を有する。

　「その油は火が触れずとも光を放たんばかりである」（Q 24：35）という彼のお方の御言葉、それについての解釈であるが——その御言葉はすなわち〔イマーム・ムハンマド・〕バーキル（al-Bāqir）[53] は、ほとんど己れ自身を明らかにし、父祖たちの復讐を求めて宣教組織を高く上げんばかりであったということである——、［だが］それは彼よりは彼の兄弟、ザイド・イブン・アリー（Zayd ibn ʿAlī）に向くものであった。ありうる（yajūzu）[54] のは以下のことである。バーキル——彼に平安あれ——は己れの知識を明らかにせんばかりで、それは信仰の光（nār al-īmān）が運命の制約ゆえに触れなかった人々の中でも、最も外面的教えに従う（aẓhar）人々の間でのことだった。また彼のお方の御言葉、「火」（nār）（Q 24：35）についての解釈は、それによって〔イマーム・ジャアファル・〕サーディク（al-Ṣādiq）[55]——彼に平安あれ——を示すが、彼は共同体の諸分派のために集会に座しては、彼らにその理解の程度に応じて利益を施したのである。それ〔の働き〕は、あらゆる被造物が——自然物であれ加工物であれ——〔己れに〕役立てる火のごとくであった。また「火」とは、何にも関係付けられない彼の子孫の謂である。それはあたかも、彼以前のものが彼の隠れ（khafāʾu-hu）と潜伏（satru-hu）に持つ関係のようである——その時、光（nūr）[56] が神の友たる者たち（awliyāʾ Allāh）の魂のうちで、それに打ち勝つものはなく秘かに（khafiyan）輝くのである。〔また解釈は〕その「火」によってカーイム——平安あれ——を示す。彼のうちに諸々の光（anwār）が没し、かつ彼から光が輝き、それによって大地と地上のものが輝く。そこで神は言われる、「神は御自身の光へと望み給う者は誰でもお導きになる、また人々に幾つも喩えを出され

る。神は全てを知り給う」（Q 24：35）と。これが、この節のうちに限定
された表現による解釈の実践なのである。

　ただし、これ（＝解釈法）は、類推法（qiyās）によって、この節の
様々な言葉の一つ一つのうちに隠れた諸々の意味や象徴記号〔の解明に
至るの〕に最も近い知識なのである（p. 243）――その隠れた諸々の意味や
象徴記号は、その大地や代理者となる人々のうちで神に信を置く人々の
魂に神の宗教について記されているものからなるのだが。またそれら意
味や象徴記号によって彼らの魂が生き、彼らの霊が輝き、外面的教えに
従う人々（ahl al-ẓāhir）が身を置く困難な事ども――〔つまり〕「彼らの深
みの中に」（Q 23：54）、「彼らは迷う」（Q 2：15）――から解放されている
限り、〔人々は〕彼ら（＝神が神を置く人々）への謙虚さと服従をもって、
神の友たちやその助力者たちへと好意を示すのである。

　もしも問う人がいて言うとする、なぜクルアーンは二つの種類〔に分
かれる諸節〕において成り立つのかと。その一つの種類は「明確なもの」
（maḥkam）であり、それは聴いた時にそこに隠れた意味を見出す必要な
しに理解される。〔もう〕一つの種類は「曖昧なもの」（mutashābih）であ
り、それは聴いた時には理解されず、この種のものは隠れた意味の発見
が必要となる。この種のものを理解出来る人々は知識にしっかり根付い
た人々（al-rāsikhūn fi al-ʿilm）であり、その数は少ない。第一の種のもの
〔のみ〕を理解出来る人々は多数派に属する一般の人々（ʿawāmm）であ
る。

　また〔他に〕問う人がいて言うとする、〔自然的な〕原初的性質のうち
に、我々が述べたクルアーン〔を構成するところ〕の種類、明確なものと
曖昧なものの証明となるものはあるのかと。彼に対しては次のように言
われる、〔自然界の〕構成の原因（ʿillat al-tarkīb）とクルアーンの原因は、
原因としては一つ[57]であり、それら二つの源泉（yanbūʿu-humā）は源泉
としては一つ[58]であると。そしてあなたは、構成は二つの種類において
成り立つとわかるのだ。つまりその一つの種類とは明確なもので、それ

について人々の殆どは既に理解している。つまり人々はその明確なもの をその名称、属性、活動、特性によって認識しているが、それは単なる 大地そのものの上に発生したもの、鉱物、植物、そして動物なのである。 というのもその種はいずれも、その名前、属性、性質、活動、そして特 性、さらにはどの物によって良い状態になるか、どの物に入るか、どの 物と適合するか、どの物から異なるかということで認識されるからであ る。ちょうど金、銀、鉄、銅、また棗、椰子、柘榴、そして駱駝、牛、 羊、さらに天体、樹木、その他のものどもである。それは、それらの名 称、属性、性質、活動、特性、それらの間の一致性と敵愾性が一般的な 人々には隠れることがないからだ。この種のものはクルアーン中の明確 な諸節であり、(p. 244) 一般的な人々が理解でき、その諸節の意味は彼 らにとって曖昧模糊なものではない。

　構成のもう一つの種類は曖昧なものである。それについての学問は殆 どの人の目から離れており、算術と幾何学にしっかりと根付いている 人々のみに特別に与えられている。その学問とは星占い（tanjim）の学、 また諸天体の運動、それらの合一、それらが離れること、などから生ず るものについての学である[59]。というのもそれらは、つまり星々のこと だが、天球では穴を穿たれており、人間はそれらをそれら自身とその位 置において見るのであり、それらの元にある、諸存在者について明かす 不可視界への鍵を認識することはない。かくしてあなたはこの属性にお いて、構成は二つの種類の上に存立することがまだわかっていないので ある、構成のうち一つの種類は明確なもので、一般の人々はそれを既に 理解している。だがそれのうちの〔もう〕一つの種類は曖昧なもので、 その理解は知識と叡智を持つ人々にのみ、またその前提の事どもとその 物差の知識にしっかり根ざす者のみ特別に与えられている。

　同様にクルアーンは二種類のものの上に成り立つとわかる。つまりそ の一つの種類は明確なもので、殆どの人々にとって聴くことで、理解は 必要ない。そのもう一つの種類は曖昧なもので、発見なしで聴くだけで

は理解はかなわない。〔そのことは〕それが、それら二つの〔種類の〕原因は一つの原因であること、そしてそれら二つの源泉は一つの源泉であることを示すものとなるために、〔必要なものである〕。ただし探求すると立ち現れてくる隠れた諸知識はクルアーンの明確な部分のうちに落ちているのだ。ちょうど地上に現れる諸生物のあらゆる種のうちに、一般の人々は認識せず、知識と弁別の人々にはそれができるという諸特性や諸活動が起きるように。この観点からクルアーンは二つの種類のもの、つまり明確なものと曖昧なものにおいて、様々な構成から成る被造界の存在者のように、詠まれるのである。以上のことを知りなさい。

注

1　人間の歴史における光の宗教的な意味づけについて、本論での理解は以下の概説によるところが大きい。K.-W. Tröger, B. Jarowski, and K. Erlemann, "Light and Darkness," in H. D. Betz, D. S. Browing, B. Janowski and E. Jüngel (eds.), *Religion: Past and Present, Encyclopedia of Theology and Religion* (Leiden/Boston: Brill, 2007–13), vol. 7: 495–497; vol. 7: 494–495; J. Zachbuber, "Light," in the same work cited previously, vol. 7: 494–495; R. J. Zwi Werblowski and J. Iwersen, "Light and Darkness," in L. Jones (Editor in Chief) et al (eds.), *Encyclopedia of Religion*, Second Edition (Detroit: Macmillan Reference USA, 2005), vol. 8: 5450-5455. なお本論はあくまでも、以下に続く翻訳されたテクストの理解のために、現在のイスマーイール派研究による最大公約数的なスィジスターニー像とイスマーイール派の聖典テクストの理解を纏めたものに、若干の筆者の見解を加えたものであり、創見を打ち立てようと試みたものではない。

2　Zwi Werblowski and Iwersen, "Light and Darkness," 5452–5454.

3　世紀、人の生殁年、王朝の成立及び滅亡年などはヒジュラ暦（イスラーム暦）と西暦（グレゴリウス暦）を併記し、その際にはヒジュラ暦を先にグレゴリウス暦を後に、スラッシュ記号で区切って記す。

4　本論で論ずるスィジスターニー及び他のイスマーイール派の思想家の殁年——同派の思想家の生年はほとんど分かっていないので殁年のみ記す——及び生涯と諸著作の基本的情報については次の二点のイスマーイール派文献解題の研究書によった。F. Daftary, *Ismaili Literature: A Bibliography of Sources and Studies* (London: I. B.

Tauris, 2004); I. K. Poonawala, *Biobibliography of Ismāʿīlī Literature* (Malibu: Undena Publications, 1977). 歿年について意見が分かれる際は、より刊行年代が新しく、より新しい研究を把握しているダフタリー (Daftary) の研究書によった。なおスィジスターニーの生涯と著作、思想については、その研究の第一人者であるポール・ウォーカー Paul Walker による *Early Philosophical Shiism: The Ismaili Neoplatonism of Abū Yaʿqūb al-Sijistānī* (Cambridge: Cambridge University Press, 1993) があり、また次に挙げる底本にその編者が付した序論、I. K. Poonawala, "[English] Inroduction" to Al-Sijistānī, *Kitāb al-Maqālīd al-Malakūtīya*, edited with notes, comments and introduction by I. K. Poonawala (Beirut: Dār al-Gharb al-Islāmī, 2011), 5–65 があり、参照した。またスィジスターニーの生涯と著作について日本語によるものはそれまでの諸研究を参照しつつ、本論の筆者が記した、野元晋「初期イスマーイール派の神の言葉論——スィジスターニーの「神の［創出の］命令の認識について」及び他二篇和訳」（松田隆美編『西洋精神史における言語観の変遷』慶應義塾大学言語文化研究所、2004 年）、275–314 頁より該当部分（277–289 頁）がある。

5 底本は次の通りである。Al-Sijistānī, "al-Iqlīd al-Thānī wa-al-Khamsūn fī Fī al-Farq bayn al-Tanzīl wa-al-Taʾwīl," in *Kitāb al-Maqālīd al-Malakūtīya* (the same edtion sited as in the previous note), 236–244.

6 クルアーンにおける光の言及については、J. Elias, "Light," in J. D. McAuliffe (General Editor) at al (eds.), *Encyclopaedia of the Qurʾān*, (Leiden: Brill, 2001-06), vol. 3: 186–187 を見よ。

7 井筒俊彦訳『コーラン』（改版、上・中・下、岩波書店［岩波文庫］、1964 年）より中巻、196 頁。また近年出版された中田考監修・中田香織／下村佳州紀訳では次のようである。

> アッラーは諸天と地の光りにあらせられる。彼の光の譬えは、壁龕のようで、その中には灯火があり、その灯火はガラスの中にあり、そのガラスはまるで（真珠のように）輝き放つ星のようで、（灯火は）西方のようでもなく東方のようでもない祝福されたオリーブの木で灯されている。その油は火がそれに触れなくても輝かんばかりである。光が光の上に。アッラーは彼の光に御望みの者を導き給う。そしてアッラーは人々の前に譬えを挙げ給う。アッラーはあらゆることについてよく知り給う御方。

以上は中田考監修／中田香織・下村佳州紀訳『日亜対訳クルアーン』（［付］訳解と正統十読誦注解［「正統十読誦注解」訳者：松山洋平］）（作品社、2014 年）、384 頁から。また同書所収の「正統十読誦注解」360 頁も参照。本論では翻訳部分も含めてクルアーンの引用に際しては、主に井筒訳と中田監修訳を参照して筆

者が独自に訳したものを用いた。

8　イブン・アッバースによれば、神の知識（ma'rifa）は啓蒙し、恩恵を生み出し、不信仰と偶像崇拝の闇に打ち勝つものである。神の知識は神から取られるが、それは油が東のものでも西のものでもないオリーブ樹から取られるが如くで、信仰者の宗教はキリスト教でもユダヤ教でもないが如くであるという。G. Bowering, "The Light Verse: Qur'anic Text and Sūfī Interpretation," *Oriens* 36（2001）: 130–132（ことに 132）. このベーヴェリンクの論文全体（113-144）はスーフィズムを中心とした「光の節」についての注釈史の概観となっている。

9　Ibn Sīnā, *Ithbāt al-Nubūwāt*, edited with Introduction and Notes by M. Marmura（Beirut: Dār al-Nahr, 1968）.

10　Ibid, 49–52.

11　Abū Ḥāmid Muḥammad ibn Muḥammad al-Ghazālī, *The Niche of Lights*（*Mishkāt al-Anwār*）, A Parallel English-Arabic Text, Traslated, Introduced and Annotated by D. Buchman（Provo, Utah: Brigham Young University Press, 1998）. この著作には中村廣治郎氏による和訳と解説がある。ガザーリー（中村廣治郎訳）「光の壁龕」（上智大学中世思想研究所、竹下政孝編訳・監修『中世思想原典集成 第 11 巻 イスラーム哲学』平凡社、2000 年）、595–663 頁。

12　Mullā Ṣadrā（Ṣadr al-Dīn Muḥammad ibn Ibrāhīm al-Shīrāzī）, "Tafsīr Āyat al-Nur," in *Tafsīr al-Qur'ān al-Karīm*, edited by M. Khājawī, vol. 4（Qum: Intishārāt-i Bīdār, 1379 A. H. Sh.）, 345–427. 英訳に Mulla Sadra Shirazi, *On the Hermeneutics of the Light Verse of the Qur'an*, translated, introduced and annotated by L.-P. Peerwani（London: ICAS Press, 2004）がある。

13　イスマーイール派の歴史と思想史については F. Daftary, *The Ismā'īlis: their History and Docrines, 2nd Revised Edition*（Cambridge: Cambridge University Press, 2007）に基づく。

14　例えば W. Madelung, "Aspects of Ismāʿīlī Theology: The Prophetic Chain and the God Beyond," in S. H. Nasr（ed.）, *Ismāʿīlī Contributions to Islamic Culture*（Tehran: Imperial Iranian Academy of Philosophy, 1976）, 51–65 を見よ。なお以下の本論でのイスマーイール派の術語についてはアンリ・コルバン『イスラーム哲学史』（黒田壽郎・柏木英彦訳、岩波書店、1974 年）によるところが大きく、「告知者」（原語 nāṭiq）、「基礎者」（原語 asās）、「沈黙者」（原語 ṣāmit）はそのまま採用した。

15　スィジスターニーの輪廻説については、W. Madelung, "Abū Yaʿqūb al-Sijistānī and Metempsychosis," in *Iranica Varia: Papers in Honor of Professor Ehsan Yarshater*（Leiden: E. J. Brill, 1990）, 131–143 がある。また野元晋「イスラーム：死と復活の思想」（吉原浩人編『東洋における死の思想』春秋社、2006 年）、113–144 頁、ことにスィジス

ターニーを扱った 125–129 頁を参照。イスラーム思想史上の輪廻説を概観したも
のに P. E. Walker, "The Doctrine of Metempsychosis in Islam," in W. B. Hallaq and D. P. Little
(eds.), *Islamic Studies Presented to Charles J. Adams* (Leiden/New York: E. J. Brill, 1991), 219–
238 があり、そのうちスィジスターニーを論じた 234–235 を参照。

16 『鍵の書』の構成と内容の概観については Poonawala, " [English] Introduction," 48–64
を見よ。

17 ほぼこの見方はプーナワーラーに従う。彼は『鍵の書』の構成は、被造物の頂点
から底辺に至るピラミッドに似ていると記している。Poonawala, " [English]
Introduction," 49. また Walker, *Early Philosophical Shiism*, 22–23 も参照のこと。

18 かつて校訂者プーナワーラーはこの唯一の写本を元に幾つかの研究を公刊してい
た。I. K. Poonawala, "Al-Sijistānī and his Kitāb al-Maqālīd," in D. P. Little (ed.), *Essays on
Islamic Civilization Presented to Niyazi Berkes* (Leiden: E. J. Brill, 1976), 274–283, ことに 279–
280; I. K. Poonawala, *Biobibliography of Ismāʿīlī Literature* (Malibu: Undena Publications,
1977), 85.

19 この第二の写本入手の経緯とその後の両写本の比較研究については校訂者による
序文を見よ。I. K. Poonawala, "Muqaddimat al-Muḥaqqiq", in al-Sijistānī, *Kitāb al-Maqālīd
al-Malakūtīya*, edited with notes, comments and introduction by I. K. Poonawala (Beirut: Dār
al-Gharb al-Islāmī, 2011), 11–17.

20 イスマーイール派のテクストの解釈、ことに聖典クルアーンの解釈については次
の研究がある。D. Hollenberg, *Beyond the Qurʾān: Early Ismāʿīlī Taʾwīl and the Secrets of the
Prophets* (Columbia, South Carolina: University of South Carolina Press, 2016); I. K.
Poonawala, "Ismāʿīlī taʾwīl of the Qurʾān," in A. Rippin (ed.), *Approaches to the History of the
Interpretation of the Qurʾān* (Oxford: Clarendon Press, 1988), 199–222. また以下の「啓示」
(tanzīl) を「下すこと」、「解釈」(taʾwīl) を「戻すこと」とする解釈はコルバン
（黒田・柏木訳）『イスラーム哲学史』、14 による。なお前掲のホレンバーグ
Hollenberg による研究は、イスマーイール派のクルアーン注釈における終末論的
要素及びメシア主義的要素を重視し、それらの前ファーティマ朝期からファーテ
ィマ朝期に及ぶ変遷を辿るなど、本論の筆者と関心領域が重なるが、残念ながら
比較的近年の出版のため、本論準備のために十分に活用しきれなかった。この研
究書については機会を改めて論じたい。

21 「…の作用」は補訳。

22 Al-Sijistānī, *al-Maqālīd*, 236. なおこの箇所はスィジスターニーの啓示と解釈の関係に
ついての考えをよく表したと研究者たちに受け取られ、既にプーナワーラーとホ
レンバーグがそれぞれの研究で引用している。Hollenberg, *Beyond the Qurʾān*, 40;

Poonawala, "Ismāʿīlī *taʾwīl*," 206.

23 スィジスターニーは解釈者は喩え（mathal）を喩えられるもの（mamthūl）の表現
とし、喩えられるものを喩えに結びつけ」、さらに「形を形付けられるものと結
びつけ、敵対するもの同士を遠ざける」ことによって、解釈を行うとしている。
Al-Sijistānī, *al-Maqālīd*, 237. 同じ箇所を引いているホレンバーグとプーナワーラー
も参照。Hollenberg, *Beyond the Qurʾān*, 40; Poonawala, "Ismāʿīlī *taʾwīl*," 206.

24 Al-Sijistānī, *al-Maqālīd*, 238.

25 Ibid.

26 Al-Sijistānī, *al-Maqālīd*, 239.

27 Al-Sijistānī, *al-Maqālīd*, 239–242.

28 Al-Sijistānī, *al-Maqālīd*, 243

29 Ibid.

30 Al-Sijistānī, *al-Maqālīd*, 244.

31 Al-Sijistānī, *al-Maqālīd*, 242–243. また菊池達也『イスマーイール派の神話と哲学——
イスラーム少数派の思想史的研究』（岩波書店、2005 年）、234–244 頁および
Poonawala, "Ismāʿīlī *taʾwīl*," 211 も参照のこと。

32 以下に底本としたプーナワーラー校訂本における頁番号を頁の変わり目ごとに挿
入する。

33 この sharaf について「高い価値」は意訳である。本来の意味は「高さ」、「高貴
さ」である。

34 「……の作用」は補訳。

35 これは Ṣ–L と綴られ、本校訂テクストでは ṣill と読まれているが、これは意味を
なし辛い（この通りであれば「毒蛇」の意味）。また本校訂テクスト 236 n. 8 は他
写本からの異読 mughāwil（?）wa-musāḥī（対格であれば musāḥiyan か）も挙げてい
る。

36 文脈に従いこのように仮に読んだ。テクストには s–w–d（sūd?）とあるが意味を
なさない。

37 「クルアーン」は以下、訳文中で引用する際は略号 Q で表す。また数字は最初が
章番号、二番目のものが節番号である。

38 校訂者は「彼のお方の御言葉」（qawlu-hu）の前に「のように」（ka-）を補ってい
るが、本翻訳もそれに従って訳す。

39 注 34 に同じ。

40 K-M-Sh-K-A-T で 6 文字となる。

41 預言者ムハンマドを指す。

42 これは miṣbāḥ の複数形である。

43 注 34、35 を見よ。

44 M-Ṣ-B-Y-Ḥ と綴り、Ṣ の後に来るべきエクストラ・アリフは略して 5 文字とする。

45 イスマーイール派の位階では告知者の下に来て、その後を継ぎ、内面と外面から宗教の基礎を固める「基礎者」（asās）を指す。基礎者は聖法をもたらす「告知者」に対して、聖法について新たに何も言わず「沈黙する」ので「沈黙者」（ṣāmit）、または「権限代行者」（waṣī）とも呼ばれる。この周期の告知者、つまりムハンマドについて前ページでは語られているので、その基礎者、つまりアリー・イブン・アビー・ターリブ ‘Alī ibn Abī Ṭālib について語られていると思われるが、5 人目では、ムハンマドが第 6 代告知者であるという代の数とは合わない。

46 「完成者」（mutimm, 複数は atimmā’ とする）はイスマーイール派の術語としてはイマームを指す。十二イマーム派などシーア諸派では一般に第一代イマームはアリー・イブン・アビー・ターリブとなるが、上の注で見たようにイスマーイール派ではアリーは基礎者となるので、イマームの系譜はその息子ハサンを第一代として数え始める。

47 ムハンマドの周期の第一代イマームはハサン・イブン・アリー（Ḥasan ibn ‘Alī, 3/625 年 –50/670 年）となる。スィジスターニーは、この「玻璃」はハサンを喩えたものと解釈している。以下、後述のジャアファル・サーディクまで、イスマーイール派のイマームの代数は十二イマーム派が数えるイマームの代数を一つ引いたものとなる。

48 ここではクルアーンのテクストでは “kawkab durrī”（「輝く星」）とあるように、単数の「星」であるが、主題を提示する際には “kawākib”（「星々」）と複数で記している。

49 ムハンマドの周期の第二代イマームすなわちフサイン・イブン・アリー（Ḥusayn ibn ‘Alī, 4/626 年 –60/680 年）である。

50 キリスト教でいう「聖母マリア」「生神女マリア」（後者は Theotokos［神を生んだ女性、神の母］の日本ハリストス正教会での訳語）のことである。

51 「純粋な諸魂（al-nufūs al-zakīya）」とは恐らく告知者たちを指すと考えられる。

52 ここでいう「僕たちの主人（sayyid al-‘ābidīn）」はその「僕たちの」（‘ābidīn）から、イスマーイール派では第三代のイマームに数え上げられるアリー・ザイヌルアービディーン（‘Alī Zayn al-‘Ābidīn, 38/658–59? 年 –94 年 /712–13 年または 95/713–14 年）とわかる。

53 ムハンマド・バーキル（Muḥammad al-Bāqir, 57/676–677 年 –94/–712–3 or 95/713–4 年）。イスマーイール派では第四代イマームとなる。なお後出のザイド・イブ

ン・アリー（Zayd ibu 'AIT, 75/694–5 年 –122/740 年）はその弟で反乱を起こし戦死した。

54 校訂テクストでは次に 'alā が続くが文脈に従い、これを実験的に省いて読む。

55 ジャアファル・サーディク（Ja'far al-Ṣādiq, 83/702 年［または 80/699 年 –86/705 年の間か］–148/765）。イスマーイール派では第五代イマームとなる。

56 この nūr（光）はここで議論されている nār（火）と語根（N–W–R）を同じくする。

57 「原因として一つ」：テクストでは 'illa wāḥida.　字義通りには「一つの原因」。

58 「源泉としては一つ」：テクストでは yanbū'u wāḥid.　字義通りには「一つの源泉」。

59 占星術の謂である。

同一性と指示詞に基づく論理体系

藁谷敏晴

1　同一性の分析

　本論文では、1）同一性の意味で用いられる「である（*is*）」の論理的振る舞いを規定する論理的諸条件を明らかにし、2）その後に「あの、この」などの指示詞を表す関手（functor）を導入した論理的体系（LID）を考える。3）では 1）、2）に基づいて、Leśniewski が 1929 年、ワルシャワ大学での講義中に発見し、「存在論 Ontology（LO）」と名付けた体系の公理 AO を導出する。LO の原始記号 'ε' は述定（predication）機能をもつ「である（*is*）」である。4）その後、Leibniz 則が三段論法の枠内で導出できること、さらに伝統的に妥当な定義式と認められている定義を加えることにより、通常の Leibniz 則が得られる。

1）予備的考察
　動詞「である（*is*）」が同一性を表すために用いられるとき、云い替えれば

（EID）　*a* は *b* である（*a is b*）

が

（ED2）　*a* と *b* は同一である（*a is* identical with *b*）

として使用されるとき、その「である（*is*）」は次の条件を満たさなければならない：

C1　ある対象は *a* である（some object *is a*）

C2　*a* であるものは、あっても高々一つである（at most one object *is a*）

C3　*a* であるものは、何であれ、*b* である（what ever *is a is b*）

C4　ある対象は *a* である（some object *is a*）

C5　*b* であるものは、あっても高々一つである（at most one object *is b*）

C6　*b* であるものは、何であれ、*a* である（what ever *is b is a*）が満たされている。

　逆に、「a は b である（a *is* b）」が C1–C6 までを満たすように発話されるとき、「a は b である（a *is* b）」の話者は「a と b は同一である（*a is-identical-with b*）」の意味で、「である（*is*）」を用いているのである。従って、

　ED2 が正しいのは、C1–C6 が成立するときに限る、ということになり、次が成立する。

E1　$[ab](a = b \equiv [\exists x](x = a) \wedge [\exists x](x = b) \wedge [xy](x = a \wedge y = a \supset x = y)$
$\wedge [xy](x = b \wedge y = b \supset x = y) \wedge [x](x = a \supset x = b) \wedge [x](x = b \supset x = a))$

2）E1 よりの結果

　E1 より直ちに次が従う：

E2（対称性）　$[ab](a = b \supset b = a)$　　　　　　　　　　　　　[E1]

E3（推移性）　$[abc](a = b \wedge b = c \supset a = c)$　　　　　　　[E1, E1]

E4（反射性 1）　$[ab](a = b \supset a = a)$　　　　　　　　　　　[E1]

E5（反射性 2）　$[a]([\exists b](a = b) \equiv a = a)$　　　　　　　　[E4]

　ここで同一性に関して注意が必要である。一般の論理の体系では同一性は（全面的に）反射的である。つまり次が成立する：

Reflexivity　$[a](a = a)$

然るに **LID** において同一性は非反射的である。また、注意されたい点

は、**LID** における存在関与は、$a = a$ か又はそれに等値な式によって担われる、という点である。a について反射性が成立すれば、a は **LID** における個別的存在者である。それ故量化記号や量化における変項の振る舞い

$$[\exists x]F(x)$$

$$F(t) \vdash [\exists x]F(x)$$

$$[x]F(x) \vdash F(t)$$

などは存在関与と無関係である。

3) 同一性の公理

以下の式 TE1 が同一性の意味で用いられる「である（*is*）」の公理的振る舞いを与える。事実それは、以下証明するように E と等値である。

TE1 $[ab](a = b \equiv [\exists x](x = a) \wedge [xy](x = b \wedge y = b \supset x = y) \wedge [x](x = a \supset x = b))$

以下、

TE1 ⊢ ET

の証明を与える。

TE2　$[ab](a = b \supset [\exists x](x = b))$

TE3　$[ab](a = b \supset [xy](x = a \wedge y = a \supset x = y))$

証明

1	$a = b$	[sup.]
2	$x = a$	[sup.]
3	$y = a$	[sup.]
4	$[xy](x = b \wedge y = b \supset x = y)$	[A1, 1]
5	$[x](x = a \supset x = b))$	[A1, 1]
6	$x = b$	[2, 5]
7	$y = b$	[3, 5]
8	$x = b \wedge y = b \supset x = y$	[4]

9    $x = y$ [8, 6, 7]

TE4 $[ab](a = b \supset [x](x = b \supset x = a))$

証明

1    $a = b$ [sup.]

2    $[xy](x = b \wedge y = b \supset x = y)$ [sup., A1]

3    $x = b \wedge a = b \supset x = a$ [2 (y/a)]

4    $x = b \supset x = a$ [3, 1]

5    $[x](x = b \supset x = a)$ [4]

これらより次を得る。

TE5 $[ab](a = b \supset [\exists x](x = a) \wedge [\exists x](x = b) \wedge (x, y)(x = b \wedge y = b \supset x = y) \wedge [xy](x = a \wedge y = a \supset x = y) \wedge (x)(x = a \supset x = b) \wedge [x](x = b \supset x = a))$

[TE1, TE2, TE3, TE4]

TE6 $[\exists x](x = a) \wedge [\exists x](x = b) \wedge [xy](x = b \wedge y = b \supset x = y) \wedge [xy](x = a \wedge y = a \supset x = y) \wedge [x](x = a \supset x = b) \wedge [x](x = b \supset x = a) \supset a = b$

[E4]

TE7 $[ab](a = b \equiv [\exists x](x = a) \wedge [\exists x](x = b) \wedge [x, y](x = a \wedge y = a \supset x = y) \wedge [x, y](x = b \wedge y = b \supset x = y) \wedge [x](x = a \supset x = b) \wedge [x](x = b \supset x = a))$

[TE5, TE6]

ここで TE7 は TE1 である。一方

$$\text{TE7} \supset \text{TE1}$$

は自明である。それ故[1]、

 定理 1   TE7 ≡ TE1

となる。

4) 体系 LID

 以下、体系 **LID**（Logic of Identity and Demonstratives）の公理と諸定理
を与える。

A1 $[ab](a = b) \equiv [\exists x](x = a) \wedge [xy](x = b \wedge y = b \supset x = y) \wedge [x](x = a \supset x = b))$

A2 $[a](a = a \supset [X](a = Xa))$

D $[a](a\varepsilon b \equiv [\exists X](a = Xb))$

A3 $[\exists x](x\varepsilon a \supset Xa = Xa)$

A4 $[XY](Xa = Ya) \supset a = a)$

以下、A1 から A4 までの読み方を説明する。

(A1) A1 は＝が同一性の「である（*is*）」として機能する条件を示している。

(A2) A2 は、*a* が個別者であるとき、*a* の個別化はできないことを示している。

(D) D は、*a is b* とは、*a* があ̇る̇ *b* と等しいことを云う。

(A3) A3 は、*a* が存在するならば、個別化された *a* は個別的対象であるということを云っている。

(A4) A4 は、*a* が如何なる個別化の影響も受けないならば、*a* は個別的対象であることを云っている。

T1 $[ab](a = b \supset a\varepsilon b \wedge b\varepsilon a)$

証明

1	$a = b$	[sup.]
2	$b = a$	[1, E2]
3	$b = b$	[2, E4]
4	$b = Xb$	[3, A1]
5	$a = Xb$	[1, 4, E3]
6	$[\exists X](a = Xb)$	[5]
7	$a\varepsilon b$	[6, D]
8	$b\varepsilon a$	[cf.1–7]
9	$a\varepsilon b \wedge b\varepsilon a$	[7, 8]

T2　$[ab](a\varepsilon b \wedge b\varepsilon a \supset a = b)$

証明

1	$a\varepsilon b$	[sup.]
2	$b\varepsilon a$	[sup.]
3	$[\exists X](a = Xb)$	[1, D]
4	$[\exists Y](b = Yb)$	[2, D]
5	$b = Y^*a$	[4]
6	$Y^*a = b$	[5, E2]
7	$b = b$	[6, E4]
8	$a = X^*b$	[3]
9	$b = X^*b$	[7, A1]
10	$X^*b = b$	[9, E2]
11	$a = b$	[8, 10, E3]

T3　$[ab](a = b \equiv a\varepsilon b \wedge b\varepsilon a)$　　　　[T1, T2]

T4　$[a](a = a \equiv a\varepsilon a)$　　　　[T3]

5）Ontology の公理の証明

本節では **LID** が Leśniewski の Ontology を含むことを示す。

T5　$[ab](a\varepsilon b \supset a\varepsilon a)$

証明

1	$a\varepsilon b$	[sup.]
2	$[\exists X](a = Xb)$	[1, D.]
3	$a = X^*b$	[2]
4	$X^*b = a$	[3, E2]
5	$a = a$	[4, E4]
6	$a = Xa$	[5, A1]
7	$[\exists X](a = Xa)$	[6]

8 *aεa*

T6　$[ab]\,(aεb \supset [\exists x]\,(xεa))$

T7　$[ab]\,(aεb \supset [xy]\,(xεa \wedge yεa \supset xεy))$　　　　　　　　[T5]

証明

　　1　　$aεb$　　　　　　　　　　　　　　　　　　[sup.]

　　2　　$xεa$　　　　　　　　　　　　　　　　　　[sup.]

　　3　　$yεa$　　　　　　　　　　　　　　　　　　[sup.]

　　4　　$[\exists X]\,(a = Xb)$　　　　　　　　　　　　[1, D.]

　　5　　$[\exists Y]\,(x = Ya)$　　　　　　　　　　　　[2, D.]

　　6　　$[\exists Z]\,(y = Za)$　　　　　　　　　　　　[3, D.]

　　7　　$a = X\,{}^{*}b$　　　　　　　　　　　　　　　[4]

　　8　　$x = Y\,{}^{*}a$　　　　　　　　　　　　　　　[5]

　　9　　$y = Z\,{}^{*}a$　　　　　　　　　　　　　　　[6]

　　10　　$a = a$　　　　　　　　　　　　　　　[7, E2, E4]

　　11　　$a = Y\,{}^{*}a$　　　　　　　　　　　　　[10, A1]

　　12　　$Y\,{}^{*}a = a$　　　　　　　　　　　　　　[11, E2]

　　13　　$x = a$　　　　　　　　　　　　　　　　[8, 12, E3]

　　14　　$y = a$　　　　　　　　　　　　　[9, 10 ; cf.10–13]

　　15　　$x = y$　　　　　　　　　　　　　[13, 14, E2, E3]

　　16　　$xεy$　　　　　　　　　　　　　　　　[15, TE2]

T8　$[ab]\,(aεb \supset [xy]\,(xεa \wedge yεa \supset x = y))$

T9　$[ab]\,(aεb \supset [x]\,(xεa \supset xεb)$

証明

　　1　　$aεb$　　　　　　　　　　　　　　　　　　[sup.]

　　2　　$xεa$　　　　　　　　　　　　　　　　　　[sup.]

　　3　　$aεa$　　　　　　　　　　　　　　　　　　[1, T5]

4	$a = a$	$[3, T4]$
5	$[\exists X](x = Xa)$	$[2, D]$
6	$x = X^*a$	$[5]$
7	$a = X^*a$	$[4, A1]$
8	$x = a$	$[6, 7, T9, E2]$
9	$[\exists X](a = Xb)$	$[1, D]$
10	$a = X^{**}b$	$[9]$
11	$x = X^{**}b$	$[8, 10, T9]$
12	$[\exists X](x = Xb)$	$[11]$
13	$x\varepsilon b$	$[12, D]$

T10 $[ab](a\varepsilon b \supset [\exists x](x\varepsilon a) \land [xy](x\varepsilon a \land y\varepsilon a \supset x\varepsilon y) \land [x](x\varepsilon a \supset x\varepsilon b))$

$[T7, T8, T9]$

T11 $[ab]([\exists x](x\varepsilon a) \land [xy](x\varepsilon a \land y\varepsilon a \supset x\varepsilon y) \land [x](x\varepsilon a \supset x\varepsilon b) \supset a\varepsilon b)$

証明

1	$[\exists x](x\varepsilon a)$	$[\text{sup.}]$
2	$[xy](x\varepsilon a \land y\varepsilon a \supset x\varepsilon y)$	$[\text{sup.}]$
3	$[x](x\varepsilon a \supset x\varepsilon b)$	$[\text{sup.}]$
4	$[xy](x\varepsilon a \land y\varepsilon a \supset y\varepsilon x)$	$[2]$
5	$[xy](x\varepsilon a \land y\varepsilon a \supset x = y)$	$[2, 4, T4]$
6	$[xy]([\exists X](x = Xa) \land [\exists Y](y = Ya) \supset x = y)$	$[5, D]$
7	$[xyXY](x = Xa \land y = Ya \supset x = y)$	$[6]$
8	$Xa = Xa \land Ya = Ya \supset Xa = Ya$	$[7]$
9	$Xa = Xa$	$[1, A3]$
10	$Ya = Ya$	$[1, A3]$
11	$Xa = Ya$	$[8, 9, 10]$
12	$[XY](Xa = Ya)$	$[11]$
13	$a = a$	$[12, A3]$

14	$a\varepsilon a$	[13, T4]
15	$a\varepsilon a \supset a\varepsilon b$	[3]
16	$a\varepsilon b$	[14, 15]

T12　$[ab](a\varepsilon b \equiv [\exists x](x\varepsilon a) \wedge [xy](x\varepsilon a \wedge y\varepsilon a) \wedge [x](x\varepsilon a \supset x\varepsilon b))$ [T10, T11]

T12 が LO の公理 AO である。故に、

定理 2　**LID** は Ontology を含む。

2　Leibniz 則

　本章では、二つの仕方で Leibniz 則について考察する。第一は三段論法の観点からである。第二は一般の場合である。

1）三段論法的形式

T13　$[abc](a = b \supset (a = c \equiv b = c))$

T14　$[abc](a = b \supset [X](a = Xc \equiv b = Xc))$

T15　$[abc](a = b \supset [\exists X](a = Xc) \equiv [\exists X](b = Xc))$

T16　$[abc](a = b \supset (a\varepsilon c \equiv b\varepsilon c))$

定理 3　T16 は Leibniz 則の三段論法における形式化である。

　T16 は適切な定義を加えることによって、一般の Leibniz 則に変換することができる。

2）定義について

　上記で述べられた適切な定理とは以下のものである。

DL　　$[a](a\varepsilon trm\langle \varphi \rangle \equiv a = a \wedge \varphi(a))$

(DL)　$[a](a\varepsilon trm\langle \varphi \rangle \equiv a\varepsilon a \wedge \varphi(a))$ 　　　　　　[DL, T5]

3）Leibniz 則の一般形

T17　$[abc](a = b \supset (a\varepsilon trm\langle \varphi \rangle \equiv b\varepsilon trm\langle \varphi \rangle))$

T18　$[abc](a = b \supset (\varphi(a) \equiv \varphi(b)))$

T18 は Leibniz 則の一般的形式化である。

定理 4　三段論法的 Leibniz 則は体系 **LID** の定理である。

注

1　式の名前を式の代わりに用いた。

参考文献

D. P. Henry, *Medieval Logic and Metaphysic*, Hutchinson University Library, London, 1972.

Hilbert, D. and Bernays, P. *Grundlagen der Mathematik*, vol. 2, Berlin.

Leisenrimg, A, C. *Mathematical Logic and Hilbert's ε-Symbol*, Gordon and Breach Science Publishers, New York, 1969.

Ockham, *Summa Logicae*, Pars II.

Waragai, Toshiharu, "On some essential subsystems of Leśniewski's Ontology between the singular Barbara and the Law of Leibniz in Ontology," in *The Lwow-Warsaw School and Contemporary Philosophy*, Reidel, 1985, 153–169.

――― "On the Logical Content of the Law of Extensionality and its Relation to the Logical Content of the Law of Extensionality and its Relation to the Successive Simplification of the Original Axiom of Leśniewski's Ontology," *Logique et Analyse*, 2015, 57–87.

あとがき

　本書のタイトルは奇しくも『光の形而上学』で、ブルーメンベルク『光の形而上学——真理のメタファーとしての光』（生松敬三・熊田陽一郎訳、エピステーメー叢書、朝日出版社、1977 年）と同じになった。あのころ、このブルーメンベルクの本は、光に関する思想史を扱った本として貴重であり、広く大きな影響を及ぼした。この書の影響を受けた者は数多い。本書への執筆者の多くもそうだ。その後、この流れを継承発展させる研究書を待ち望む者は多かったはずである。不思議にも、そういった本はありそうでなかなか見出されない。

　その理由の一つは、哲学は存在論を中心として、アリストテレスが打ち立てたカテゴリーの体系を基礎として構築されたのに、光の論理的体系は見出しにくいことにある。光はメタファーとして、そして認識の媒体としてあるのみならず、独自の哲学的課題を担う主題であると思われる。

　他の理由として、日常生活における直接迫り来る具象性、宗教的ビジョンといった神秘的現象、絵画における表現、文学における描写などなど、あまりにも強烈な具象性によって、抽象的な哲学的思考、概念化を許容しない側面があるからだと思われる。

　ブルーメンベルクの著書を継承し、それを発展させるなどという野望をこの論文集は持っていないとしても、その小さな追憶としての役割を願うばかりである。

　以下、本書に収められた論文について、概略を紹介しておきたい。

　納富信留論文「プラトン「太陽」の比喩」は、西洋における光の形而

上学の起源にあるプラトンの主著『ポリテイア』における「太陽」の比喩について、20世紀後半日本の哲学者坂部恵と井筒俊彦を援用しながら、考察した論文である。プラトンの対話篇は様々な比喩に満ちているが、「太陽」の比喩はその中心的位置を占め、そこに盛り込まれている光をめぐる哲学的枠組みはきわめて重要である。

　土橋茂樹論文「光の超越性と遍在性──初期ギリシア教父における光とロゴスをめぐって」は、紀元1世紀に活躍した、アレクサンドレイアのユダヤ人哲学者に中心を据え、光とロゴスをめぐる哲学的枠組みを論じたものである。フィロンはユダヤ教徒ではあったが、後のキリスト教神学に大きな影響を与えており、そこで展開された光の哲学の諸モチーフは後の時代に大きな影響を残すこととなった。

　樋笠勝士論文「プロティノスにおける光と言語の形而上学」は、光の形而上学の系譜において始原的位置を占めるプロティノスにおいて、光をめぐる存在論的側面と言語論的な側面の両側面がどのように論じられているかを解明した論文である。光には媒体としての側面と説明される対象としての側面があるが、その両者を区分したうえで、言語の問題との関連を論じている。

　山内志朗論文「中世存在論における唯名論──実体論批判としての唯名論」は、14世紀に展開された唯名論が、アリストテレスの実体論の枠組みを批判することを目指していたことを示そうとし、光の形而上学の枠組みが実体論批判と重なること、その意味で唯名論も光の形而上学の系譜に含まれることを示そうとした。

　上枝美典論文「トマス・アクィナスにおける「光の形而上学」の可能性」は、中世哲学の巨峰トマス・アクィナスの形而上学の中において、光をめぐる独自の哲学的枠組みが存在するのかを論じている。トマス・アクィナスの哲学は、アリストテレス哲学の影響を強く、光の形而上学の側面は少ないように見えるが、この点について、鋭く解明を行っている。

神崎忠昭論文「太陽の光はなぜ熱いのか――ロバート・グロステストの『太陽の熱について』」は、13世紀の前半のフランシスコ会神学者であったロバート・グロステストの論文の翻訳と解題を行ったものである。光は媒体である側面と、物理的存在者としての側面と両者を併せ持っているが、西洋中世において光の哲学的考察に先鞭をつけたグロステストの思想を解説している。

　遠山公一論文「15世紀シエナ美術における光と影――サッセッタ作〈聖痕を受ける聖フランチェスコ〉の場合」は、美術史の観点から光をめぐる思想史的配置を論じたものである。光は具象性を有し、美術においては具体的な形象の中で様々な描かれてきた。光に関する概念的分析だけではどうしても、光の問題の一側面しか語ることはできない。遠山論文は、15世紀のシエナの画家サッセッタの作品〈聖痕を受ける聖フランチェスコ〉を題材に、光の描かれ方を分析することで、西洋近世における光の捉え方の特徴を取り出そうとした論文である。

　谷寿美論文「東方キリスト教圏の光に関する体験的言説とその特質」は、東方正教会に属する神学者の中でも、10世紀後半に活躍したシメオン、19世紀初頭のソロフの隠修士、聖セラフィムと地方貴族モトヴィーロフ、19世紀末の哲学者ウラジーミル・ソロヴィヨフという三つの事例を踏まえて、東方教会における光の霊性をめぐる枠組みを概観している。東方正教会においても光のモチーフはきわめて重要かつ基本的な位置づけを有している。

　香田芳樹論文「弾む御言、差し込める光――中世ドイツの宗教と世俗文学に現れた光をめぐる言説」は、中世ドイツの神秘主義哲学者マイスター・エックハルトを中心に、中世ドイツにおいて、光をめぐる言説がいかなる特徴を持っていたのかを考察した論文である。神秘主義の系譜は、中世においても大きな影響を及ぼしたが、近世に入ってもルターの宗教改革に直接影響を与え、計り知れない力を持っていた。

　野元晋論文「神の光、そして預言者とイマームたちの光――イスマー

イール派によるクルアーン「光の節」の解釈（スィジスターニー『神的王領の鍵の書』第52章の翻訳と解題)」は、西暦10世紀のイスマーイール派神学者スィジスターニー『神的王領の鍵の書』第52章の翻訳と解題を行ったものである。クルアーンの中には、光への言及が多いが、とりわけ「光の節」と呼ばれる個所で有名であり、それの注解を基礎として、イスラーム神学における光の形而上学の枠組みの提示を試みたものである。

藁谷敏晴論文「同一性と指示詞に基づく論理体系」は、LID（Logic of Identity and Demonstratives）を解説した論文である。この論文は「である(is)」という、存在動詞を、単なる同一性だけではなく、述定の機能を含めて説明し、さらに個体化の議論をも含みうるとする大胆な体系を示したものである。

このように本プロジェクトには、古代から中近世にかけての西洋哲学の研究者ばかりでなく、東方キリスト教、神秘主義思想、イスラーム神学、論理学、美術史の研究者の方々にもご参加いただき、光の形而上学の照らす領域を幅広く収めることができた。この論文集もまた小さな光となって、次に伝わっていくことを期待したい。

本プロジェクトには、論文をご提出いただいた方にも研究会の運営などについて、多大なご協力をいただいた。また言語文化研究所からは経済的な支援のみならず、様々な面でご協力いただいた。

また、慶應義塾大学出版会の方々には企画編集面で多大な協力をいただいた。特に編集作業に従事していただき、論文というあまり資料的実質性の少ない研究成果に、具体的な形を与えるべくご尽力いただいた片原良子さんには感謝を表したい。

追記

「光」を語る場合には、2016年に公開された新海誠監督による『君の名は。』を思い出さずにはいられない。あの映画は、彗星の光が禍々し

く妖艶に夜空を飾る状態から、切なく美しく恋人達を照らす光の景色へと変える魔法を描いていた。あれは新しい「光のファンタジー」だった。あの一連の光景は私の心を今もなお惑わし続けている。本書は、この映画が公開され、その反響が世間で語られる時期において執筆と編集作業が進められた。個人的な思いであるが、光の映画に連なるものであればよいと思いながら編集したことを書き添えておきたい。

代表者　山内志朗

2018 年 1 月

執筆者紹介

納富信留（のうとみ　のぶる）
1965 年生まれ。東京大学文学部哲学科卒業。同大学院博士課程を経て、
95 年ケンブリッジ大学古典学部にて Ph.D. 取得。慶應義塾大学文学部教授
を経て、現在東京大学大学院人文社会系研究科教授。専門は、西洋古代哲
学。*The Unity of Plato's Sophist: Between the Sophist and the Philosopher* (Cambridge
University Press, 1999)、『プラトンとの哲学──対話篇をよむ』（岩波新書、
2015 年）、『哲学の誕生──ソクラテスとは何者か』（ちくま学芸文庫、
2017 年）、『ソフィストとは誰か？』（人文書院、2006 年；ちくま学芸文庫、
2015 年、サントリー学芸賞）など。

土橋茂樹（つちはし　しげき）
1953 年生まれ。上智大学文学部哲学科卒業。同大学院博士後期課程満期
退学。同大哲学科助手、豪州カトリック大学初期キリスト教研究所客員研
究員を経て、現在、中央大学文学部教授。専門は、古代・中世哲学、教父
学。『善く生きることの地平──プラトン・アリストテレス哲学論集』（知
泉書館、2016 年）、『善美なる神への愛の諸相』（編著、教友社、2016 年）、
『内在と超越の閾』（共編、知泉書館、2015 年）、『アリストテレス全集 12
小論考集』（共訳、岩波書店、2015 年）、*Christian Shaping Identity from the
Roman Empire to Byzantium*（共著, Brill, 2015）など。

樋笠勝士（ひかさ　かつし）
1954 年生まれ。東京大学大学院人文社会科学研究科博士課程単位取得満
期退学。現在、岡山県立大学教授。専門は、古代中世哲学、美学芸術学。
『中世における信仰と知』（共著、知泉書館、2013 年）、「ストア派の『詩
学』」（『ギリシャ哲学セミナー論集』第 8 号、2011 年）、「バウムガルテン
『形而上学』（第四版）「経験的心理学」訳註その 1–3」（監訳、『成城文藝』
233/234 号・237/238 号・241 号、2015–2017 年）、「アウグスティヌスにお
ける『美』の経験──Conf., X, 27, 38」（『パトリスティカ』20 号、2017
年）など。

山内志朗（やまうち　しろう）
1957 年生まれ。東京大学大学院人文社会系研究科博士課程単位取得満期
退学。現在、慶應義塾大学文学部教授。専門は、中世哲学。『普遍論争』
（平凡社ライブラリー、2008 年）、『存在の一義性を求めて──ドゥンス・
スコトゥスと 13 世紀の〈知〉の革命』（岩波書店、2011 年）など。

上枝美典（うええだ　よしのり）

1961 年生まれ。京都大学文学部哲学科卒業。同大学院博士課程、Fordham 大学（New York）大学院哲学科、福岡大学人文学部教授を経て、現在、慶應義塾大学文学部教授。専門は、西洋中世哲学。『「神」という謎［第二版］──宗教哲学入門』（世界思想社、2007 年）、「中世哲学と現代」（戸田山和久・出口康夫編著『応用哲学を学ぶ人のために』世界思想社、2011 年）、「盛期スコラとトマス」（神崎繁・熊野純彦・鈴木泉『西洋哲学史 II「知」の変貌・「信」の階梯』講談社選書メチエ、2011 年）、「トマスの言語哲学」（竹下政孝・山内志朗編『イスラーム哲学とキリスト教中世 II 実践哲学』岩波書店、2012 年）、「トマスにおける神の知の不変性と時間の認識」（『中世思想研究』58 号、2016 年）など。

神崎忠昭（かんざき　ただあき）

1957 年生まれ。慶應義塾大学大学院文学研究科後期博士課程単位取得退学。現在、慶應義塾大学文学部教授。専門は、ヨーロッパ中世史。『ヨーロッパの中世』（慶應義塾大学出版会、2015 年）など。

遠山公一（とおやま　こういち）

1959 年生まれ、慶應義塾大学文学部卒業。フィレンツェ大学文学部留学、東京大学人文科学研究科博士課程中退、女子美術大学助教授を経て、現在、慶應義塾大学文学部教授。専門は、西洋美術史。"Light and Shadow in Sassetta: The Stigmatization of Saint Francis and the Sermons of Bernardino da Siena," *Sassetta, The Borgo San Sepolcro Altarpiece*, ed. Machtelt Israëls（Villa I Tatti the Harvard University Center for Italian Renaissance Studies, Florence - Primavera Press, Leiden, 2009）、『イメージの探検学 II　祭壇画の解体学　サッセッタからティントレットへ』（ありな書房、2011 年）、『美術コレクションを読む』（遠山公一・金山弘昌執筆編集、慶應義塾大学出版会、2012 年）、『西洋絵画の歴史 1　ルネサンスの驚愕』（小学館、2013 年）など。

谷　寿美（たに　すみ）

1953 年生まれ。慶應義塾大学大学院博士課程単位取得満期退学。現在、慶應義塾大学文学部教授。専門は、宗教哲学、ロシア宗教思想。『ソロヴィヨフの哲学』（理想社、1990 年）、『ソロヴィヨフ　生の変容を求めて』（慶應義塾大学出版会、2015 年）、『智恵の系譜──ロシアの愛智の精神と大乗仏教』（慶應義塾大学出版会、2017 年）など。

香田芳樹（こうだ　よしき）
1959 年生まれ。文学博士（広島大学）、Ph.D.（スイス・フライブルク大学）、アレクサンダー・フォン・フンボルト財団研究員（1999–2000 年）、大東文化大学外国語学部助教授を経て、現在、慶應義塾大学文学部教授。専門は、ドイツ中世神秘思想。『マイスター・エックハルト　生涯と著作』（創文社、2011 年）、『魂深き人びと』（青灯社、2017 年）、マクデブルクのメヒティルト『神性の流れる光』（創文社、2000 年）、マイスター・エックハルト『ドイツ語説教集』（訳註・解説、創文社、2006 年）など。

野元　晋（のもと　しん）
1961 年生まれ。2000 年マッギル大学大学院博士課程修了（Ph.D.）。現在、慶應義塾大学言語文化研究所教授。専門は、イスラーム思想史。*Early Ismāʿīlī Thought on Prophecy According to the Kitāb al-Iṣlāḥ by Abū Hātim al-Rāzī (d. ca. 322/934-5)*（Ph.D. dissertation, McGill University, Montréal, 1999）、「イブン・ルシュド」（『哲学の歴史』第 3 巻、中央公論新社、2008 年）、「イスマーイール派の預言者論──初期の新プラトン主義学派を中心に」（『イスラーム哲学とキリスト教中世III　神秘哲学』岩波書店、2012 年）、『断絶と新生──中近世ヨーロッパとイスラームの信仰・思想・統治』（神崎忠昭編・分担執筆、慶應義塾大学言語文化研究所、2016 年）など。

藁谷敏晴（わらがい　としはる）
1948 年生まれ。慶應義塾大学文学研究科博士課程、徳島大学助教授、東京工業大学大学院教授を経て、現在、東京工業大学名誉教授。専門は、論理学。「ガルランドゥス・コンポティスタの論理学」（『哲学の歴史』第 3 巻、中央公論新社、2008 年）、"Aristotle's Master Argument about Primary Substance and Léniewski's Ontology: A Formal Aspect of Metaphysics," *Les Doctrines de la science de l'Antiquité à l'Âge classique*, eds. R. Rashed and J. Biard（Leuven, Peeters, 1999）など。

光の形而上学――知ることの根源を辿って

2018 年 2 月 28 日　初版第 1 刷発行

編者―――――――山内志朗
著者―――――――納富信留・土橋茂樹・樋笠勝士・山内志朗・上枝美典・神崎忠昭
　　　　　　　　遠山公一・谷　寿美・香田芳樹・野元　晋・藁谷敏晴
発行所―――――――慶應義塾大学言語文化研究所
　　　　　　　　〒108-8345　東京都港区三田 2-15-45 慶應義塾大学南別館 6 階
代表者―――――――松田隆美
制作・発売所――――慶應義塾大学出版会株式会社
　　　　　　　　〒108-8346　東京都港区三田 2-19-30
　　　　　　　　TEL 〔編集部〕03-3451-0931
　　　　　　　　　　〔営業部〕03-3451-3584〈ご注文〉
　　　　　　　　　　〔　〃　〕03-3451-6926
　　　　　　　　FAX 〔営業部〕03-3451-3122
　　　　　　　　振替　00190-8-155497
　　　　　　　　http://www.keio-up.co.jp/
装丁―――――――岡部正裕（Voids）
印刷・製本――――萩原印刷株式会社
カバー印刷――――株式会社太平印刷社

西洋精神史における言語観の諸相

中川純男編　古今東西、人々はゲームに魅了され続けてきた。時にはやみつきになり、や西洋精神史のさまざまな文脈の中で前提とされてきた言語に関する知見を、現代の科学的な言語学、文法理論の立場もふまえて再構築した学際的プロジェクトの研究成果。　　　　　　　　　　　　　　　　　◎2,500 円

西洋精神史における言語観の変遷

松田隆美編　哲学、言語学、西洋古典学、イスラーム哲学等の専門家による学際的研究の成果。様々な視点を相互利用し、西洋の言語観の変遷を比較思想史的文脈で捉え直す。『西洋精神史における言語観の諸相』に続く第 2 論集。　◎3,000 円

西洋精神史における言語と言語観
継承と創造

飯田隆編　哲学、言語学、西洋古典学、西洋中世研究、イスラーム哲学、さらには楔形文字碑文等の専門家による学際的研究の成果。『西洋精神史における言語観の変遷』に続くシリーズ第 3 弾。　　　　　　　　　　　　　　　◎3,000 円

西洋精神史における言語観の変遷

納富信留・岩波敦子編　哲学、言語学、ローマ史、西洋古典学、西洋中世研究、イスラーム哲学の専門家たちが様々なアプローチで言語の力について考察する論文集。シリーズ第 4 弾。　　　　　　　　　　　　　　　　　　　◎2,800 円

アジアの文人が見た民衆とその文化

山本英史編著　哲学、歴史、文学の研究者が、前近代のアジア、アフリカ諸地域に遺された書物から、当時の知識人による民衆文化観を読み解く。言語文化研究の未来を拓く、9名の研究者による意欲的な論考集。　◎3,300円

アジアにおける「知の伝達」の伝統と系譜

山本正身編　前近代のアジア、イスラーム世界には「知の伝達媒体」としてどのような「教育メディア」が存在したのか、そして「知の伝達」の営為にどのような影響を与えたのか。歴史・社会背景を踏まえ、新たな教育史像を再定義する。◎3,500円

地中海世界の旅人
移動と記述の中近世史

長谷部史彦編著　10世紀〜17世紀。西アジアや北アフリカ、そしてヨーロッパを旅した人々は、その情景、自身の思索、異文化との接触交流をいかに記述したのか。遺された多様な史料から、彼らを取り巻く世界や時代の刻印を読み解いてゆく。　◎3,500円

断絶と新生
中近世ヨーロッパとイスラームの信仰・思想・統治

神崎忠昭編　異文化との接触や宗教改革、体制の激変など、中近世キリスト教世界とイスラーム世界を襲った幾度もの断絶を人びとはいかに受け止め、乗り越えようとしたのか。遺された史料から、彼らを取り巻く世界や時代の刻印を読み解く。◎3,500円

表示価格は刊行時の本体価格（税別）です。